"十三五"国家重点出版物出版规划项目
"十二五"江苏省高等学校重点教材
材料科学研究与工程技术系列

复合材料（第2版）

Composite Materials

- 主　编　刘万辉
- 副主编　王旭红　鲍爱莲

哈尔滨工业大学出版社

内 容 提 要

本书由8章组成,系统介绍了复合材料的发展概况、命名分类、性能及应用,复合材料的基体和增强体,复合材料界面和界面优化设计,聚合物基复合材料、金属基复合材料、陶瓷基复合材料、水泥基复合材料和新型复合材料等的制备工艺、成型方法、加工工艺等内容。本书的特点是通用性较强并具有较强的实用性。

本书既可作为高等院校材料科学与工程各专业学生的教材,也可供相关专业科技人员参考。

图书在版编目(CIP)数据

复合材料/刘万辉主编. —2版. —哈尔滨:哈尔滨工业大学出版社,2017.3(2022.1重印)
ISBN 978-7-5603-6363-9

Ⅰ.①复… Ⅱ.①刘… Ⅲ.①复合材料-高等学校-教材 Ⅳ.①TB33

中国版本图书馆 CIP 数据核字(2016)第 321484 号

材料科学与工程
图书工作室

责任编辑	许雅莹
封面设计	卞秉利
出版发行	哈尔滨工业大学出版社
社　　址	哈尔滨市南岗区复华四道街10号　邮编150006
传　　真	0451-86414749
网　　址	http://hitpress.hit.edu.cn
印　　刷	黑龙江艺德印刷有限责任公司
开　　本	787mm×1092mm　1/16　印张14.25　字数338千字
版　　次	2011年8月第1版　2017年3月第2版 2022年1月第3次印刷
书　　号	ISBN 978-7-5603-6363-9
定　　价	28.00元

(如因印装质量问题影响阅读,我社负责调换)

第2版前言

《复合材料》课程是高等工科院校材料学科以及相关专业的一门专业课。课程任务是从实际工程应用角度出发，阐明复合材料的基本理论，掌握复合材料的基体材料、增强材料、制备工艺等因素与性能的关系，以及复合材料的应用领域与未来的发展趋势。随着工业技术水平不断提高，复合材料在国民经济的地位越来越重要，学习并掌握复合材料相关知识，对于材料类专业的学生是十分必要的。

本书是2015年江苏省高等学校重点教材项目的成果，亦是为满足工科院校材料类专业学生需求而编写的通用性本科教材。相对第1版而言，本书在内容上做了适当调整，新增石墨烯复合材料、玻璃纤维生产工艺过程图等知识点。由于本书主要供非复合材料专业的学生使用，所以教材内容重点在于各种复合材料的制备方法、加工工艺和应用等方面，力求深入迁出，理论联系实际，重视知识体系及内容的实用性。本书可作为相关专业的本科生教材，也可供从事相关领域的工程技术人员、参考。

本书为长期从事复合材料教学的一线教师编写，第2版修订工作由常熟理工学院刘万辉负责，并编写修订了第1~3章；鲍爱莲编写修订第4、5章；王旭红编写修订第6、7章；江苏科技大学成烨、成都飞机工业集团有限责任公司窦作勇、南通科星化工有限公司王凯华参与本书第8章及其他章节编写修订工作；王剑、周雪峰、孙德勤、徐一、卢斌峰、张黎伟等博士亦参与内容的校核。同时，在教材编写过程中，得到了编写人员所在单位的领导及老师们的大力支持，在此表示衷心感谢。

由于编者水平有限，加之时间仓促，书中难免存在不足之处，敬请广大读者批评指正。

编　者

2016.12

目 录

第1章 绪 论 ·· 1
  1.1 复合材料的发展概述 ·· 1
  1.2 复合材料的命名及分类 ·· 2
  1.3 复合材料的性能 ·· 5
  1.4 复合材料的应用 ·· 7

第2章 复合材料的基体和增强体 ·· 9
  2.1 基体材料 ·· 9
  2.2 复合材料增强体 ·· 18

第3章 复合材料界面和界面优化设计 ··· 42
  3.1 复合材料界面的概念 ·· 42
  3.2 聚合物基复合材料界面及改性方法 ··· 42
  3.3 金属基复合材料界面 ·· 50

第4章 聚合物基复合材料 ··· 55
  4.1 聚合物基复合材料的种类 ··· 55
  4.2 聚合物基复合材料结构设计 ·· 62
  4.3 聚合物基复合材料成型加工技术 ··· 77

第5章 金属基复合材料 ··· 95
  5.1 金属基复合材料的种类和性能 ·· 95
  5.2 金属基复合材料的制造工艺 ·· 99
  5.3 铝基复合材料 ·· 116
  5.4 镁基复合材料 ·· 122
  5.5 钛基复合材料 ·· 125
  5.6 镍基复合材料 ·· 129

第6章 陶瓷基复合材料 ··· 132
  6.1 陶瓷基复合材料的种类 ·· 132
  6.2 陶瓷基复合材料的制备工艺 ··· 136
  6.3 典型纤维增强陶瓷基复合材料 ··· 149

第7章 水泥基复合材料 ··· 160
  7.1 概 述 ·· 160
  7.2 水泥基复合材料的种类及基本性能 ··· 165
  7.3 纤维增强水泥基复合材料 ·· 167
  7.4 聚合物混凝土复合材料 ·· 180
  7.5 水泥基复合材料的应用 ·· 186

第8章　新型复合材料……………………………………………………… 192
　8.1　碳/碳复合材料………………………………………………………… 192
　8.2　纳米复合材料…………………………………………………………… 203
　8.3　石墨烯复合材料………………………………………………………… 212
参考文献……………………………………………………………………… 221

第1章 绪 论

1.1 复合材料的发展概述

材料在人类发展史上起着十分重要的作用。历史证明,材料是社会进步的物质基础与先导,是人类进步的里程碑。历史学家常把人类的发展历史按石器时代、陶器时代、青铜器时代和铁器时代来划分。可以说,人类的文明史也就是材料的进步史。现代历史也是如此,人类为了一定的生产或科学目的的实现,一直在不断地研究新材料,所以人类在科学技术上的进步往往是与新材料的出现分不开的。一种新材料的出现,往往会引起生产工具的革新和生产力的大幅度提高,会把人类支配和改造自然的能力提高到一个新的高度,给社会生产力和人类生活带来巨大变化。20世纪以来,高度成熟的钢铁工业已成为现代工业的重要支柱,在已使用的结构材料中,钢铁材料占一半以上,随着宇航、导弹、原子能等现代科学技术和工业的飞速发展,现有的钢铁和有色合金材料已很难满足需求,这就对材料提出了质量轻、功能多、价格低等要求。与此同时,人类已掌握了丰富的知识和生产技能,在新材料的研制方面取得了巨大的成就。

材料、能源和信息技术是当前国际公认的新技术革命的三大支柱,一个国家材料的品种、数量和质量,已成为衡量该国科学技术、国民经济水平和国防力量的重要标志。现代科学的发展和技术的进步,对于材料性能的要求日益提高,希望材料既具有某些特殊性能,又具有良好的综合性能。长期以来,人类不断地研究改进原有材料,研究出许多新的材料,并且积累了丰富的应用经验。但发现,所使用的任何一种单一材料尽管有其若干突出的优点,但在一定程度上存在一些明显的缺点,很难满足人类对各种综合指标的要求。因此,采用人工设计和合成的当代新型工程材料应运而生。人类发现将两种或两种以上的单一材料,采用复合的方式可制成新的材料。这些新的材料利用其特有的复合效应,并可以优化设计,保留了原有组分材料的优点,克服或弥补了缺点,并显示出一些新的性能,这就是复合材料。复合材料具有原组成材料所不具备的,并能满足实际需要的特殊性能和综合性能,同时有很强的可设计性。采用复合的方式在一定程度上是研究新材料的捷径,使材料研究逐步摆脱靠经验和摸索的方法研制材料的轨道,向着按预定性能设计新材料的方向发展。复合材料的出现是材料设计方面的一个突破,复合材料的研究与开发越来越受到世界各国的高度重视,得到迅速发展。

自然界中存在许多天然的"复合材料",例如,树木和竹子是纤维素和木质素的复合体;动物骨骼则由无机磷酸盐和蛋白质胶原复合而成。人类很早就接触和使用各种天然的复合材料,并效仿自然界制作复合材料,例如,世界闻名的传统工艺品漆器就是由麻纤维和土漆复合而成的,至今已有四千多年的历史。纵观复合材料的发展历史,复合材料的发展大致可以分为早期复合材料和现代复合材料两个阶段。早期复合材料,由于性能相对比较低,生产量大,使用面广,也称为常用复合材料。现代复合材料是材料发展中合成材料时期的产物。学术界开始使用"复合材料"(composite materials,CM)一词大约是在20世纪40年代,当时出现了玻璃纤维增强不饱和聚酯树脂,并在第二次世界大战中被美国空军用于制造飞机构件,开辟了现代复合材料的新纪元。后来随着高技术发展的需要,在此基础上又发展出高性能的先进复合材料。

材料科学家们认为,就世界范围而论,1940~1960年玻璃纤维和合成树脂大量商品化生产,玻璃纤维复合材料发展成为具有工程意义的材料,同时相应地开展了与之有关的科研工作,至60年代,在技术上臻于成熟,在许多领域开始取代金属材料,称为复合材料发展的第一代。20世纪60年代后陆续开发出多种高性能纤维。20世纪80年代后,进入高性能复合材料的发展阶段。1960~1980年是先进复合材料飞速发展的时期,被称为复合材料发展的第二代。1960~1965年英国研制出碳纤维,1971年美国杜邦公司开发出Kevlar-49。1980~1990年,是纤维增强金属基复合材料的时代,其中以铝基复合材料的应用最为广泛,这一时期是复合材料发展的第三代。1990年以后则被认为是复合材料发展的第四代,主要发展多功能复合材料,如机敏(智能)复合材料和梯度功能材料等。随着新型复合材料的不断涌现,复合材料不仅应用在导弹、火箭、人造卫星等尖端工业中,在航空、汽车、造船、建筑、电子、桥梁、机械、医疗和体育等各个领域也都得到应用。

随着现代科技的发展,新材料的发展日益向着结构功能一体化、功能材料智能化、材料与器件集成化、制备与使用的绿色化、材料全寿命的低成本化、材料的复合化方向发展,特别是材料的复合化已经成为21世纪新材料技术发展最为重要的方向之一。

1.2 复合材料的命名及分类

根据国际标准化组织(International Organization for Standardization,ISO)的定义,复合材料(composite materials)是由物理或化学性质不同的有机高分子、金属或无机非金属等两种或两种以上材料经一定的复合工艺制造出来的一种新型材料。从定义出发,决定复合材料性能和质量的主要因素是:①原材料组分的性能和质量;②原材料组分比例及复合工艺;③复合材料的界面粘接及处理。

复合材料组成之间的复合模式主要分为宏观复合和细观复合两种。宏观复合主要是指两层以上不同材料之间发生的叠合(也称层合)。从某种意义上讲,这种叠合复合材料实际上是一种复合结构,如铝合金薄板和碳纤维或玻璃纤维复合材料薄片的叠合等,主要按结构形式分类。细观复合是指一种或几种制成细微形状的材料均匀分散于另一种连续材料中,前者称为分散相,后者称为连续相。通常按连续相的性质和按分散相的形状、性质分类,可通过对原材料的选择、各组分分布设计和工艺条件的设计等,使它既能保留原组成材料的主要特色,又能通过复合效应获得原组分所不具备的性能,原组分材料性能互相补充并彼此关联,因而呈现了出色的综合性能,与一般材料的简单混合有本质的区别。

1.2.1 复合材料的命名

复合材料在世界各国还没有统一的名称和命名方法,比较共同的趋势是根据增强体和

基体的名称来命名,一般有以下三种情况:

①强调基体时,以基体材料的名称为主,如树脂基复合材料、金属基复合材料、陶瓷基复合材料等。

②强调增强体时,以增强体的名称为主,如玻璃纤维增强复合材料、碳纤维增强复合材料、陶瓷颗粒增强复合材料等。

③基体材料名称与增强体名称并用,这种命名方法常用以表示某一种具体的复合材料,习惯上把增强体的名称放在前面,基体材料的名称放在后面。如玻璃纤维增强环氧树脂复合材料,或简称为玻璃纤维/环氧树脂复合材料,或玻璃纤维/环氧,而我国则常把这类复合材料通称为"玻璃钢"。

国外还常用英文编号来表示,如 MMC(Metal Matrix Composite)表示金属基复合材料,FRP(Fiber Reinforced Plasics)表示纤维增强塑料,而玻璃纤维/环氧树脂则可表示为 GF/Epoxy,或 G/E_p($G-E_p$)。

1.2.2 复合材料的分类

复合材料一般由基体与增强体或功能组元组成,依据金属材料、无机非金属材料和有机高分子材料等的不同组合,可构成各种不同的复合材料体系,所以其分类方法也较多。如根据复合过程的性质分类,复合材料可分为自然复合、物理复合和化学复合的复合材料;按性能高低分类,复合材料可分为常用复合材料和先进复合材料,后者主要由碳、芳纶、陶瓷等纤维和晶须等高性能增强体与耐高温的高聚物、金属、陶瓷和碳(石墨)等构成,通常用于各种高技术领域中用量少而性能要求高的场合。本书根据复合材料的使用用途、增强体、基体类型等对其分类如下。

1. 按用途分类

复合材料按用途可分为结构复合材料和功能复合材料。对于结构复合材料,是由能承受载荷的增强体组元与基体组元构成,主要用作承力和次承力结构,通常增强体承担结构使用中的各种载荷,基体则起到粘接增强体予以赋形并传递应力和增韧的作用。要求它质量轻,强度和刚度高,且能耐受一定温度,在某种情况下还要求有膨胀系数小、绝热性能好或耐介质腐蚀等性能。

功能复合材料目前正处于发展的起步阶段,具备非常优越的发展基础。功能复合材料,是指除力学性能以外还提供其他物理性能的复合材料,是由功能体(提供物理性能的基本组成单元)和基体组成的。基体除了起赋形的作用外,某些情况下还能起到协同和辅助的作用。功能复合材料品种繁多,包括具有电、磁、光、热、声、机械(指阻尼、摩擦)等功能作用的各种材料。目前结构复合材料占绝大多数,但已有不少功能复合材料付之应用,而且有广阔的发展前途。

2. 按基体类型分类

复合材料所用基体主要是有机聚合物,也有少量金属、陶瓷、水泥及碳(石墨),常用复合材料按基体类型分类如图1.1所示。

3. 按增强体形式分类

复合材料通常也可以按增强体形式分类,如颗粒增强型、纤维增强型、板状复合材料层和层叠式复合材料,如图1.2所示。其结构示意图如图1.3所示。其中,短纤维在复合材料中的排列方式又有随机排列和定向排列之分；按纤维的种类，可分为玻璃纤维增强、碳纤维增强、芳纶纤维增强、氧化铝纤维增强、氧化锆纤维增强、石英纤维增强、钛酸钾纤维增强和金属丝增强等；而按金属丝的种类，又可分为钨丝、铜丝、不锈钢丝等；按增强作用的机制，增强颗粒复合材料也可分为弥散增强型和颗粒增强型两类；按层压板增强材料的不同，可分为纸纤维层压板、布纤维层压板、木质纤维层压板、石棉纤维层压板等。

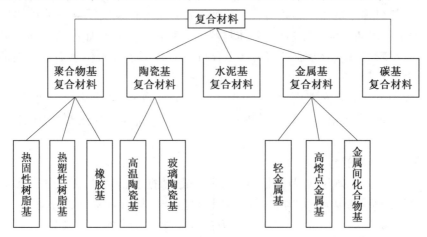

图 1.1　常用复合材料按基体类型分类

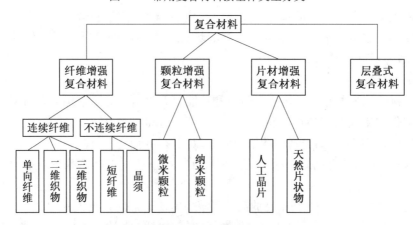

图 1.2　复合材料按增强体形式分类

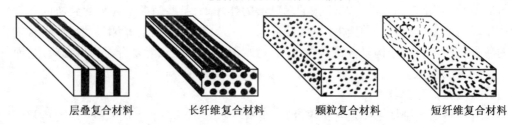

图 1.3　不同复合材料结构示意图

1.3 复合材料的性能

与传统材料相比,复合材料大多具有人为的特征,即一般在自然界中是不存在的,需要采用人工方法进行合成与制备,具备一定的可设计性。复合材料通常由各不相同组分构成,存在各向异性,并存在明显的相界面,其性能是复合材料中各组分性能的综合体现。可以基于材料科学和经验,根据使用要求和受力情况进行材料的设计,确定复合材料组分及其成分、形状和分布及其随后的实现工艺及参数。如前所述,影响复合材料性能的因素很多,如所选用基体和增强物的特性、含量、分布及界面结合情况等,因此,只有通过材料内部组元结构的优化组合,才能获得良好的综合性能。工程中常用的不同种类复合材料的性能特点,主要表现以下几点。

1. 比强度与比模量高

比强度和比模量是用来度量材料承载能力的性能指标。比强度越高,同一零件的自重越小;比模量越高,零件的刚性越大。复合材料的突出优点是比强度和比模量高,有利于材料的减重。表1.1为几种常见纤维增强的聚合物基复合材料的比强度、比模量值。复合材料的力学性能呈现轻质高强的特征,其比强度和比模量都比钢和铝合金高出许多。例如玻璃纤维增强树脂基复合材料的密度为 2.0 g/cm^3,只有普通碳钢的 $1/4 \sim 1/5$,约是铝合金的 $2/3$,而拉伸强度却超过普通碳钢的拉伸强度,这是现有其他任何材料所不能比拟的。

表1.1 几种复合材料的比强度和比模量值

材 料	密度/$(g \cdot cm^{-3})$	拉伸强度/$\times 10^3$ MPa	弹性模量/$\times 10^5$ MPa	比强度/$\times 10^7$ cm	比模量/$\times 10^9$ cm
钢	7.8	1.03	2.1	0.13	0.27
铝合金	2.8	0.47	0.75	0.17	0.26
钛合金	4.5	0.96	1.14	0.21	0.25
玻璃纤维增强树脂基复合材料	2.0	1.06	0.4	0.53	0.20
碳纤维Ⅱ/环氧树脂复合材料	1.45	1.50	1.4	1.03	0.97
碳纤维Ⅰ/环氧树脂复合材料	1.6	1.07	2.4	0.67	1.5
有机纤维/环氧树脂复合材料	1.4	1.4	0.8	1.0	0.57
硼纤维/环氧树脂复合材料	2.1	1.38	2.1	0.66	1.0
硼纤维/铝复合材料	2.65	1.0	2.0	0.38	0.57

2. 良好的抗疲劳性能

疲劳破坏是材料在变载荷作用下,由于裂缝的形成和扩展而形成的低应力破坏,如图1.4所示。金属材料的疲劳破坏常常是没有任何预兆的突发性破坏。而聚合物基复合材料中纤维与基体的界面能阻止裂纹扩展,其疲劳破坏总是从纤维的薄弱环节开始逐渐扩展到结合面上,因此,破坏前有明显的预兆,不像金属那样来得突然。

大多数金属材料的疲劳强度极限是其拉伸强度的40%~50%,而碳纤维聚酯树脂复合材料则达70%~80%。

3. 减振性能好

受力结构的自振频率除与结构本身形状有关外,还与材料的比模量的平方根成正比。复合材料比模量高,故具有高的自振频率,避免了工作状态下共振而引起的早期破坏。同时,复合材料界面具有较好的吸振能力,使材料的振动阻尼高,减振性好。根据对相同形状和尺寸的梁进行的试验可知,轻金属合金梁需9 s才能停止振动,而碳纤维复合材料梁只需2.5 s就会停止同样大小的振动。

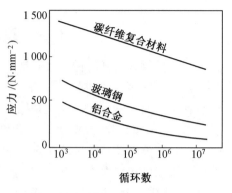

图1.4 材料的疲劳强度

4. 抗腐蚀性能好

很多复合材料都能耐酸碱腐蚀,如玻璃纤维增强酚醛树脂复合材料,在含氯离子的酸性介质中能长期使用,可用来制造耐强酸、盐酸的化工管道、泵、容器、搅拌器等设备;而用耐碱玻璃纤维或碳纤维构成的复合材料能在强碱介质中使用,在苛刻环境条件下也不会被腐蚀。复合材料耐化学腐蚀的优点使其可以广泛用在沿海或海上的军、民用工程中。

5. 良好的高温性能

聚合物基复合材料可以制成具有较高比热容、熔融热和气化热的材料,以吸收高温烧蚀时的大量热能。碳化硅纤维、氧化铝纤维与陶瓷复合,在空气中能耐1 200~1 400 ℃高温,要比所有超高温合金的耐热性高出100 ℃以上。同时,增强纤维、晶须、颗粒在高温下又都具有很高的高温强度和模量,并在复合材料中起着主要承载作用,强度在高温下基本不下降,所以金属基复合材料的高温性能可保持到接近金属熔点,并比金属基体的高温性能高许多。如钨丝增强耐热合金,其1 100 ℃、100 h高温持久强度仍为207 MPa,而基体合金的高温持久强度只有48 MPa。图1.5为几种复合材料强度随温度变化的规律曲线。

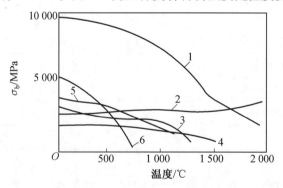

图1.5 几种纤维复合材料的强度随温度的变化
1—氧化铝晶须;2—碳纤维;3—钨纤维;
4—碳化硅纤维;5—硼纤维;6—钠玻璃纤维

6. 良好的导电和导热性能

金属基复合材料中金属基体占有很高的比例,一般在60%(体积比)以上,因此仍保持金属所具有的良好导热和导电性,可以使局部的高温热源和集中电荷很快扩散消失,减少构件受热后产生的温度梯度。良好的导电性可以防止飞行器构件产生静电聚集的问题,有利于解决热气流冲击和雷击问题;为解决高集成度电子器件的散热问题,也可以在金属基复合材料中添加高导热性的增强物,进一步提高其导热系数。

7. 耐磨性好

复合材料具有良好的耐摩擦性能,例如,金属基体中加入了大量高硬度、化学性能稳定的陶瓷纤维、晶须、增强颗粒,不仅提高了基体的强度和刚度,也提高了复合材料的硬度和耐磨性。复合材料的高耐磨性在汽车、机械工业中有很广的应用前景,可用于汽车发动机、刹车盘、活塞等重要零件,能明显提高零件的性能和寿命。

8. 容易实现制备与成形一体化

材料制备与制件成形有时可一次完成,例如,在纤维增强复合材料中根据构件形状设计模具,再根据铺层设计来敷设增强材料,最后注入液态基体,使其渗入增强材料的间隙中,使基体材料与增强材料组合、固化后直接获得复合材料构件,无须再加工就可使用,可避免多次加工工序。

需要说明的是,对于不同的复合材料仍存在着许多优异的性能,例如,玻璃纤维增强塑料是一种优良的电气绝缘材料;有些复合材料中有大量增强纤维,当材料过载而有少数纤维断裂时,载荷会迅速重新分配到未破坏的纤维上,使整个构件在短期内不至于失去承载能力,有效地保证了过载时的安全性;作为增强物的碳纤维、碳化硅纤维、晶须、硼纤维等均具有很小的热膨胀系数,又具有很高的模量,尤其是石墨纤维只有负的热膨胀系数,可以保证复合材料的热膨胀系数小,具备良好的尺寸稳定性;在水泥中引入高模量、高强度、轻质纤维或晶须增强混凝土,在提高混凝土制品的抗拉强度的同时提高混凝土的耐腐蚀性能;而有些功能性复合材料具备特殊的光学、电学、磁学特性。

1.4 复合材料的应用

复合材料优异的耐腐蚀性、高强度与抗冲击性,使其在航空航天、建筑、防腐、管道、水处理等领域广泛应用。近年来,复合材料的应用领域更加广阔,在汽车、新能源、桥梁建筑等市场大显身手。例如,在航空航天领域,由于复合材料热稳定性好,比强度、比刚度高,可用于制造飞机机翼和前机身、卫星天线及其支撑结构、太阳能电池翼和外壳、大型运载火箭壳体、发动机壳体、航天飞机结构件等。国外F-22战斗机和商用飞机结构上复合材料的用量情况分别如图1.6、图1.7所示。

在汽车工业,由于复合材料具有特殊的振动阻尼特性,可减振和降低噪声、抗疲劳性能好,损伤后易修理,便于整体成形,故可用于制造汽车车身、受力构件、传动轴、发动机架及其内部构件。

据TechNavio(英国技术调查顾问公司)报告指出,2021年全球汽车用复合材料市场预计超过78.18亿美元,年增长率达9%以上。2016年,全球车用复合材料市场的结构和动

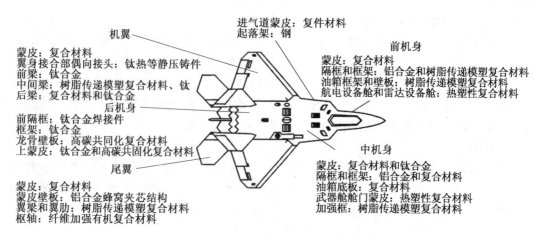

图1.6 F-22战机的材料分布图

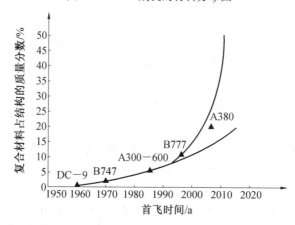

图1.7 国外商用飞机结构复合材料用量情况

力系统零件(车身面板、底盘和横梁等)占全球汽车复合材料市场的22.5%。汽车制造商和设备制造商选择使用更轻质高强的复合材料制造车身及其结构零部件。此外,车门、仪表盘、后视镜外壳、保险杠、行李箱盖等外部构件也构成汽车复合材料最大的应用领域,占全球车用复合材料市场的36.9%。其中,碳纤维复合材料具有最大的市场份额,且增长最快。

此外,在化工、纺织和机械制造领域,有良好耐蚀性的碳纤维与树脂基体复合而成的材料,可用于制造化工设备、纺织机、造纸机、复印机、高速机床、精密仪器等。同时,碳纤维复合材料具有优异的力学性能和不吸收X射线特性,可用于制造医用X光机和矫形支架等。碳纤维复合材料还具有生物组织相容性和血液相容性,生物环境下稳定性好,也用作生物医学材料。复合材料还应用于制造体育运动器件和用作建筑材料等。有文献报道,在高荷载结构如桥梁上使用复合材料,满足了桥梁自身结构更轻巧的需求,从而实现制造和施工更便捷、使用寿命更长,产生的碳足迹(Carbon Footprint)低,对环境影响也更小。通过共同进行的生命周期分析研究显示,利用复合材料制造的桥梁对环境的影响远低于混凝土桥,仅为钢铁桥梁的1/3。同时,复合材料因其质量小、刚度好且为环保型产品,将在建筑(如风力发电)和基础设施行业有巨大的发展潜力。

第 2 章 复合材料的基体和增强体

2.1 基体材料

复合材料是由基体材料、增强材料以及二者之间的界面组成的,其性能则取决于增强体与基体的比例以及三个组成部分的性能。复合材料的基体是复合材料中的连续相,起到将增强体黏结成整体,并赋予复合材料一定形状、传递外界作用力、保护增强体免受外界环境侵蚀的作用。

在复合材料成型过程中,经过一定物理和化学的复杂变化过程,基体与增强纤维复合成具有特定形状的整体材料。基体通过界面与纤维成为一个整体,以应力的形式向纤维传递载荷,并保护纤维免受外界环境的化学作用和物理损伤。同时基体还像隔膜一样,将纤维彼此隔开,因此即使个别纤维断裂,裂纹也不会迅速从一根纤维扩展到其他纤维。复合材料的横向拉伸性能、压缩性能、剪切性能、耐热性能和耐介质性能等都与基体有着密切的关系。

在复合材料中,要求基体对纤维具有良好的黏结性。一般纤维的表面常含有羰基、羧基和羟基等极性基团,基体应具有与之能够反应或相适应的基团,以便在复合时形成化学键或发生范德华作用,在基体与纤维之间构成一个完整的界面。

对基体的另一个要求是其弹性模量和断裂伸长率应与纤维匹配。虽然纤维是复合材料的主要承载部分,但基体的弹性模量对复合材料的纵向(纤维方向)拉伸和纵向压缩性能影响很大,以致有时用纵向压缩强度作为评价基体性能的指标。断裂伸长率的匹配对于充分发挥纤维抗张性能突出的特点尤为重要,只有当基体的断裂伸长率大于纤维时,才有可能使断裂发生在纤维或基体与纤维的界面上,使复合材料显示出较强的承载能力和良好的韧性。

正是由于基体与纤维的协同作用,才使得纤维复合材料具有良好的强度、刚度和韧性。纤维复合材料中的基体主要有聚合物基体、金属基体、陶瓷材料、无机胶凝材料等。

2.1.1 聚合物基体

1. 聚合物基体的种类

聚合物又称为高分子化合物,一般是指相对分子质量在 10^4 以上,主要以共价键结合的一类化合物。作为复合材料基体的聚合物种类很多。

聚合物基体在成型过程中经过复杂的物理、化学变化过程,与增强材料(纤维)复合成为一定形状,一般根据热物性将其分为热固性树脂和热塑性树脂。热固性树脂为某些低分子的合成树脂,在加热、固化剂或紫外光等作用下,发生交联反应,并经过凝胶化阶段和固化阶段形成不溶、不熔的固体,一般是网状体型结构,受热后不再软化。例如,不饱和聚酯、环氧树脂、聚酰亚胺、聚双马来酰亚胺等。热塑性树脂指具有线性或支链型结构的一类有机高分子化合物,可以反复受热软化(或熔化)冷却后变硬。例如,聚乙烯、聚丙烯、聚酰胺、聚苯硫醚、聚醚醚酮、聚醚酮酮等。

不饱和聚酯树脂(UP)是制造玻璃纤维复合材料的一种重要树脂,在国外不饱和聚酯树脂占玻璃纤维复合材料用树脂总量的80%以上。不饱和聚酯树脂有以下特点:工艺性良好,它能在室温下固化,常压下成型,工艺装置简单,这也是它与环氧、酚醛树脂相比最突出的优点。固化后的树脂综合性能良好,但力学性能不如酚醛树脂或环氧树脂。它的价格比环氧树脂低,比酚醛树脂略贵一些。不饱和聚酯树脂的缺点是固化时体积收缩率大、耐热性差等,因此很少用作碳纤维复合材料的基体材料,主要用于一般民用工业和生活用品中。

环氧树脂(EP)的合成起始于20世纪30年代,40年代开始工业化生产。由于环氧树脂具有一系列的可贵性能,所以发展很快,特别是自60年代以来,广泛用于碳纤维复合材料及其他纤维复合材料。

酚醛(PF)是最早实现工业化生产的一种树脂,它的特点是在加热条件下即能固化,无须添加固化剂,酸、碱对固化反应起促进作用,树脂固化过程中有小分子析出,故树脂固化需在高压下进行,固化时体积收缩率大,树脂对纤维的黏附性不够好,已固化的树脂有良好的压缩性能,良好的耐水、耐化学介质和耐烧蚀性能,但断裂延伸率低、脆性大。所以酚醛树脂大量用于粉状压塑料、短纤维增强塑料,少量应用于玻璃纤维复合材料、耐烧蚀材料等,在碳纤维和有机纤维复合材料中很少使用。

除上述几类热固性树脂外,近年来研究和发展了用热塑性聚合物做碳纤维复合材料的基体材料,其中耐高温聚酰亚胺有着重要意义。其他热塑性聚合物除了用于玻璃纤维复合材料外,也开始用于碳纤维复合材料,这对于扩大碳纤维复合材料的应用无疑是一个很大的推动。

2. 聚合物基体的组分

聚合物是聚合物基复合树脂的主要组分,聚合物基体的组分、组分的作用及组分间的关系都很复杂。一般来说,基体很少是单一的聚合物,往往除了主要组分聚合物以外,还包含其他辅助材料。在基体材料中,其他的组分还有固化剂、增韧剂、稀释剂、催化剂等,这些辅助材料是复合材料基体不可缺少的组分。由于这些组分的加入,使复合材料具有各种各样的使用性能,改进了工艺性,降低了成本,扩大了应用范围。在复合材料发展过程中,辅助材料的研究起着重要的作用,可以说没有辅助材料的配合就没有复合材料工业的发展。

3. 聚合物基体的作用

复合材料中的基体有三种主要作用:①把纤维粘在一起;②分配纤维间的载荷;③使纤维不受环境影响。

制造基体的理想材料,其原始状态应该是低黏度的液体,并能迅速变成坚固耐久的固体,足以把增强纤维黏住。尽管纤维增强材料的作用是承受复合材料的载荷,但是基体的力学性能会明显地影响纤维的工作方式和效率。例如,在没有基体的纤维束中,大部分载荷由最直的纤维承受,基体使应力较均匀地分配给所有纤维,这是由于基体能使所有纤维经受同样的应变。应力通过剪切过程传送,要求纤维和基体之间有高的胶黏强度,同时要求基体本身也具有高的剪切强度和模量;而纤维对基体的反作用又会对整体复合材料性能产生影响。

当载荷主要由纤维承受时,复合材料总的延伸率受到纤维断裂延伸率的限制,通常为 1%~1.5%。与未增强体系相比,先进复合材料树脂体系趋于在低破坏应变和高模量脆性方式下工作。

基体以及基体/纤维的相互作用能明显地影响裂纹在复合材料中的扩展。若基体的剪切强度和模量以及纤维/基体的胶黏强度过高,则裂纹可以穿过纤维和基体扩展而不转向,则这种复合材料表现为脆性材料,并且其破坏的试件将呈现出整齐的断面。若胶黏强度过低,则其纤维表现得像纤维束,并且这种复合材料将很弱。对于中等的胶黏强度,横跨树脂或纤维扩展的裂纹会在另一面转向,并且沿着纤维方向扩展,这就导致吸收相当多的能量,以这种形式破坏的复合材料是韧性材料。

2.1.2　金属基体

以金属为基体的复合材料具有优异的耐热、导热、导电以及力学性能,其比模量可以与聚合物基复合材料相媲美,而且也不存在聚合物基复合材料的老化、变质、耐热性不够高、传热性差、尺寸不够稳定等缺点,因此可应用于航空航天及国防工业等高新技术领域。

常用的金属基体可分为铝基、镁基、钛基、铜基、高温合金基(镍基、钛基、铁基等)、金属间化合物(Nb_3Al、$NiAl$、Ti_3Al等)基以及难熔金属(Ta、Nb、W等)基等。用于航空航天、汽车、先进武器等结构件的复合材料一般均要求有高的比强度和比模量,有高的结构效率,因此大多选用铝及铝合金、镁及镁合金作为基体金属。目前研究发展较成熟的金属基复合材料主要是铝基、镁基复合材料,用它们制成各种高比强度、高比模量的轻质结构件。在发动机,特别是燃气轮机中所需要的是热结构材料,要求复合材料零件在高温下连续安全工作。工作温度在650~1 200 ℃,同时要求复合材料有良好的抗氧化、抗蠕变、耐疲劳和良好的高温力学性能。铝、镁基复合材料的工作温度为450 ℃左右,钛合金基体复合材料的工作温度为650 ℃,而镍、钴基复合材料的工作温度为1 200 ℃。金属间化合物也可作为热结构复合材料的基体。

结构用金属基复合材料的基体,大致可分为轻金属基体和耐热合金基体两大类。

1. 450 ℃以下的轻金属基体

目前最成熟应用最广泛的金属基复合材料是铝基和镁基复合材料,用于航天飞机、人造卫星、空间站、汽车发动机零件、刹车盘等,并已形成工业规模生产。对于不同类型的复合材料应选用合适的铝、镁合金基体。连续纤维增强金属基复合材料一般选用纯铝或含合金元素少的单相铝合金,而颗粒、晶须增强金属基复合材料则选择具有高强度的铝合金。各种牌号铝、镁合金的成分和性能见表2.1。

2. 工作温度为450~700 ℃的复合材料金属基体

钛合金具有密度小、耐腐蚀、耐氧化、强度高等特点,是一种可在450~700 ℃温度下使用的合金,在航空发动机等零件上使用。用高性能碳化硅纤维、碳化钛颗粒、硼化钛颗粒增强钛合金,可以获得更高的高温性能。美国已成功试制成碳化硅纤维增强钛基复合材料,用它制成的叶片和传动轴等零件可用于高性能航空发动机。

现已用于钛基复合材料的钛合金的成分和性能见表2.2。

表 2.1 各种牌号铝、镁合金的成分和性能

合金牌号	主要成分/%						密度/$(g \cdot cm^{-3})$	热膨胀系数/$\times 10^{-6} K^{-1}$	热导率/$[W \cdot (m \cdot ℃)^{-1}]$	抗拉强度/MPa	弹性模量/MPa
	Al	Mg	Si	Zn	Cu	Mn					
工业纯铝 Al	99.5	—	0.8	—	0.016	—	2.6	22~25.6	218~226	60~108	70
LF6	余量	5.8~6.8	—	—	—	0.5~0.8	9.64	22.8	117	330~360	66.7
LY12	余量	1.2~1.8	—	—	3.8~4.9	0.3~0.9	2.8	22.7	121~193	172~549	68~71
LC4	余量	1.8~2.8	—	5~7	1.4~2.0	0.2~0.6	2.85	28.1	155	209~618	66~71
LD2	余量	0.45~0.9	0.5~1.2	—	0.2~0.6	—	2.7	23.5	155~176	347~679	70
LD10	余量	0.4~0.8	0.6~1.2	—	3.9~4.8	0.4~1.0	2.3	22.5	159	411~504	71
ZL101	余量	0.2~0.4	6.5~7.5	0.3	0.2	0.5	2.66	23.0	155	165~275	69
ZL104	余量	0.17~0.3	8.0~10.5	—	—	—	2.65	21.7	147	255~275	69
MB2	0.6~0.4	余量	—	0.2~0.8	—	0.15~0.5	1.78	26	96	245~264	40
MB15	—	余量	—	5.0~6.0	—	—	1.83	20.9	121	326~340	44
ZM5	7.5~9.0	余量	—	0.2~0.8	—	0.15~0.5	1.81	26.8	78.5	157~254	41
ZM8	—	余量	—	5.5~6.0	—	—	1.89	26.5	109	310	42

表 2.2 钛合金的成分和性能

合金牌号	主要成分/%						密度/$(g \cdot cm^{-3})$	热膨胀系数/$10^{-6} K^{-1}$	热导率/$[W \cdot (m \cdot ℃)^{-1}]$	抗拉强度/MPa	弹性模量/MPa
	Mo	Al	V	Cr	Zr	Ti					
工业纯钛 TA1	—	—	—	—	—	余量	4.51	8.0	16.3	345~685	100
TC1	—	1.0~2.5	—	—	—	余量	4.55	8.0	10.2	411~753	118
TC3	—	4.5~6.0	3.5~4.5	—	—	余量	4.45	8.4	8.4	991	118

续表2.2

合金牌号	主要成分/%						密度/(g·cm⁻³)	热膨胀系数/10⁻⁶K⁻¹	热导率/[W·(m·℃)⁻¹]	抗拉强度/MPa	弹性模量/MPa
	Mo	Al	V	Cr	Zr	Ti					
TC11	2.8~3.8	5.8~7.0	—	—	0.3~2.0	余量	4.48	9.3	6.3	1 080~1 225	123
TB2	4.8~5.8	2.5~3.5	4.8~5.8	7.5~8.5	—	余量	4.83	8.5	8.9	912~961	110
ZTC4	—	5.5~6.8	3.5~4.5	—	—	余量	4.40	8.9	8.6	940	114

3. 工作温度为1 000 ℃以上的高温复合材料金属基体

用于1 000 ℃以上的高温金属基复合材料的基体材料主要是镍基、铁基耐热合金和金属间化合物,较成熟的是镍基、铁基高温合金,金属间化合物基复合材料尚处于研究阶段。镍基高温合金是广泛应用于各种燃气轮机的重要材料,用钨丝、钍钨丝增强镍基合金可以大幅度提高其高温性能、高温持久性能和高温蠕变性能。其性能一般可提高1~3倍,主要用于高性能航空发动机叶片等重要零件。高温金属基复合材料的基体合金成分和性能见表2.3。

表2.3 高温金属基复合材料的基体合金成分和性能

基体合金及成分	密度/(g·cm⁻³)	持久强度/MPa (1 100 ℃ 100 h)	高温比强度/×10³ (1 100 ℃ 100 h)
Zh36 Ni-12.5-7 W-4.8 Mo-5 Al-2.5 Ti	12.5	138	112.5
EPD-16 Ni-11 W-6 Al/6 Cr-2 Mo-1.5 Nb	8.3	51	63.5
Nimocast713 C Ni-12.5 Cr-2.5 Fe/2 Nb-4 Mo-6 Al-1 Ti	8.0	48	61.3
Mar-M322E Co-21.5 Cr-25 W-10 Ni-3.5 Ta-0.8 Ti	—	48	—
Ni-35 W-15 Cr-2 Al-2 Ti	9.15	23	25.4

金属间化合物、铌合金等金属也正在作为更高温度下使用的金属基复合材料的基体被深入研究。

4. 功能用金属基复合材料的基体

功能用金属基复合材料随着电子、信息、能源、汽车等工业技术的不断发展,越来越受到各方面的重视,面临广阔的发展前景。这些高技术领域的发展要求材料和器件具有优良的综合物理性能,如同时具有高力学性能、高导热、低热膨胀、高电导率、高抗电弧烧蚀性、高摩擦系数和耐磨性等。单靠金属与合金难以具有优良的综合物理性能,而要靠优化设计和先进制造技术将金属与增强物做成复合材料来满足需求。例如集成电路,由于电子器件的集成度越来越高、单位体积中的元件数不断增多、功率增大、发热严重,需要热膨胀系数小、导热性好的材料做基板和封装零件,以便将热量迅速传走,避免产生热应力,以提高器件可靠性;又如汽车发动机零件要求耐磨、导热性好、热膨胀系数适当等,这些均可通过材料的组合设计来实现。

由于工况条件不同,所需用的材料体系和基体合金也不同,目前已有功能金属基复合材料(不含双金属复合材料)主要用于微电子技术的电子封装,用于高导热、耐电弧烧蚀的集电材料和触头材料,耐高温摩擦的耐磨材料,耐腐蚀的电池极板材料等。主要选用的金属基体是铝及铝合金、纯铜及铜合金、银、铅、锌等金属。

总之,在考虑复合材料性能的同时,也要注意增强体和基体的性能。一般来说,金属基体的强度可以通过各种强化机构(如合金化和热处理强化等)来提高,但是,对于弹性模量,即使通过合金化,多数情况下也很难奏效。因此,加入增强体制备复合材料在提高强度的同时,希望弹性模量也要相应得到提高。选用高温合金基体或难熔金属基体时,复合材料的使用温度可以大大提高,高温性能得到明显改善。选用低密度的轻金属(如 Al、Mg、Ti 等)基体时,制备的复合材料具有很高的比强度和比模量。

表 2.4 为金属基复合材料的各基体金属的性能。

表 2.4　金属基复合材料的各基体金属的性能

金属	密度/ $(g \cdot cm^{-3})$	熔点/℃	比热容/$[kJ \cdot (kg \cdot ℃)^{-1}]$	热导率/$[W \cdot (m \cdot ℃)^{-1}]$	热膨胀系数/$(\times 10^{-1} \cdot ℃^{-1})$	抗拉强度/$(N \cdot mm^{-2})$	弹性模量/$(kN \cdot mm^{-2})$
Al	2.8	580	0.96	171	23.4	310	70
Cu	8.9	1 080	0.38	391	17.6	340	120
Pb	11.3	320	0.13	33	28.8	20	10
Mg	1.7	570	1.00	76	25.2	280	40
Ni	8.9	1 440	0.46	62	13.3	760	210
Nb	8.6	2 470	0.25	55	6.8	280	100
钢	7.8	1 460	0.46	29	13.3	2 070	210
超合金	8.3	1 390	0.42	19	10.7	1 100	210
Ta	16.6	2 990	0.17	55	6.5	410	190
Sn	7.2	230	0.21	64	23.4	10	40
Ti	4.4	1 650	0.59	7	9.5	1 170	110
W	19.4	3 410	0.13	168	4.5	1 520	410
Zn	6.6	390	0.42	112	27.4	280	70

2.1.3　陶瓷材料

传统的陶瓷是指陶器和瓷器,也包括玻璃、水泥、搪瓷、砖瓦等人造无机非金属材料。由于这些材料都是以含二氧化硅的天然硅酸盐矿物质,如粘土、石灰石、砂子等为原料制成的,所以陶瓷材料也是硅酸盐材料。随着现代科学技术的发展,出现了许多性能优异的新型陶瓷,它们不仅含有氧化物,还有碳化物、硼化物和氮化物等。

第2章 复合材料的基体和增强体

陶瓷是金属和非金属元素的固体化合物,其键合为共价键或离子键,它们不含有大量电子。一般而言,陶瓷具有比金属更高的熔点和硬度,化学性质非常稳定,耐热性、抗老化性皆佳。通常陶瓷是绝缘体,在高温下也可以导电,但比金属导电性差得多。虽然陶瓷的许多性能优于金属,但它也存在致命的弱点,即脆性强,韧性差,很容易因存在裂纹、空隙、杂质等细微缺陷而破碎,引起不可预测的灾难性后果,因而大大限制了陶瓷作为承载结构材料的应用。

近年来的研究结果表明,在陶瓷基体中添加其他成分,如陶瓷粒子、纤维或晶须,可提高陶瓷的韧性。粒子增强虽能使陶瓷的韧性有所提高,但效果并不显著。20世纪40年代,美国电话系统常常发生短路故障,检查发现在蓄电池极板表面出现一种针状结晶物质。进一步的研究结果表明,这种结晶与基体极板金属结晶相似,但强度和模量都很高,并呈胡须状,故命名晶须。最常用的晶须是碳化物晶须,其强度大,容易掺混在陶瓷基体中,已成功地用于增强多种陶瓷。

用作基体材料使用的陶瓷一般应具有优异的耐高温性质,与纤维或晶须之间有良好的界面相容性和较好的工艺性能等。常用的陶瓷基体主要包括玻璃、玻璃陶瓷、氧化物陶瓷、非氧化物陶瓷等。

1. 玻璃

玻璃是通过无机材料高温烧结而成的一种陶瓷材料,与其他陶瓷材料不同,玻璃在熔融后不经结晶而冷却成坚硬的无机材料,即具有非晶态结构是玻璃的特征之一。在玻璃坯体的烧结过程中,由于复杂的物理化学反应产生不平衡的酸性和碱性氧化物的熔融液相,其黏度较大,并在冷却过程中进一步迅速增大。一般当黏度增大到一定程度(约 10^{12} Pa·s)时,熔体硬化并转变为具有固体性质的无定形物体即玻璃,此时相应的温度称为玻璃化转变温度(T_g)。当温度低于 T_g 时,玻璃表现出脆性。加热时玻璃熔体的黏度降低,在达到某一黏度(约 10^8 Pa·s)所对应的温度时,玻璃显著软化,这一温度称为软化温度(T_f)。T_g 和 T_f 的高低主要取决于玻璃的成分。

2. 玻璃陶瓷

许多无机玻璃可以通过适当的热处理使其由非晶态转变为晶态,这一过程称为反玻璃化。由于反玻璃化使玻璃成为多晶体,透光性变差,而且因体积变化还会产生内应力,影响材料强度,所以通常应当避免发生反玻璃化过程。但对于某些玻璃,反玻璃化过程可以控制,最后能够得到无残余应力的微晶玻璃,这种材料称为玻璃陶瓷。为了实现反玻璃化,需要加入成核剂(如 TiO_2)。玻璃陶瓷具有热膨胀系数小、力学性能好和导热系数较大等特点,玻璃陶瓷基复合材料的研究受到广泛重视。表2.5为常用玻璃和玻璃陶瓷基体的基本特征。

表2.5 常用玻璃和玻璃陶瓷基体的基本特性

基本类型		主要成分	辅助成分	主要晶相	T_{max}/℃	弹性模量/GPa
玻璃	7740	B_2O_3, SiO_2	Na_2O		600	65
	1723	Al_2O_3, MgO, CaO, SiO_2	B_2O_3, BaO		700	90
	7933	SiO_2	B_2O_3		1 150	65

续表2.5

基本类型		主要成分	辅助成分	主要晶相	T_{max}/℃	弹性模量/GPa
玻璃陶瓷	LAS-Ⅰ	Li_2O, Al_2O_3, MgO, SiO_2	ZnO, ZrO_2, BaO	β-锂辉石	1 000	90
	LAS-Ⅱ	Li_2O, MgO, Al_2O_3, SiO_2, Nb_2O_5	ZnO, ZrO_2, BaO	β-锂辉石	1 100	90
	LAS-Ⅲ	Li_2O, MgO, Al_2O_3, SiO_2, Nb_2O_5	ZrO_2	β-锂辉石	1 200	90
	MAS	Al_2O_3, MgO, SiO_2	BaO	堇青石	1 200	
	BMAS	BaO, Al_2O_3, MgO, SiO_2			1 250	105
	CAS	CaO, Al_2O_3, SiO_2		钙长石	1 250	90
	MLAS	MgO, Li_2O, Al_2O_3, SiO_2		α-堇青石	1 250	

3. 氧化物陶瓷

作为基体材料使用的氧化物陶瓷主要有 Al_2O_3、MgO、SiO_2、ZrO_2、莫来石(即富铝红柱石,化学式为 $3Al_2O_3 \cdot 2SiO_2$)等,它们的熔点在 2 000 ℃以上。氧化物陶瓷主要为单相多晶结构,除晶相外,可能还含有少量气相(气孔),微晶氧化物的强度较高,粗晶结构时晶界面上的残余应力较大,对强度不利,氧化物陶瓷的强度随环境温度升高而降低,但在 1 000 ℃以下降低较小。这类陶瓷基复合材料应避免在高应力和高温环境下使用,这是由于 Al_2O_3 和 ZrO_2 的抗热震性较差,SiO_2 在高温下容易发生蠕变和相变。虽然莫来石具有较好的抗蠕变性能和较低的热膨胀系数,但使用温度也不宜超过 1 200 ℃。

4. 非氧化物陶瓷

非氧化物陶瓷是指不含氧的氮化物、碳化物、硼化物和硅化物,其特点是耐火性和耐磨性好,硬度高,但脆性也很大。碳化物和硼化物的抗热氧化温度为 900～1 000 ℃,氮化物略低,硅化物的表面能形成氧化硅膜,所以抗热氧化温度达 1 300～1 700 ℃。氮化硼具有类似石墨的六方结构,在高温(1 360 ℃)和高压作用下可转变成立方结构的β-氮化硼,耐热温度高达 2 000 ℃,硬度极高,可替代金刚石。表2.6 为常用耐高温陶瓷基体材料的基本性能。

表2.6 常用耐高温陶瓷基体材料的基本性能

类型	密度/(g·cm^{-3})	熔点/℃	弹性模量/GPa	热导率/(W·m^{-1}·K^{-1})	热膨胀系数/(×10^{-6}K^{-1})	莫氏硬度
氧化铝	3.99	2 053	435	5.82	8.8	9
氧化锆	6.10	2 677	238	1.67	8～10	7
莫来石	3.17	1 860	200	3.83	5.6	6～7
碳化硅	3.21	2 545	420	41.0	5.12	9
氮化硅	3.19	1 900	385	30.0	3.2	9

2.1.4 无机胶凝材料

无机胶凝材料是指这样一类粉末材料,当其与水或水溶液拌和后所形成的浆体,经过一系列的物理、化学作用后能够逐渐硬化并形成具有一定强度的人造石。无机胶凝材料一般可分为水硬性胶凝材料和非水硬性胶凝材料两大类。非水硬性胶凝材料只能在空气中硬化,而不能在水中硬化,统称气硬性胶凝材料,如石灰、石膏、镁质胶凝材料等。水硬性胶凝材料既能在空气中硬化,又能在水中硬化,这类材料常称为水泥,如硅酸盐水泥、铝酸盐水泥、硫铝酸盐水泥等。随着科学技术的发展,胶凝材料的类型和品种及其应用范围在不断扩大。

无机胶凝材料作为一种重要的原材料,一直受到人们的重视,它不仅广泛地应用于工业与民用建筑、水工建筑和城市建设,而且还可以制成铁枕、电杆、坑木、压力管、水泥船以及海洋开发的各种构造物等,同时也是一系列大型现代化设施和国防工程不可缺少的材料。无机胶凝材料之所以能得到不断发展,还因为它具有下列特点:

① 原料丰富,能就地取材,生产成本低;
② 耐久性好,适应性强,可用于水中、海洋以及炎热、寒冷的环境;
③ 耐火性好;
④ 维修工作量小,折旧费用低;
⑤ 作为基材组合或复合其他材料的能力强,如纤维增强胶凝材料、聚合物增强胶凝材料、纤维-聚合物-胶凝材料多元复合等;
⑥ 可有效地利用工业废渣。

在无机胶凝材料基增强材料中,研究和应用最多的是纤维增强水泥基增强材料。它是以水泥净浆、砂浆或混凝土为基体,以短切纤维或连续纤维为增强材料组成的。用无机胶凝材料作基体制成纤维增强材料已有初步应用,主要集中在建筑工程、军事工程、装饰及水利等方面,但其长期耐久性尚待进一步提高,其成型工艺尚待进一步完善,其应用领域有待进一步开发。无机胶凝材料作为一种复合材料基体,随着胶凝材料科学和复合材料科学的发展,它必将产生新的飞跃。

与树脂相比,水泥基体有如下特征:

① 水泥基体为多孔体系,其孔隙尺寸可由数"埃"到数百"埃"。孔隙存在不仅会影响基体本身的性能,也会影响纤维与基体的界面黏结;
② 纤维与水泥的弹性模量比不大,因水泥的弹性模量比树脂的高,对多数有机纤维而言,与水泥的弹性模量比甚至小于1,这意味着在纤维增强水泥复合材料中应力的传递效应远不如纤维增强树脂;
③ 水泥基材的断裂延伸率较低,仅是树脂基材的1/10~1/20,故在纤维尚未从水泥基材中拔出拉断前,水泥基材即已开裂;
④ 水泥基材中含有粉末或颗粒状的物料,与纤维成点接触,故纤维的掺量受到很大限制。树脂基体在未固化前是黏稠液体,可较好地浸透纤维中,故纤维的掺量可高些;
⑤ 水泥基材呈碱性,对金属纤维可起保护作用,但对大多数矿物纤维是不利的。

水泥基体与增强用纤维性能比较见表2.7。

表2.7 水泥基体与增强用纤维性能比较

	名称	密度/ (g·cm^{-3})	抗拉强度/ MPa	弹性模量/ MPa	极限延伸率/ %
基体	基体材料	—	—	—	—
	水泥净浆	2.0~2.2	3~6	10~25	0.01~0.05
	水泥砂浆	2.2~2.3	2~4	25~35	0.005~0.015
	水泥混凝土	2.3~2.46	1~4	30~40	0.01~0.02
增强纤维	低碳钢纤维	7.8	2 000	200	3.5
	不锈钢纤维	7.8	2 100	160	3.0
	温石棉纤维	2.6	500~1 800	150~170	2.0~3.0
	青石棉纤维	3.4	700~2 500	170~200	2.0~3.0
	抗碱玻璃纤维	2.7	1 400~2 500	70~80	2.0~3.5
	中碱玻璃纤维	2.6	1 000~2 000	60~70	3.0~4.0
	无碱玻璃纤维	2.54	3 000~3 500	72~77	3.6~4.8
	高模量纤维	1.9	1 800	380	0.5
	聚丙烯单丝	1.9	2 600	230	1.0
	Kevlar-49	1.45	2 900	133	2.1
	Kevlar-29	1.44	2 900	69	4.0
	尼龙单丝	1.1	900	4	13.0~15.0

2.2 复合材料增强体

复合材料的主要组成是增强材料与基体材料。对于纤维复合材料，起主要承载作用的是纤维；而在粒子增强复合材料中，起主要作用的是基体。用于受力构件的复合材料大多为纤维复合材料，纤维能大幅度地提高基体树脂材料的强度和弹性模量，减少复合材料成型过程中的收缩，提高热变形温度。总的来看，增强材料对于复合材料是不可或缺的，基体材料中加入增强材料，其目的在于获得更为优异的力学性能或赋予复合材料新的性能。

增强材料总体上可分为有机增强体类和无机增强体类两大类。无机增强材料有：玻璃纤维、碳纤维、硼纤维、金属纤维、晶须等。有机增强材料有：芳纶纤维、聚酯纤维、超高分子量聚乙烯纤维等。上述增强材料中，玻璃纤维、芳纶纤维、碳纤维应用最为广泛。

需要特别指出的是高性能纤维(high rerformance fibers)，是近年材料领域迅速发展的一类特种纤维，通常是指具有高强度、高模量、耐高温、耐环境、耐摩擦、耐化学药品等高物性纤维。高性能纤维品种很多，如芳香族聚酰胺纤维、芳香族聚酯纤维、高强度聚烯烃纤维、碳纤维以及各种无机及金属纤维等。作先进复合材料的增强材料，是高性能纤维的重要用途之一。

2.2.1 玻璃纤维

玻璃纤维(glass fibre)是由氧化硅与金属氧化物等组成的盐类混合物经熔融纺丝制成的,它是最早被用作增强材料使用的纤维之一。玻璃纤维的生产具有悠久的历史,据考证,早在1713年法国就使用过玻璃纤维织物,德国于1916年开始生产用作保温材料的玻璃纤维,1930年美国首先生产玻璃长丝。玻璃纤维复合树脂于20世纪40年代开始在航空工业得到应用。由于玻璃纤维在结构、性能、加工工艺、价格等方面的特点,使它在复合材料制造业中一直占有重要位置。

1. 玻璃纤维分类

根据玻璃纤维中钾、钠氧化物(Na_2O、K_2O)的质量分数,可分为:①无碱纤维,又称E玻璃纤维,碱性氧化物质量分数在2%以下;②低碱玻璃纤维,碱性氧化物质量分数为2%~6%;③中碱玻璃纤维,碱性氧化物质量分数为6%~12%;④有碱玻璃纤维,碱性氧化物质量分数大于12%。组分中的碱金属氧化物质量分数高,玻璃易熔,易抽丝,产品成本低。

按照玻璃纤维直径可分为:①粗纤维,单丝直径30 μm;②初级纤维,单丝直径20 μm;③中级纤维,单丝直径10~20 μm;④高级纤维,单丝直径3~9 μm,多用于纺织制品。

此外,按用途可分为:高强度纤维、低介电纤维、耐化学药品纤维、耐电腐蚀纤维、耐碱纤维。按纤维的外观可分为:长纤维、短纤维、空心纤维、卷曲纤维。

国际上主要品种的玻璃纤维特点及应用见表2.8。

表2.8 已商品化玻璃纤维特点及应用

品 种	特 点	应 用
A—玻璃纤维	高碱玻璃或钠玻璃纤维,耐水性很差	多用于制作平板玻璃和玻璃器皿,少用于玻璃纤维生产
E—玻璃纤维	无碱玻璃纤维,主要成分为硼铝硅酸盐,具有良好的电绝缘性能和机械性能	应用最广泛,常用于制造玻璃纤维编织物
S—玻璃纤维	其成分是铝硅酸镁,高强度,高模量,抗拉性能及耐热性均优于E玻璃纤维	可作结构材料,用于军工、空间、防弹盔甲及运动器械
C—玻璃纤维	中碱玻璃纤维,主要成分为硼硅酸纳,耐化学性能,特别是耐酸性好	耐化学药品纤维,适用于耐腐蚀件和蓄电池套管等
D—玻璃纤维	低介电纤维纤维,电绝缘性及透波性好	用作雷达装置的增强材料
AR—玻璃纤维	耐碱玻璃纤维,因含有大于10%的ZrO_2,耐碱性大为增加	主要用于水泥的增强体
E—CR纤维	是一种改进的无硼无碱玻璃纤维,耐酸、耐水性优于中碱玻璃纤维	美国欧文斯-科宁公司专利,专为地下管道、贮罐等开发

2. 玻璃纤维组成及结构

(1)玻璃纤维的化学组成。

从化学组成上看,玻璃的成分主要为二氧化硅和其他氧化物,它们对玻璃纤维的性质和工艺特点起决定性作用。以二氧化硅为主的称为硅酸盐玻璃,以三氧化硼为主的称为硼酸盐玻璃。

SiO_2 是玻璃中的一个主要成分,它的存在导致玻璃具有低的热膨胀系数。SiO_2 的熔点高,具有很高的黏度,在熔融状态下气泡脱除速度很慢,加入 Na_2O、Li_2O、K_2O 等碱金属氧化物可降低玻璃的黏度,改进玻璃流动性,故称助熔氧化物。但这些氧化物使成品玻璃具有高的膨胀系数和易受潮气的侵蚀。另外,PbO 能极大地降低玻璃液黏度,起着助熔剂的作用,还可增加成品玻璃密度及光亮程度,提高热膨胀率。

B_2O_3 使玻璃液具有中等黏度,在熔制时起助熔剂作用,使玻璃具有低的热膨胀性及稳定的电气性能。CaO、MgO 使玻璃液具有中等黏度,改进玻璃制品的耐腐蚀性和耐温性。Al_2O_3 增加熔体黏度,使玻璃制品具有较高的机械性能及改善耐化学性。ZnO 稍提高玻璃液黏度,同时有助于玻璃耐化学性的增加。BeO 导致中等玻璃黏度,有助于增加玻璃产品的耐化学性及提高密度。TiO_2 导致玻璃液黏度稍高,改善玻璃耐化学性,特别是耐碱性。ZrO_2 显著增加玻璃液黏度及析晶倾向,极大提高玻璃的耐碱性。已经商品化的玻璃纤维成分见表 2.9。

表 2.9 已经商品化的玻璃纤维成分

玻璃纤维组分/%	玻璃纤维种类						
	A	C	D	E	S	G	M
SiO_2	72	65	73	55.2	65	71	含 BeO 玻璃纤维
Al_2O_3	0.6	4	—	14.8	25	0.6	
B_2O_3	0.7	5	23	7.3	—	—	
MgO	2.5	3	0.6	3.3	10	—	
CaO	10	14	0.5	18.3	—	—	
Na_2O	14.2	8.5	1.3	0.3	—	1.2	
K_2O	—	—	1.5	0.2	—	1.3	
Fe_2O_3	—	0.5	—	0.3	—	—	
ZrO_2	—	—	—	—	—	16.0	

注:A—普通有碱玻璃纤维;C—耐酸玻璃纤维;D—低介电纤维;E—无碱纤维;S—高强度纤维;G—抗碱玻璃纤维;M—高模量纤维

(2)玻璃纤维的物理结构。

玻璃纤维的外观与块状玻璃完全不同,而且玻璃纤维的强度比块状玻璃高出许多倍。但研究表明,玻璃纤维的结构仍与玻璃相同。玻璃是无色透明的脆性固体,是熔融物过冷时因黏度增加而具有固体物理性质的无定形物体,属于各向同性的均质材料。从物理结构上看,玻璃纤维的结构是一种具有短距离网络结构的无定形态,既不存在固体的结晶组织,也不具有普通液体的流动性,因此玻璃也称为"凝固的过冷液体"。

网络结构假说认为,玻璃纤维的化学组分中,硅、硼、磷、锗、砷等氧化物构成玻璃的结构网络,对玻璃的基本性质起决定性作用;钠、钾、钙、镁、钡等金属氧化物的阳离子可以填入结构网络的空隙,改变玻璃的物理及化学性质;铝、铁、钛、铍等金属氧化物,可作为改性剂或调节剂使用,以便使玻璃材料具有所要求的特性。图 2.1 为 SiO_2 玻璃与 $Na-SiO_2$ 玻璃的网络结构。

当玻璃熔体从高温冷却到低温时,体积的变化情况如图 2.2 所示,实线为热力学平衡时,熔体冷却时的体积变化曲线,即当熔体冷却时,体积缩小,当冷却到熔点 T_m 时,开始结晶,体积发生明显的收缩。若温度达 T_m 时,熔体还没开始结晶,这时过冷熔体仍处于热力学平衡状态,但处于介稳状态,熔体沿虚线表示的曲线收缩。在 T_g 温度以下,固体的结构处于无序的聚集状态,称玻璃态。转折点 T_g 称为玻璃态转变温度。

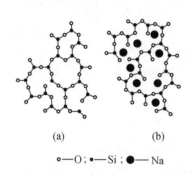

图 2.1 SiO_2 与 SiO_2-Na 玻璃的网络结构

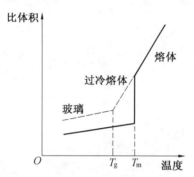

图 2.2 玻璃熔体冷却曲线

3. 玻璃纤维生产

玻璃纤维生产时既要求玻璃液黏度随温度有较快的变化速率,从而有利于在拉丝时能在冷却条件下迅速硬化定形,又要求黏度随温度不能过快上升,以致妨碍将玻璃丝拉制到预定的直径。玻璃纤维的制造方法主要有坩埚拉丝法(也称玻璃球法)和池窑拉丝法(也称直接熔融法)。

坩埚拉丝法是先将砂、石灰石、硼酸等玻璃原料干混后,装入大约 1 260 ℃ 熔炼炉中熔融,熔融的玻璃流入造球机制成玻璃球,然后将合格的玻璃球再放入坩埚中熔化拉丝制成玻璃纤维。若将熔炼炉中熔化了的玻璃直接流入拉丝筛网中拉丝,则称池窑法。池窑拉丝法省去了制球工艺,降低了成本,是广泛采用的方法。图 2.3 是玻璃纤维的制备工艺示意图。

连续纤维生产时,熔融玻璃在恒定的温度压力下自漏板底部流出,被拉丝机绕线筒以 1 000~3 000 m/min 的线速度制成具有一定细度的玻璃纤维。单丝经过浸润槽集束成原纱,原纱经排纱器以一定角度规则地缠绕在纱筒上。

短纤维生产多采用吹制法,即在熔融的玻璃流出时,立即施以喷射空气或蒸气气流冲击,将玻璃液吹拉成短纤维,将短纤维收集并均匀涂以粘结剂,可进一步制成玻璃棉或玻璃毡。

润湿剂在玻璃纤维拉丝和纺织过程中的作用是使纤维束粘合集束,润滑耐磨,消除静电,保证拉丝和纺织工序的顺利进行。润湿剂有两类,一类为纺织型润湿剂,主要满足纺织加工的需要,其主要成分有凡士林、石蜡、硬脂酸、变压器油、固色剂、表面活性剂和水。这

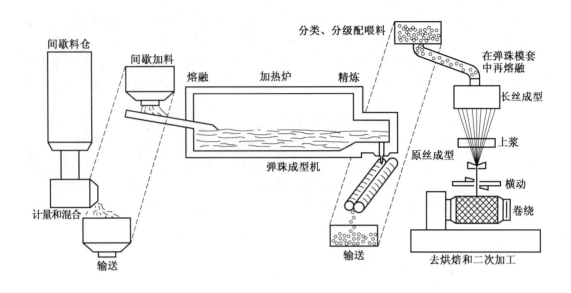

(a) 坩埚拉丝法

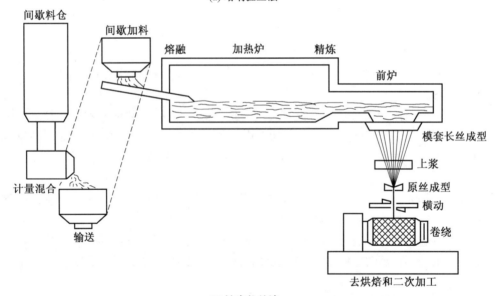

(b) 池窑拉丝法

图 2.3　玻璃纤维制备工艺示意图

类润湿剂不利于树脂和玻璃纤维的黏结,因此在使用时要经过脱蜡处理。另一类是增强型润湿剂,其主要成分有成膜剂(如水溶性树脂、树脂乳液等)、偶联剂、润滑剂、抗静电剂等,这类润湿剂在使用时不需要清除。

生产玻璃纤维制品的主要设备是纺织机和织布机,其工艺流程如图 2.4 所示。

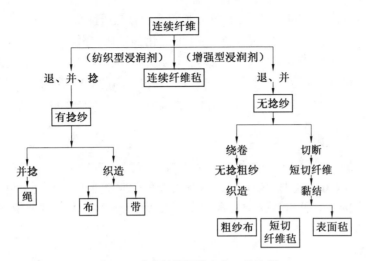

图 2.4 玻璃纤维制品生产工艺流程

4. 玻璃纤维性能

(1) 玻璃纤维的物理性能

玻璃纤维外观是光滑的圆柱体,密度为 2.16~4.30 g/cm³,有碱玻璃纤维密度较小。用于复合材料的玻璃纤维,直径一般为 5~20 μm,密度为 2.4~2.7 g/cm³,与铝几乎一样,所以在航空工业上用复合材料替代铝钛合金成为可能。

玻璃纤维具有低线膨胀系数、低导热系数和良好的热稳定性。普通硅酸盐玻璃纤维在 450 ℃时强度变化不大。一般玻璃纤维的软化温度为 550~850 ℃;C 玻璃纤维的软化点为 688 ℃;S 玻璃和 E 玻璃纤维的软化点分别为 970 ℃和 846 ℃;石英和高硅氧玻璃纤维的耐热温度可达 2000 ℃以上。石英纤维是由化学成分纯度达 99.5% 以上的二氧化硅经熔融制成,其线膨胀系数较小,而且具有弹性模量随温度增高而增加的罕见特性。常见玻璃纤维的性能见表 2.10。

表 2.10 玻璃纤维的性能

性能	玻璃纤维种类						
	A	D	E	S	M	石英纤维	高硅氧纤维
拉伸强度/GPa	3.1	2.5	3.4	4.58	3.5	1.7	2.5
弹性模量/GPa	73	55	71	85	110	72	52
延伸率/%	3.6	—	—	3.37	5.2	—	—
密度/(g·cm⁻³)	2.46	2.14	2.55	2.5	2.89	2.2	2.3
比强度/(GPa·(g·cm⁻³)⁻¹)	1.3	1.2	1.3	1.8	1.2	0.8	1.1
比模量/(GPa·(g·cm⁻³)⁻¹)	30	26	28	34	38	33	20.8

注:A—有碱玻璃纤维;D—低介电纤维;E—无碱纤维;S—高强度纤维;M—高模量纤维

在外电场的作用下,玻璃纤维内的碱金属离子最容易迁移而导电,因此,有碱玻璃纤维的电绝缘性大大低于无碱玻璃纤维。玻璃纤维的化学组成、环境温度、湿度是影响其导电性的主要因素。石英纤维和高硅氧纤维具有优异的电绝缘性能,室温下电阻率为 $10^{16} \sim 10^{17} \Omega \cdot cm$,在 700 ℃ 的高温时,其介电性能没有变化。高硅氧玻璃纤维中二氧化硅的含量为 91% ~ 99%,是以酸浸洗 E 玻璃纤维,除去碱金属,再于 680 ~ 800 ℃ 加热烧结而形成的高硅氧玻璃纤维。

(2)玻璃纤维的化学性能

玻璃纤维不燃烧,具有良好的化学稳定性,除氢氟酸和热浓强碱外,对大多数化学药品都是稳定的,也不受霉菌或细菌的侵蚀。玻璃纤维的化学性能主要取决于组成中的二氧化硅及碱金属的含量。增加 SiO_2、Al_2O_3 含量或加入 ZrO_2 及 TiO_2 可改进玻璃纤维的耐酸性;提高 SiO_2 比例或添加 CaO、ZrO_2、ZnO 有利于增强耐碱性;Al_2O_3、ZrO_2、TiO_2 等都能强化玻璃纤维的耐水性。

有碱玻璃由于组成中碱金属氧化物较多,在水或空气的作用下易发生水解,耐水性较差。水使玻璃纤维中的碱金属氧化物溶解,使其表面裂纹扩展,降低纤维的强度。所以,一般控制碱金属氧化物含量不超过 13%。除了溶解作用外,由于玻璃纤维比表面积大,对水的吸附能力也大于玻璃。表面吸附水使玻璃纤维与树脂的粘结力减弱,从而影响复合材料性能。

在水和酸性介质中,石英、高硅氧玻璃纤维的稳定性极高,即使加热条件下也很稳定。室温下,氢氟酸能破坏这种纤维,而磷酸要在 300 ℃ 以上才能使其破坏。在碱性介质中,石英和高硅氧玻璃纤维的稳定性较差,但是比普通玻璃纤维要好得多。

(3)玻璃纤维的力学性能

玻璃纤维的最大特点是具有较高的拉伸强度。一般玻璃的拉伸强度只有 40 ~ 100 MPa,而玻璃纤维的拉伸强度高达 1 500 ~ 4 500 MPa,是高强钢的 2 ~ 4 倍,比强度更为高强度钢的 6 ~ 10 倍,弹性模量为 60 ~ 110 GPa,与铝和钛合金相当。因此,采用玻璃纤维制成的玻璃纤维增强塑料又称为玻璃钢。玻璃纤维具有高强度是因为纤维直径小、缺陷少,所以玻璃纤维的直径越细,拉伸强度越高。在 200 ~ 250 ℃ 下,玻璃纤维的强度不会降低,但会发生体积收缩。

玻璃纤维属于具有脆性特征的弹性材料,应力-应变曲线基本为一直线,没有明显的塑性变形阶段,其断裂延伸率在 3% 左右。玻璃纤维的弹性模量高于木材和有机纤维,一般在 100 GPa 以下,与纯铝相近,仅为普通钢材的 1/3 左右,所以玻璃纤维不能作为先进复合材料的增强材料。

玻璃纤维抗扭折能力和耐磨性差,易受机械损伤。玻璃纤维长期放置后强度稍有下降,这主要是由于空气中的水分对纤维侵蚀的结果。随着对玻璃纤维施加负荷时间的增加,其拉伸强度降低,环境湿度较高时更加明显。其原因是在水分侵蚀和外力的联合作用下裂纹扩展速度加快,导致强度降低。此外,在反复波动的高温环境下,承载玻璃纤维复合材料易发生界面粘附破坏。

2.2.2 碳纤维

碳纤维(Carbon Fibre,CF 或 C_f)是由不完全石墨结晶沿纤维轴向排列的一种多晶新型碳材料,碳含量超过90%。碳纤维的研究始于1880年爱迪生用棉、亚麻等纤维制取碳纤维用作电灯丝,不过因其亮度低而改为亮度高的钨丝。20世纪50年代末,真正有使用价值的碳纤维才发展起来。以碳纤维为增强材料复合而成的结构材料强度比钢大、密度比铝合金低,且还有许多宝贵的电学、热学和力学性能,因此碳纤维的研究、发展和应用一直是新材料领域中的重要内容。

1. 碳纤维的名称及分类

碳纤维一般以力学性能和制造原材料来分类。根据力学性能可分为:①高强型(HT);②高模型(HM);③通用型(GP);④超高强型(UHT);⑤超高模型(UHM);⑥高强高模(HP)型等多种规格。

根据制造方法可分为有机前驱体碳纤维和气相生长碳纤维,其中有机前驱体碳纤维根据原材料可分为:①聚丙烯腈碳纤维;②沥青基碳纤维;③酚醛树脂基碳纤维;④纤维素基碳纤维。

另外,根据热处理温度和气氛介质不同分为:①碳纤维(1 000~1 600 ℃;N_2,H_2);②石墨纤维(2 000~3 000 ℃;N_2,Ar);③活性碳纤维(700~1 000 ℃;H_2O,CO_2,N_2)。石墨纤维并不意味着纤维内部完全为石墨结构,仅是表明热处理的温度更高而已,一般将碳纤维和石墨纤维统称为碳纤维。

碳纤维有四种产品形式:纤维、布料、预浸料坯和切短纤维。布料是指由碳纤维制成的织品。预浸料坯是一种产品,是将碳纤维按照一个方向一致排列,并将碳纤维或布料放入树脂中浸泡使其转化成片状。切短纤维是指短丝。碳纤维的各类产品如图2.5所示。

(a)连续碳纤维长丝

(b)短切纤维

(c)碳纤维布、毡

图2.5 碳纤维的产品

2. 碳纤维的结构及性能

(1)碳纤维结构

碳纤维是有机物经高温固相反应转化而来,属于聚合的碳。经X-射线和高分辨透射电子显微镜研究表明,碳纤维不是理想的石墨点阵结构,而是属于片状石墨微晶沿纤维轴向方向堆砌而成的"乱层"石墨结构。碳纤维中基本结构是石墨片层组成片状石墨微晶,由片状石墨微晶再组成直径50 nm、长数百纳米的原纤维,最后由原纤维组成直径6~18 μm的碳纤维单丝。碳纤维层面的间距为0.339~0.342 nm,比石墨层面间距0.344 nm略小。各层面上和层面间的碳原子排列不如石墨那样规整,层与层之间借范德华力连接在一起。原纤维的内部存在着直径1~2 nm、长几十纳米的针形孔隙,其孔洞的含量、大小和分布对碳纤维的性能影响较大。

石墨化的温度比碳化高,石墨化过程中残留的非碳原子继续排除,反应形成的芳环平面增加,内部各平面层间的乱层石墨排列也较规整,材料整体由二维乱层石墨结构向三维有序结构转化,纤维的弹性模量增加,取向性显著提高。

(2)碳纤维性能

根据原材料、含碳量及石墨化条件,碳纤维的拉伸强度为 $1\sim7$ GPa,弹性模量为 $100\sim850$ GPa。性能的变化主要与碳纤维的结构有关,一般的碳纤维由乱层结构石墨微晶所组成,石墨的平面层不完整,沿纤维轴向排列也不整齐,因而强度和模量不够高。在高强度碳纤维中平面层完整性提高,沿轴向排列也趋于整齐,而高模量纤维则平面层更完整,沿轴向排列更整齐。因此,影响碳纤维强度和模量的直接因素是晶粒的取向度,此外还有微晶结构的不均匀性、原纤维内部条带交联的断裂等。某些品牌的碳纤维及性能列于表 2.11 和表 2.12。

表 2.11 聚丙烯腈基碳纤维的性能

性能与特点	纤维牌号						
	T1000	T800	M60J	M65J	P120	T300	钢丝
拉伸强度/GPa	7.06	5.59	3.80	3.63	2.24	3.53	1.86
弹性模量/GPa	294	294	588	640	830	230	200
延伸率/%	2.4	1.9	0.7	0.7	0.3	1.5	3.5
密度/(g·cm^{-3})	1.82	1.81	1.94	1.95	2.10	1.77	7.8
比强度/[GPa·(g·cm^{-3})$^{-1}$]	3.88	3.09	1.96	1.86	1.07	1.99	0.24
比模量/[GPa·(g·cm^{-3})$^{-1}$]	163	162	303	327	395	130	26

注:T300—标准型;T1000、T800—高强中模型;MJ—高强高模型;P120—超高模量型

表 2.12 沥青基碳纤维的种类与性能

性 能	纤维牌号			
	S230(短纤维)	F-140(长丝)	F-500(长丝)	F-600(长丝)
拉伸强度/GPa	0.8	1.8	2.8	3.0
弹性模量/GPa	35	140	500	600
延伸率/%	2.0	1.3	0.55	0.5
密度/(g·cm^{-3})	1.65	1.95	2.11	2.25
比强度/(GPa·(g·cm^{-3})$^{-1}$)	0.49	0.92	1.33	1.33
比模量/(GPa·(g·cm^{-3})$^{-1}$)	21.2	71.8	237	267
分解温度/℃	410	540	650	710

注:表中所列牌号为日本东邦人造丝公司产品

碳纤维的应力-应变曲线为一直线,断裂过程在瞬间完成,纤维在断裂前是弹性体,不发生屈服,因此碳纤维的弹性回复是 100%。碳纤维沿轴向表现出很高的强度,是钢铁的 3 倍还多,而径向强度远不如轴向,仅为轴向拉伸强度的 10%~30%,因而碳纤维不能打结。

碳纤维在化学组成上非常稳定,并且具有高抗腐蚀性和耐高温蠕变性能,一般碳纤维

在 1 900 ℃ 以上才会出现永久塑性变形。碳的化学性能在室温下是惰性的,除被强氧化剂氧化外,一般的酸碱对碳纤维不起作用。碳纤维在空气中当温度高于 400 ℃ 时即发生明显的氧化,所以在空气中的使用温度一般在 360 ℃ 以下。但在隔绝氧的情况下,碳纤维的突出特性是耐热性,使用温度可高达 1 500~2 000 ℃。碳纤维的电动势是正值,而铝合金的电动势为负值,因此当碳纤维复合材料与铝合金组合应用时会发生化学腐蚀。

碳纤维的密度为 1.6~2.18 g/cm³,除了与原丝结构有关外,主要决定于碳化处理的温度。经过 3 000 ℃ 以上石墨化处理,密度可达 2.0 g/cm³ 以上。碳纤维的热膨胀系数具有各向异性的特点,平行于纤维方向是负值,而垂直于纤维方向是正值。碳纤维的热导率和电阻率与纤维的类型和温度有关。温度升高,碳纤维的热导率下降。碳纤维具有良好的耐低温性能,如在液氮温度下也不脆化。此外还具有抗辐射、导电性高、摩擦系数小和润滑能力强等特性。不同基材碳纤维的物理性能见表 2.13。

表 2.13 不同基材碳纤维的物理性能

性能	聚丙烯腈基碳纤维		中相沥青基碳纤维	
	低模	高模	高中模	超高模
密度/(g·cm⁻³)	1.76	1.9	2.0	2.15
轴向拉伸强度/GPa	230	390	380	725
横向拉伸强度/GPa	40	21	—	—
轴向热膨胀系数 21 ℃/10⁻⁶ K⁻¹	−0.7	−0.5	−0.9	−1.6
热传导率/(W·(m·K)⁻¹)	8.5	70	100	520
电阻率/(μΩ·K)	18	9.5	7.5	2.5
碳质量分数/%	>95	>99	>99	>99

3. 碳纤维的制造方法

碳纤维的制造方法有有机先驱体纤维法和化学气相生长法。有机先驱体纤维法是由有机纤维经高温固相反应转变而成,应用的有机纤维主要有粘胶纤维、PAN 纤维和沥青纤维三种,工艺流程如图 2.6 所示。化学气相生长法是利用催化剂由低碳烃混合气体直接析出晶须状碳纤维。目前主要生产的是 PAN 基碳纤维和沥青基的碳纤维。在强度上 PAN 基的碳纤维要优于沥青基的碳纤维,因此在碳纤维生产中占有绝对优势。本节以 PAN 碳纤维为例介绍有机先驱体法生产碳纤维,同时简要介绍化学气相生长法。

(1)聚丙烯腈碳纤维。

聚丙烯腈(PAN)是一种主链为碳链的长链聚合物,链侧有氰基。制造 PAN 的基本原料是丙烯腈($CH_2=CHCN$),先将丙烯脂与共聚单体(丙烯酸甲酯、亚甲基丁二酸)进行聚合,生成共聚丙烯腈树脂,经硫氰酸钠、硝酸、二甲基亚砜等溶剂溶解,形成黏度适宜的纺丝液,如有的纺丝溶液聚合物的相对分子质量约为 $9×10^4$,纺丝液黏度 100 Pa·s,纺丝溶液聚合物质量分数为 15%。用纺织液纺丝后经成形、水洗、牵伸、卷绕等工序,获得生产碳纤维专用的有机先驱体——聚丙烯腈纤维(PAN),其结构式如图 2.7(a)所示。PAN 原丝大致经过预氧化、碳化、石墨三步工艺过程后形成 PAN 碳纤维。

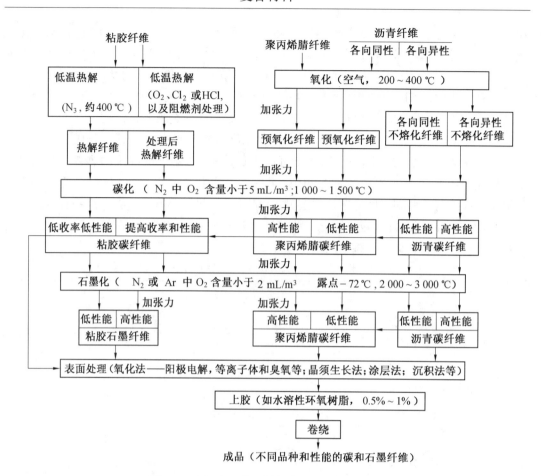

图 2.6 有机先驱体法制备碳纤维的工艺流程

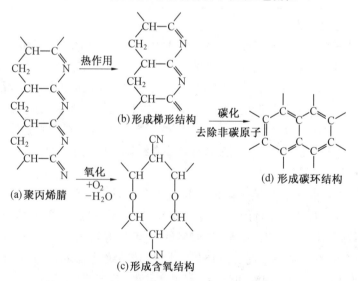

图 2.7 PAN 生产碳纤维过程中的结构变化

①原丝预氧化。由于 PAN 在分解前会软化熔融,因此需在空气中进行预氧化处理。

预氧化使聚丙烯腈发生交联、环化、脱氢、氧化等反应,转化为耐热的如图2.7(b)所示的类梯形高分子结构,以承受更高的碳化温度和提高碳化率。如果有足够长的时间,将产生纤维吸氧作用而形成 PAN 分子间的结合,形成含氧的类梯形结构,如图2.7(c)所示。预氧化时需给原丝纤维一定张力,使纤维中分子链伸展,沿纤维轴取向。预氧丝中的氧含量一般控制在8%~10%,氧与纤维反应形成各种含氧结构,碳化时大部分氧与聚丙烯中的氢结合生成 H_2O 逸出,促进相邻链的交联,提高纤维的强度和模量。但过高的氧含量会与以 CO、CO_2 的形式将碳链中的碳原子拉出,降低碳化效率,增加了缺陷,使碳纤维力学性能变坏。

预氧化过程中释放出 NH_3、H_2O、HCN 和 CO_2 等低分子物质,原丝逐渐由白变黄,继而呈棕褐色,最后变成黑色且具有耐燃性的预氧化丝。原丝色泽的变化直接反映预氧化程度的大小。预氧化程度主要是由热处理温度和时间两个因素决定的,通过两者的调整可以找出最佳的预氧化条件。预氧化温度在200~400 ℃,空气介质氧化过程中,纤维逐渐由白变黄,经铜褐色最后变成黑色。早期的预氧化的时间需要十几小时,目前只需十几至几十分钟。预氧化是一复杂的放热过程,需注意避免热积累而导致单丝过热产生热分解。

②预氧丝碳化。在高纯度的惰性气体(Ar 或 N_2)保护下,预氧丝于 1 000~1 600 ℃发生碳化反应。碳化过程中,进一步发生交联、环化、缩聚、芳构化等化学反应,非碳原子 H、O、N 等不断被裂解出去。最终,预氧化时形成的梯形大分子转变成稠环结构,碳含量从约60%提高到90%以上,形成一种由梯形六元环连接而成的乱层石墨片状结构。随碳化温度的变化,纤维力学性能亦发生明显变化。例如,纤维模量随碳化温度升高而增大,而断裂伸长率减小,在1 000~1 700 ℃强度出现最大值。碳化之前最好将纤维在100~280 ℃烘干。碳化时避免空气中氧气进入炉内,同时需对预氧丝施以一定张力,还要控制各阶段升温速度,以有利预提高碳纤维的强度。

③碳纤维石墨化。通常碳纤维是指热处理到1 000~1 600 ℃的纤维,石墨纤维是指加热到2 000~3 000 ℃的纤维。碳化过程中,随着非碳原子逐步被排除,碳含量逐步增加,形成碳纤维。石墨化过程中,聚合物中的芳构化碳转化成类似石墨层面的结构,内部紊乱的乱层石墨也向结晶态转化,形成石墨纤维。石墨碳纤维有金属光泽,导电性好,杂质极少,含碳量在99%左右。随温度提高,结晶碳增长和定向越强烈,促进石墨纤维弹性模量提高,但使抗拉强度和断裂延伸率下降,最终石墨纤维可能完全转化为脆性材料,温度对碳纤维性能的影响如图2.8所示。

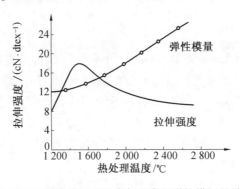

图2.8 PAN 纤维热处理温度与强度和弹性模量的关系

聚丙烯腈碳化后的结构已比较规整,所以石墨化所需时间很短,数十秒或几分钟即可。但石墨化温度下,氮气与碳发生反应生成氰,故传热和保护介质多采用具有一定压强的氩气。

(2)化学气相法制备碳纤维。

气相生长碳纤维(Vapor growth carbon fiber,VGCF)实际是一种以金属微细粒子为催化剂,氢氧为载体,在高温下直接由低碳烃(甲烷、一氧化碳、苯或苯和氢等)混合气体析出的非连续晶须类碳纤维。其制法主要包括基板法和气相流动法两种。

①基板法。将喷洒、涂布有催化剂(如硝酸铁)的陶瓷或石墨基板置于石英或刚玉反应管中,在1 100 ℃下,通入低碳烃或单、双环芳烃类与氢气混合气,在基板上将得到热解碳,生成的碳溶解在催化剂微粒中引起原始纤维的生长,可得到直径1~100 μm、长300~500 mm的VGCF。基板法为间断生产,收率很低。

②气相流动法。由低碳烃类,单、双环芳烃,脂环烃类等原科与催化剂(Fe、Ni 等合金超细粒子)和氢气组成三元混合体系,在1 100~1 400 ℃高温下,Fe或Ni等金属微粒被氢气还原为新生态熔融金属液滴,起催化作用。原料气热解生成的多环芳烃在液滴周边合成固体碳,并托浮起催化剂液滴,在铁微粒催化剂液滴下形成直线型碳纤维,在镍微粒催化剂液滴下方则形成螺旋状碳纤维。碳纤维形成过程如图2.9所示,碳纤维直径为0.5~1.5 μm,长度为毫米级。

(a)载体表面的金属粒子(M) (b)碳的最初沉析 (c)纤维依碳(C)的扩散面"生长" (d)高温碳层使催化剂粒子外表面"中毒"

图2.9 碳纤维形成示意图
1—有序层;2—无定形碳层

化学气相生长碳纤维(晶须)一般没有晶界,具有高度的结晶完整性,具有高强度、高模量,在导电、导热性上也十分优越。在3 000 ℃高温环境下热处理后,碳晶须几乎全部石墨化,石墨晶须的拉伸强度和模量分别到达21 GPa和1 000 GPa,具有非常优异的物理、机械性能。虽然气相生长法碳纤维目前仍处于研制阶段,但由于其工艺简单,不需纺丝成形、不熔化和碳化处理,纤维直径变化范围大,原料资源丰富,成本低廉,估计将在先进复合材料中显示重要作用。

2.2.3 芳纶纤维

芳香族聚酰胺纤维(Aromatic Polyamide Fibre,KF)是目前主要用于聚合物基复合材料的一种有机纤维,由美国杜邦公司(Dupont)在1968年研制成功,并在1973年正式以Kevlar作为其商品名,国内称该类纤维的商品名为芳纶。芳香族聚胺纤维的出现来自偶然,研究人员将全芳香族聚酰胺树脂溶解于硫酸类,发现其分子完全不会分散,而是形成一定规则排列,经纺丝后获得一种全新耐热、高强度和高模量的芳环族聚酯酰胺有机纤维。

1. 芳纶纤维的性能特点

芳纶纤维具有强度高、模量高、韧性好、减振性优异的特点。它的密度小,仅为1.44~1.45 g/cm³,是所有增强材料中密度较低的纤维之一。表2.14将芳纶纤维与其他纤维的力学性能作了比较。可以看出,其比强度和比模量均优于玻璃纤维,特别是比强度甚至高于一般碳纤维和硼纤维,比模量也超过钢、铝等,与碳纤维相近。芳纶纤维的韧性好,冲击韧性大约为碳纤维的6倍,硼纤维的3倍。芳纶纤维便于纺织,它和碳纤维混杂,可提高纤维复合材料的耐冲击性。芳纶纤维各向异性,在高温下轴向有热收缩,而横向热膨胀,这一点在设计和制造复合材料时必须加以考虑。

表2.14 芳纶纤维与某些纤维性能比较

性能	纤维商品名						
	Kevlar29	Kevlar49	Kevlar149	1414	T300	S玻纤	尼龙
拉伸强度/GPa	3.45	3.62	3.4	2.8	3.53	4.58	1.01
弹性模量/GPa	58.6	124.9	186	103	230	85	5.6
延伸率/%	4	2.5	2.0	1.5	1.5	3.37	18.3
密度/(g·cm^{-3})	1.44	1.44	1.44	1.45	1.77	2.5	1.14
比强度/[GPa·(g·cm^{-3})$^{-1}$]	2.40	2.51	2.36	1.93	1.99	2.54	0.88
比模量/[GPa·(g·cm^{-3})$^{-1}$]	4.07	86.1	129.5	72	130	34	4.9

芳纶纤维大分子的刚性很强,分子链几乎处于完全伸直状态,这种结构不仅使纤维具有很高的强度和模量,而且还使其具有良好的热稳定性。芳纶纤维玻璃化温度约345 ℃,分解温度550 ℃,在高温下不熔,变形极低。在150 ℃长期作用下抗拉强度几乎不变,同时在−190 ℃低温也不变脆。芳纶纤维属自熄性材料,其燃烧时产生的CO、HCN和N_2O等毒气量也相对较少。

芳纶纤维是一种外观呈黄色的纤维,由于纤维结晶度高、结构致密,对其染色难度较大;有良好的耐介质腐蚀性,大部分有机熔剂对其断裂强度影响很小,大部分盐水熔剂无影响,但强酸和强碱会降低纤维的强度;对紫外线比较敏感,在受到太阳光照射时,纤维产生严重的光致劣化,使纤维变色,机械性能下降。芳纶纤维在各种化学介质中的稳定性见表2.15。

表2.15 芳纶纤维在各种化学药品中的稳定性

化学介质	浓度/%	温度/℃	试验时间/h	强度损失/%	
				Kevlar29	Kevlar49
醋酸	99.7	21	21	—	0
盐酸	37	21	100	72	63
氢氟酸	10	21	100	10	6
硝酸	10	21	100	79	77
硫酸	10	21	100	9	12
丙酮	100	21	1 000	3	1
乙醇	100	21	1 000	1	0
煤油	100	100	500	9.9	0

续表 2.15

化学介质	浓度/%	温度/℃	试验时间/h	强度损失/% Kevlar29	强度损失/% Kevlar49
自来水	100	100	100	0	2
海水	100	100	100	1.5	1.5
饱和蒸气	100	150	48	28	—
氟利昂 22	100	60	500	0	3.6

2. 芳纶纤维的制备方法

芳纶纤维的种类繁多,但是聚对苯二甲酰对苯二胺(PPTA)纤维在复合材料中的应用最多。例如美国杜邦公司的 Kevlar 系列、荷兰 AKZO 公司的 Twaron 系列、俄罗斯的 Terlon 纤维都属于这个品种。本书以 PPTA 为例说明芳纶纤维的制备。

合成 PPTA 所用的单体主要是对苯二胺和对苯二甲酰氯(或对苯二甲酸),一般采用溶液聚合法,即在强极性溶剂(如六甲基磷胺、二甲基乙酰胺、N-甲基吡咯烷酮等)中,通过低温溶液缩聚或直接缩聚反应而得,结构中酰胺基直接与芳香环相连,构成刚性的分子链,其反应过程如图 2.10 所示。

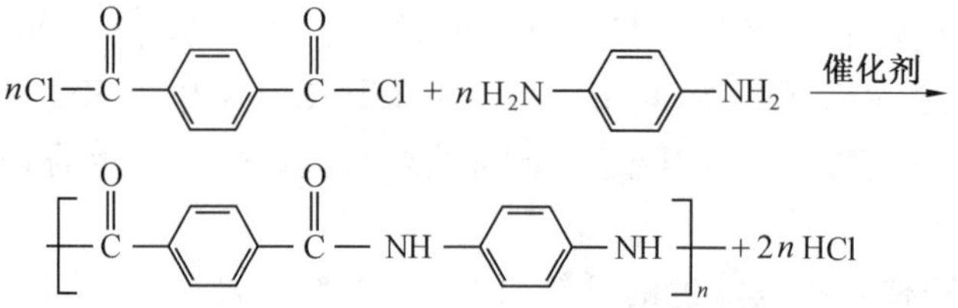

图 2.10 PPTA 的合成反应

将 PPTA 溶解在适当的溶剂中,在一定条件下溶液显示液晶性质,这种液晶态聚合物溶液称为溶致性液晶。研究发现,当 PPTA 溶入浓硫酸的质量分数增加到一定极限时,PPTA分子相互紧密地堆砌在一起,在小区域内呈取向排列,也就是说 PPTA/H_2SO_4 溶液表现出液晶性能,具有液体的流动性和晶体相变的特点。聚合物在熔剂中形成液晶后,液晶溶液黏度降低,低剪切力下液晶内流动单元更加容易取向,有利于纺织成型,所以可以采用液晶纺丝。1970 年,Blades 发明的 PPTA 液晶溶液干喷-湿法纺丝工艺就是基于这样的原理,迄今仍被广泛采用,其工艺如图 2.11 所示。该方法溶液细流流动取向效果好,尤其适于刚性高分子或液晶聚合物的纺丝成型。处于液晶态的刚性大分子受剪切作用在喷丝孔道中沿流动方向发生高度取向,如图 2.12 所示,而纺丝细流离开喷丝板后的解取向作用远小于柔性大分子,因此初生纤维内具有高度取向的结构。初生纤维在熔剂萃取、洗涤干燥后成为成品纤维,如 Kevlar29 纤维。将初生纤维进行清洗干燥后,在惰性气氛下热处理,可获得取向度和结晶度更高的纤维,Kevlar49 纤维就是在氮气保护下经 550 ℃ 热处理后得到的,图 2.13 是热处理温度与纤维强度、模量的关系。

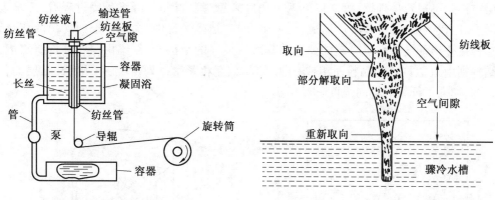

图 2.11　干喷-湿法纺织工艺　　　　　图 2.12　纺丝时纤维结构形成过程

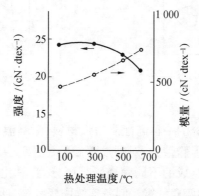

图 2.13　处理温度与纤维强度、模量的关系

3. 芳纶纤维的结构

PPTA 纤维化学结构(图 2.14)是由芳香环和酰胺基组成的大分子链,酰胺基连接在芳环对位上,大分子主链间由氢键做横向连接,有利于纤维的结晶或结构致密化。由于大共轭的芳环难以内旋转,通常刚性 PPTA 大分子沿纤维方向刚性伸直并高度取向,大分子折叠、弯曲、链缠结很少,这种结构使纤维轴具有优异的强度及刚度,但沿纤维径向分子间作用力弱,纤维抗压缩性能较差。

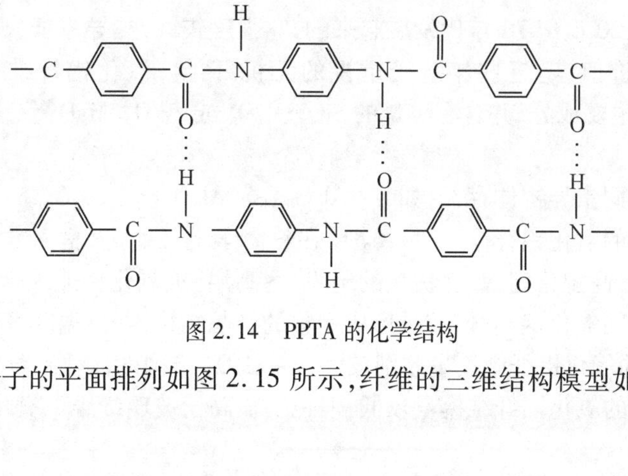

图 2.14　PPTA 的化学结构

PPTA 纤维分子的平面排列如图 2.15 所示,纤维的三维结构模型如图 2.16 所示。褶

叠层结构并不很容易理解,可从以下两个角度来思考。首先从纤维凝固过程看,纤维表层先形成,比较致密,纤维中心后形成,较松弛,同时结晶过程中,周期性形成均匀的褶皱,显然这种褶皱给纤维带来了一定的弹性。其次从最终的结构看,纤维由层状结构所组成,层状结构则由近似棒状的晶粒所组成,层中的晶粒互相紧密排列,存在一些贯穿数层的长晶粒,它们加强了纤维的轴向强度。

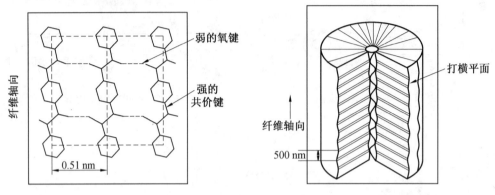

图2.15 PPTA分子平面排列结构　　图2.16 PPTA的三维结构模型

2.2.4 陶瓷纤维

陶瓷纤维是具有陶瓷组分的一种高性能增强材料,耐高温(1 260~1 790 ℃)、耐磨耐蚀性好,物理机械性能突出,但脆性大,对裂纹等缺陷敏感,主要用于金属基、聚合物基,特别是陶瓷基复合材料。根据组成的不同陶瓷纤维可分为:氧化物陶瓷纤维、氮化物陶瓷纤维、碳化物陶瓷纤维和硼化物陶瓷纤维。制备连续陶瓷纤维,通常有两条基本路线:一是直接利用目标陶瓷材料为起始原料,在玻璃态高温熔融纺丝冷却固化而成,或通过纺丝助剂的作用纺成纤维经高温烧结而得;二是利用含有目标元素并且裂解可得目标陶瓷的先驱体,经干法或湿法纺得纤维高温裂解而成。前者如熔融拉丝法、超细微粉挤出纺丝法和基体纤维溶液浸渍法等;而应用后一种制备陶瓷纤维的有溶胶-凝胶法和有机聚合物转化法等。此外还有化学气相沉积法和化学气相反应法。

1. 氧化铝纤维

(1)氧化铝纤维的结构与性能。

氧化铝纤维是20世纪70年代发展起来的,它强度较好,热导率低,高温抗氧化性能优良,有很大的商业价值,是近些年备受重视的无机纤维。氧化铝纤维(Aluminum Oxide Fiber)以氧化铝为主要成分,并含有少量的 SiO_2、B_2O_3 或 Zr_2O_3、MgO 等,多数情况下属于多晶体纤维。

氧化铝有多种同素异构体存在,如 $\alpha\text{-}Al_2O_3$、$\beta\text{-}Al_2O_3$、$\gamma\text{-}Al_2O_3$、$\delta\text{-}Al_2O_3$ 等,因此实际当中有多种晶型的氧化铝纤维。$\alpha\text{-}Al_2O_3$ 在热力学上最稳定,呈六方型紧密堆砌,密度大,硬度高,活性低,高温稳定,具有优良的绝缘、耐高温、抗氧化性能。除 $\alpha\text{-}Al_2O_3$ 以外的氧化铝可统称为中间氧化铝,它们较难形成完整的结晶结构,在高温时几乎全部转化为 $\alpha\text{-}Al_2O_3$。不同晶型的氧化铝纤维模量差别较大,$\alpha\text{-}Al_2O_3$ 结构的氧化铝纤维模量最高,可达400 GPa,其他结构的氧化铝纤维模量较低,但也明显高于玻璃纤维。氧化铝纤维强度与微晶尺寸有很大关系,用有机铝化合物制成氧化铝纤维,其微晶尺寸约为 10 nm,而以氧化铝凝胶为原料制成的纤维,其微晶尺寸约为 60 nm。因此,前者在烧结过程中获得致密的结构,强度较高。$\alpha\text{-}Al_2O_3$ 纤维的化学性质稳定,用作增强材料时与基体的相容性较差,需通过在纺丝溶液中添加 Li 等适当进行改性。$\gamma\text{-}Al_2O_3$ 纤维具有一定活性,与树脂及熔融金属的相容性较好。

氧化铝纤维性能优良,见表 2.16,拉伸强度最高达 3.2 GPa,弹性模量最高达 420 GPa,可应用于 1 400 ℃ 的高温场合,具有独特的电学性能和抗腐蚀等一系列特点。同时氧化铝纤维原料容易获得,生产过程简单,设备要求不高,不需要惰性气体保护等。所以氧化铝纤维有很高的商业价值,广泛用作各种先进复合材料的增强体。

表 2.16 氧化铝纤维的基本性能

牌号	其他组成/%	密度/$(g \cdot cm^{-3})$	直径/μm	拉伸强度/GPa	弹性模量/GPa	应变/%	长期使用温度/℃
ACO2	SiO_2 为 29 Cr_2O_3 为 1	2.8	10	1.38	—	159	1 400
Nextel312	SiO_2 为 24 B_2O_3 为 14	2.7	10~12	1.7	152	1.12	1 200~1 300
Nextel440	SiO_2 为 28 B_2O_3 为 2	3.1	10~12	2.0	186	1.11	1 430
Nextel480	SiO_2 为 40	3.05	10~12	1.9	220	0.86	—
Nextel550	SiO_2 为 27	3.75	10~12	2.2	220	0.98	—
Nextel610	SiO_2 为 0.3	3.75	10~12	3.2	370	0.5	—
FP	其他为 1	3.95	15~25	1.4~2.1	350~390	0.29	1 000~1 100
PRD166	ZrO_2 为 0	—	15~25	2.2~2.4	385~420	0.40	1 400
Safil	其他为 1	3.3	3	2.0	300	—	1 000
Safil	SiO_2 为 5	2.8	3	1.03	100	0.67	1 000
Altel	SiO_2 为 15	3.2~3.3	9~17	1.8~2.6	210~250	0.8	1 250

注:Nextel×××、ACO2—3M 公司产品;Safil—ICI 公司产品;FP、PRD166—杜邦公司产品;
Altel—Sumitomo 公司产品

(2)氧化铝纤维的制备方法。

已见报道的氧化铝纤维制造方法很多,已经开发出的氧化铝纤维不论是单晶 $\alpha\text{-}Al_2O_3$,还是多晶 $\alpha\text{-}Al_2O_3$ 或是其他晶型,它们的力学性能与纤维成形工艺及氧化铝结构有着密切关系,见表 2.17。这里只介绍几种制备氧化铝纤维的典型方法。

表 2.17　不同方法制备的氧化铝纤维性能比较

方法	结晶形态	密度/$(g \cdot cm^{-3})$	直径/μm	拉伸强度/GPa	弹性模量/GPa	最高使用温度/℃
淤浆法	α-Al_2O_3	3.95	15~25	1.4~2.0	380	1 100
溶液法	γ-Al_2O_3	3.20	9	3.2	330	1 300
溶胶法	γ-Al_2O_3	2.50	11	1.7	150	1 300
TYCO 法	α-Al_2O_3	3.99	250	2.4	460	2 000
ICI 法	δ-Al_2O_3	2.8	3	1.0	100	1 600

①淤浆纺织法。杜邦公司采用淤浆法生产含量为 99.5% 的连续氧化铝纤维,商品名为"FP"。该方法是把小于 0.5 μm 的 α-Al_2O_3 微粉与羟基氯化铝和少量的氯化镁调制成淤浆状纺丝溶液,纺丝后进行 1 300 ℃ 烧结处理,制成多晶氧化铝纤维。羟基氯化铝($Al_2(OH)_5Cl$)起粘结剂的作用,烧结过程中转变为 α-氧化铝。添加氯化镁可控制在烧结时的氧化铝微粒长大并保持微粒结构,有利于强度的提高。由于采用微粒氧化铝为原料,粒子空隙在纤维表面有缺陷产生,纤维强度将大大降低,因此需覆盖表面的缺陷。具体方法是:将纤维重新在约 1 500 ℃ 含硅气体中处理几秒钟,使结晶粒之间烧结,并在纤维表面形成 0.1 μm 厚的具有非结晶的二氧化硅薄膜,除提高强度外,还可以改善纤维与金属的润湿性。

②溶液纺织法。日本住友化学公司采用此法制备以 Al_2O_3 为主要成分并含有 SiO_2 和 B_2O_3 的多晶纤维,所以又称住友法,也称预聚合法、预烧结法。该法用烷基铝加水聚合成含有-Al-O-主链结构的聚铝氧烷聚合物,将它溶解在有机溶剂中,再加入硅酸酯或有机硅聚合物,将混合液浓缩成纺丝液进行干法纺丝,得到预烧结纤维。然后在 1 000 ℃ 以上的空气中对预烧结纤维进行烧结处理,除去残存的有机物,最后制成 SiO_2 质量分数为 0% ~ 30% 的微晶聚集态的氧化铝连续纤维。加入 SiO_2 是为了抑制在 1 200 ℃ 左右氧化铝由 γ 态急剧向 α 态的转变过程,防止晶粒粗大。溶液纺织法中,原料是一种有机金属化合物,烧结时有机成分失去少,纤维的内部致密,纤维强度高。同时,在烧结过程中氧化铝显示出不同的特异结构变化,用电子显微镜观察到纤维结构是 5~10 nm 大小的超微粒子的聚集态结构。

③溶胶法。美国 3M 公司采用生产商品名为 Nextel312 的氧化铝纤维的方法,又称挤压法、3M 法。在含有甲酸根离子($HCOO^-$)和乙酸根离子($CH3COO^-$)的氧化铝溶液中加入适量的硅胶和硼酸溶液,浓缩后制成溶胶纺丝液,直接从纺丝孔中挤出纤维,凝胶后在 1 000 ℃ 以上于张力下烧成连续氧化铝纤维。纺织液中,硅溶胶作为硅成分,硼酸作为氧化硼成分,当然也可以加入铬酸或者铝酸。按 B_2O_3 含量,3M 公司生产 14% 和 2% 两个品种,牌号分别是 Nextel312 和 Nextel440。

2. 碳化硅纤维

碳化硅纤维(Silicon Carbide fibre,SF 或 SiC)是以碳和硅为主要组分的一种典型陶瓷纤维。碳化硅纤维具有良好的力学性能、高的热稳定性和耐氧化性,是 1980 年代以来高温陶瓷基复合材料的最佳增强纤维,是近些年来发展较快的一种新型纤维。碳化硅纤维按形态分有晶须和连续纤维两种。连续碳纤维属多晶的纤维,制备工艺主要是有机先驱体法和化学气相沉积法。这里介绍连续碳纤维的制造和性能。

(1)有机先驱体法制备的碳化硅纤维。

先驱体法制备碳化硅纤维的过程是将有机硅聚合物(聚二甲基硅烷)转化成可纺性的聚碳硅烷,经熔融纺丝或溶液纺丝制成先驱丝,经辐射线交联或氧化交联之后,在惰性气氛或真空中高温连续烧结,得到细的、连续的、柔软的具有金属光泽的碳化硅纤维。工艺流程如图 2.17 所示。碳化硅有两种晶体结构,即 α-SiC 和 β-SiC,它们由 SiC 四面体以不同的堆砌方式堆砌而成,β-SiC 的性能好于 α-SiC。碳化硅纤维主要组成是尺寸在 10 μm 以下的 β-SiC 微晶,还有少量 SiO_2 及游离碳,有时碳化硅纤维也具有非晶结构。

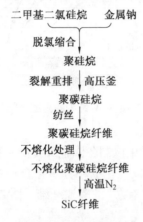

图 2.17 Nicalon Sic 纤维的制备工艺流程

碳化硅纤维的主要特点是:①拉伸强度和模量大,密度小,低膨胀;②耐热性好,在氧化性气氛中可长期在 1 000 ℃ 使用;③与金属的润湿性良好,1 100 ℃ 以上才与某些金属发生反应;④碳化硅纤维具有半导体性质,其电阻率在 $10^{-1} \sim 10^6 \Omega \cdot cm$ 之间可调;⑤耐化学腐蚀性优异;⑥耐辐射能力强。碳化硅纤维的主要性能见表 2.18。

表 2.18 有机先驱体法制备碳化硅纤维的主要性能

性能	NL-200	NL-400	NL-500	NL-607	Hi-Nicalon	Hi-Nicalon-S
直径/μm	14	14	14	14	14	12
拉伸强度/GPa	3.0	2.8	3.0	3.0	2.8	2.6
弹性模量/GPa	220	180	220	220	270	420
密度/(g·cm^{-3})	2.55	2.3	2.5	2.55	2.74	3.10
伸长率/%	1.4	1.6	1.4	1.4	1.0	0.6
电阻率/(Ω·cm)	103~104	106~107	0.5~5	0.8	1.4	0.1

注:所列牌号为日本碳素公司 Nicalon 纤维,其中 Hi-×××为超耐热纤维

尽管已工业化生产的 Nicalon 和 Tyranno 等碳化硅纤维的工作温度可达 1 200 ℃,然而其耐热性能仍不能满足某些高温领域的应用需要。图 2.18 反映了碳化硅纤维在氮气气氛中 1 h 后强度随温度的变化情况。碳化硅纤维元素组成有硅、碳、氧等元素,由于氧(含量

24.9%)的存在,纤维 1 300 ℃以上分解并释放出 CO 和 SiO 气体,形成 β-SiC 微晶并长大,使纤维的强度降低。因此,只有降低纤维中的含氧量,使纤维结构更接近理想结构,才能提高其高温性能。用电子束照射聚碳硅烷纤维进行不熔化处理,烧结后可制得含氧量低于 0.5%的碳化硅纤维,纤维在 1 500 ℃的氩气中恒温 10 h,纤维仍保持 2.0 GPa 的拉伸强度。等化学计量的碳化硅纤维 Hi-Nicalon-S 在 2 000 ℃时仍能维持其纤维的形状和韧性。

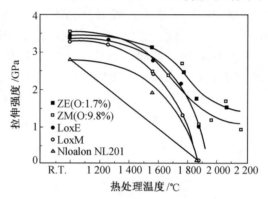

图 2.18 SiC 纤维的高温性能

(2)化学气相沉积法制备碳化硅纤维。

化学气相沉积(CVD)法是较早用以制备陶瓷纤维的一种方法,它需要以一种导热导电性能较好的纤维作为芯材,利用可以气化的小分子化合物在一定的温度下反应,生成目标陶瓷材料沉积到芯材上,从而得到"有芯"的陶瓷纤维。图 2.19 为 CVD 法制备碳芯 SiC 纤维过程示意图。

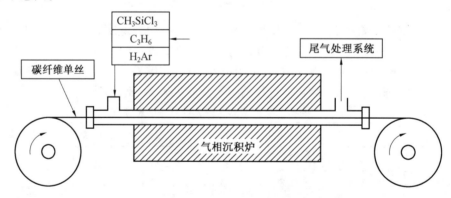

图 2.19 CVD 法制备碳芯 SiC 纤维过程示意图

碳化硅纤维的 CVD 制法是在管式反应器直接用直流电或射频加热,将芯丝加热到 1 200 ℃以上,并通入有机硅化合物和氢气的混合气体,在灼热的芯丝表面上反应生成碳化硅并沉积在芯丝表面。芯丝一般采用10 μm 左右的钨丝或 30 μm 左右的碳丝,制成的碳化硅纤维直径在 100 μm 以上。碳化硅纤维断面其结构大致可分成四层,由纤维中心向外依次为芯丝、富碳的 SiC 层、SiC 层和外表面富硅涂层,一般内层的 SiC 晶粒尺寸小于外层。化学气相沉积法获得的 SiC 纤维几乎是 100% 的 β-SiC 晶体结构,因此其性能优于 Nicalon 碳化硅纤维。化学气相沉积法制备的碳化硅纤维性能见表 2.19。

第2章 复合材料的基体和增强体

表2.19 化学气相沉积法制备碳化硅纤维的性能

性能	W芯碳化硅		C芯碳化硅		国内
直径/μm	102	142	102	142	100
拉伸强度/GPa	3.35	3.30~4.46	2.41	3.4	>3.7
弹性模量/GPa	434~448	422~448	351~365	400	400
密度/(g·cm^{-3})	3.46	3.46	3.10	3.0	3.4
表面涂层	富碳	C+TiB$_x$	—	富碳	富碳

注:国内碳化硅纤维为中科院沈阳金属研究所采用射频加热制得

化学气相沉积法制备碳化物纤维过程中,SiC在载体上成核和长大是一个复杂的物理化学过程,而且芯丝表面呈张应力状态,从而使碳化硅纤维不可避免地产生各种缺陷和应力,降低纤维强度并增加表面损伤敏感性。纤维表面质量越差,这种不良效果就越强烈。因此,在碳化硅纤维表面施加适当的涂层将使其得到有效的保护,比如表面沉积一层富碳表面涂层之后,SiC/W芯纤维的室温抗拉强度可达3 700 MPa,弹性模量400 GPa,该性能基本可保持到1 200 ℃。另外,涂层改变纤维表面特性,易于碳化硅纤维增强的聚合物基、金属基、陶瓷基复合材料的制备。

(3) Si-M-C-O系列纤维。

在聚碳硅烷中引入金属元素可以提高碳化硅纤维的力学性能,目前含钛碳化硅纤维已工业化生产,其性能见表2.20。作为含钛碳化硅纤维先驱体合成方法主要有两种:第一种是先将钛酸烷基酯与二苯基硅二醇反应生成聚钛硅氧烷,后者再与聚碳硅烷反应得到硅及钛的共聚物;第二种方法是用烷氧基钛与聚碳硅烷反应制得含钛的聚碳硅烷。上述两种先驱体均可经纺丝、不熔化及高温烧成获得含钛碳化硅纤维。用类似的方法可以引入其他的金属元素到聚合物主链中。极细微晶碳化硅纤维中若含有3%的结晶TiB$_2$,可耐1 400 ℃的高温。含铝碳化硅纤维的抗碱能力、耐盐能力、耐热能力全面超过Hi-Nicalon碳化硅纤维。

表2.20 含金属碳化硅纤维的品牌和性能

品牌	纤维组成	直径/μm	拉伸强度/GPa	弹性模量/GPa	密度/(g·cm^{-3})
Tyranno	Si51;C27.9;O17.7;Ti3.1	8~10	>2.74	>196	2.3~2.5
Tyranno SA	Al<1;O0.2	—	3.0	>300	—
Loxm	55Si;32.4C;10.2O;2Ti	11	3.3	187	2.48
ZM	Si55.3;C33.9;O9.8;Zr1	11	3.3	192	2.48
SiBN$_3$C	SiBN$_3$C;Al3	8~14	3.0	358	1.80~1.90
Sylramic	SiC95;TiB$_2$3;B$_4$C1.3	10	3.4	386	3.00

注:前四种品牌为日本部兴产品;SiBN$_3$C—Bayer公司产品;Sylramic—美国道康宁公司产品

3. 氮化硼纤维

(1) 氮化硼纤维的性能。

氮化硼纤维具有类似石墨的六元氮硼环状结构,加之B—N键强大,使得氮化硼纤维具有十分突出的耐热性和抗氧化性。石墨纤维在空气中400 ℃时氧化性能开始降低,而氮化硼纤维在800~900 ℃的空气中才开始氧化。石墨纤维被氧化时产生气体,不形成表面的保护层;而氮化硼纤维在氧化过程中具有增重现象,这是因为形成氧化硼保护层,可以阻止氧的进入。在惰性或还原性气氛中2 500 ℃以下氮化硼纤维的性能是稳定的。

氮化硼纤维的强度和模量接近于玻璃纤维,但是它的多晶性质使它具有较好的耐腐蚀性能。它的密度为1.4~2.0 g/cm³,用其制备的复合材料具有轻质高强的特点。氮化硼纤维具有优异的电性能,氮化硼熔点3 000 ℃,但直到2 000 ℃纤维还具有极好的电绝缘性能。氮化硼纤维还具有很低的介电损耗和介电常数,是耐烧蚀大舱窗的理想材料。由于氮化硼纤维表面上孔隙率很低且呈封闭状态,纤维很难被树脂浸润,氮化硼纤维增强的聚合物基复合材料主要是靠摩擦力而相互作用。氮化硼纤维的力学性能见表2.21。

表2.21 氮化硼纤维的力学性能

制备方法	直径/μm	密度/(g·cm^{-3})	拉伸强度/GPa	弹性模量/GPa
气相反应法	4~6	1.4~1.8	0.80~2.10	120~350
有机先驱体法	6	1.8~1.9	0.83~1.40	210

(2)氮化硼纤维的制造。

最早制造氮化硼纤维的美国金刚砂公司采用气相反应法(CVR),该法需要以一种可以通过反应转化成目标纤维的基体纤维为起始材料,与引入的化学气体发生气固反应转化成所需的陶瓷纤维。通常是以氧化硼为原料,经熔融纺丝成先驱体B_2O_3纤维,在较低温度的氨气气氛使B_2O_3与NH_3反应形成硼胺中间化合物,再将这种晶型不稳定的纤维在张力下进一步在NH_3或NH_3与N_2的混合气氛中加热到1 800 ℃以上时,氧化硼纤维将全部转化成氮化硼纤维。从整个过程来看,该工艺也属于无机先驱体转化法。由于在氮化的过程中,纤维外层最先形成高熔点的氮化硼,心部未氮化的B_2O_3在高温下将变成熔融状态向外迁移,在纤维内部留下裂纹,使纤维性能降低,因此必须选择最佳的升温速率和反应时间,防止纤维芯部熔化并控制氮化速度。这样制备的BN纤维抗拉强度最高可达2.10 GPa,弹性模量最高可达350 GPa。

也可以采用有机先驱体转化法制备氮化硼纤维。首先制备含有B—N主键结构的聚合物为先驱体,然后经熔融纺丝及交联后经1 800 ℃高温处理获得氮化硼纤维。该法的好处是,先驱体可根据目标产物的结构和性能要求,进行先驱体分子结构设计,通过改变分子结构和组成得到性能不同的氮化硼纤维。此外,也可通过CVD法钨芯硼纤维通过氮化过程制备氮化硼纤维。硼纤维被加热到560 ℃氧化,然后再将氧化的纤维置于NH_3中,加热到1 000~1 400 ℃,大约反应6 h便可得氮化硼纤维。这是一个CVD法和CVR法相结合的典型实例。目前,氮化硼纤维的制造技术还不够完善,纤维物理-机械性能也有待进一步提高。

4.氮化硅纤维

氮化硅纤维也是一种陶瓷纤维,按组成有Si—C—N纤维和Si_3N_4纤维。由氮化硅纤维增强的复合陶瓷材料有诸多优异性能,因此氮化硅的研究工作活跃。制备氮化硅可以采用聚硅氮烷做先驱体的方法,也可以采用聚碳硅纤维用电子束照射交联或空气氧化后再将该纤维在氨气流中高温烧成,获得力学性能优异的氮化硅纤维。氮化硅纤维有类似碳化硅纤维的力学性能和应用领域,耐高温性能和耐腐蚀性能好,是先进陶瓷基复合材料的增强纤维之一,也是制造航空航天、汽车发动机等耐高温部件最有希望的材料,有着广阔的应用前景。

第3章 复合材料界面和界面优化设计

21世纪对材料的要求是多样化的,复合材料的研制开发将有很大进展,而复合材料整体性能与复合材料界面的结构和性能关系密切。

3.1 复合材料界面的概念

复合材料中增强体与基体接触构成的界面,是一层具有一定厚度(纳米以上)、结构随基体和增强体而异的、与基体有明显差别的新相——界面相(界面层)。它是增强相和基体相连接的"纽带",也是应力及其他信息传递的桥梁。界面是复合材料极为重要的微结构,其结构与性能直接影响复合材料的性能。复合材料中的增强体不论是晶须、颗粒还是纤维,与基体在成型过程中将会发生程度不同的相互作用和界面反应,形成各种结构的界面。因此,深入研究界面的形成过程、界面层性质、界面粘合、应力传递行为对宏观力学性能的影响规律,从而有效地进行控制,是获取高性能复合材料的关键。

对于以聚合物为基体的复合材料,尽管涉及的化学反应比较复杂,但关于界面性能的要求还是比较明确的,即高的粘结强度(有效地把载荷传递给纤维)和对环境破坏的良好抵抗力。对于以金属为基体的复合材料(MMC),通常需要适中的粘结界面,但界面处的塑性行为也可能是有益的,还要控制组元之间在成型时或在高温工作条件下的化学反应,而且控制组元间化学反应要比避免环境破坏更重要。

随着对界面研究的不断深入,发现界面效应与增强体及基体(聚合物、金属)两相材料之间的润湿、吸附、相容等热力学问题有关,与两相材料本身的结构、形态以及物理、化学等性质有关,与界面形成过程中所诱导发生的界面附加的应力有关,还与复合材料成型加工过程中两相材料相互作用和界面反应程度有密切的关系。复合材料界面结构极为复杂,所以国内外学者围绕增强体表面性质、形态、表面改性及表征,以及增强体与基体的相互作用、界面反应、界面表征等方面来探索界面微结构、性能与复合材料综合性能的关系,从而进行复合材料界面优化设计。

3.2 聚合物基复合材料界面及改性方法

聚合物基复合材料是由增强体(纤维、织物、颗粒、晶须等)与基体(热固性或热塑性树脂),通过复合而组成的材料。

3.2.1 改善聚合物基复合材料的原则

通过复合材料界面形成过程、界面层性质、界面粘合、应力传递行为等对复合材料细观及宏观力学性能的影响,认识到改善聚合物基复合材料有以下原则。

第3章 复合材料界面和界面优化设计

1. 改善树脂基体对增强材料的浸润程度

聚合物基复合材料分为热塑性聚合物基复合材料和热固性聚合物基复合材料。前者的成型有两个阶段：一是热塑性聚合物基体的熔体和增强材料之间的接触和润湿；二是复合后体系冷却凝固定型。由于热塑性聚合物熔体的黏度很高，很难通过纤维束中单根纤维间的狭小缝隙而浸渗到所有的单根纤维表面。为了增加高黏度熔体对纤维束的浸润，可采取延长浸渍时间、增大体系压力、降低熔体黏度以及改变增强材料织物结构等措施。

热固性聚合物基复合材料的成型工艺方法与前者不同，聚合物基体树脂黏度低，又可溶解在溶剂中，有利于聚合物基体对增强材料的浸润。工艺上常采用预先形成预浸料（干法、湿法）的方法，以提高聚合物基体对增强体的浸润程度。无论是热塑性还是热固性聚合物基复合材料，也无论采取什么样的方式形成界面结合，其先决条件是聚合物基体对增强材料要充分浸润，使界面不出现空隙和缺陷。因为界面不完整会导致界面应力集中及传递载荷的能力降低，从而影响复合材料力学性能。

2. 适度的界面粘结

增强体与聚合物基体之间形成较好的界面粘结，才能保证应力从基体传递到增强材料，充分发挥数以万计单根纤维同时承受外力的作用。界面粘结强度不仅与界面的形成过程有关，还取决于界面粘结形式。一种是物理的机械结合，即通过等离子体刻蚀或化学腐蚀使增强体表面凸凹不平，聚合物基体扩散嵌入到增强体表面的凹坑、缝隙和微孔中，增强材料则"锚固"在聚合物基体中。另一种是化学结合，即基体与增强体之间形成化学键，可以设法使增强体表面带有极性基团，使之与基体间产生化学键或其他相互作用力（如氢键）。

界面粘结好坏直接影响增强体与基体之间的应力传递效果，从而影响复合材料的宏观力学性能。界面粘结太弱，复合材料在应力作用下容易发生界面脱粘破坏，纤维不能充分发挥增强作用。若对增强材料表面采用适当改性处理，不但可以提高复合材料的层间剪切强度，而且拉伸强度及模量也会得到改善。但同时会导致材料冲击韧性下降，因为在聚合物基复合材料中，冲击能量的耗散是通过增强材料与基体之间界面脱粘、纤维拔出、增强材料与基体之间的摩擦运动及界面层可塑性形变来实现的。若界面粘结太强，在应力作用下，材料破坏过程中正在增长的裂纹容易扩散到界面，直接冲击增强材料而呈现脆性破坏。如果适当调整界面粘结强度，使增强材料的裂纹沿着界面扩展，形成曲折的路径，耗散较多的能量，则能提高复合材料的韧性。因此，不能为提高复合材料的拉伸或抗弯强度而片面提高复合材料的界面粘结强度，要从复合材料的综合力学性能出发，根据具体要求设计适度的界面粘结，即进行界面优化设计。

3. 减少复合材料成型中形成的残余应力

增强材料与基体之间热导率、热膨胀系数、弹性模量、泊松比等均不同，在复合材料成型过程中，界面处形成热应力。这种热应力在成型过程中如果得不到松弛，将成为界面残余应力而保持下来。界面残余应力的存在会使界面传递应力的能力下降，最终导致复合材料力学性能下降。

若在增强纤维与基体之间引入一层可产生形变的界面层，界面层在应力的作用下可以吸收导致微裂纹增长的能量，抑制微裂纹尖端扩展。这种容易发生形变的界面层能有效地松弛复合材料中的界面残余应力。

4. 调节界面内应力、减缓应力集中

由于界面能传递外载荷的应力,复合材料中的纤维才得以发挥其增强作用。纤维和基体之间的应力传递主要依赖于界面的剪切应力;界面传递应力能力的大小取决于界面粘结情况。复合材料在受到外加载荷时,产生的应力在复合材料中的分布是不均匀的。界面某些结合较强的部位常聚比平均应力高得多的应力。界面的不完整性和缺陷也会引起界面的应力集中。界面应力的集中首先会引起应力集中点的破坏,形成新的裂纹,并引起新的应力集中,从而使界面传递应力的能力下降。同理,如在两相间引入容易形变的柔性界面层,则可使集中于界面处的应力得到分散,使应力均匀地传递。另外,当结晶性热塑性聚合物为基体时,在成型过程中纤维表面对结晶性聚合物将产生界面结晶成核效应;同时,界面附近的聚合物分子链由于界面结合以及纤维与聚合物物理性质的差异而产生一定程度的取向,容易在纤维表面形成横晶,造成纤维与基体间结构的不均匀性,并出现内应力,从而影响复合材料力学性能。通过控制复合材料成型过程中的冷却历程及对材料进行适当的热处理,可以消除或减弱由于出现横晶所引起的内应力,并有效地提高复合材料的剪切屈服强度,避免复合材料力学性能降低。

总之,复合材料在成型过程中,界面的形成、作用及破坏是一个极为复杂的问题。界面优化和界面作用的控制与成型工艺方法有密切关系,必须考虑经济性、可操作性和有效性,对不同的聚合物基复合材料有针对性地进行界面优化设计。

3.2.2 几种聚合物基复合材料的形式及改善界面的途径

1. 原位复合材料界面及刚性粒子增韧聚合物体系界面

(1) 原位复合材料界面

如果在热塑性聚合物基体中加入两性相容剂(增容剂),则能使液晶微纤与其基体间形成结合良好的界面。例如液晶高分子与聚酰胺(尼龙)的复合材料加入了两性相容剂,能够使液晶微纤和尼龙基体反应生成一种接枝共聚物,它成为相间的界面。两性相容剂的作用不但降低了界面张力,而且优化了界面粘结性能,使之在剪切流动区内达到剪应力与相容作用的动态平衡。这种粘结力的提高改善了有效应力传递。

(2) 刚性粒子增韧聚合物体系界面

根据上述原则,聚合物对刚性粒子要具有良好的浸润性,才有利于提高刚性粒子在聚合物溶体中的分散速度和分散质量;其次,要具备适宜的界面粘附强度,而且希望聚合物基体与刚性粒子的界面层具有一定厚度和形变能力,当受外应力作用时,界面层自身可以形变和诱导基体产生形变,以耗散有效断裂能。

为改变刚性粒子增韧聚合物体系界面层的性质,有人针对PP/高岭土复合体系的特点,合成了一种带有柔性分子链的界面改性剂,结构式如下

$$CH_3(CH_2)_n(CH_2-O-CH_2)_mSi(OCH_3)_3$$

此界面改性剂对PP/高岭土复合材料冲击强度的影响如图3.1所示,高岭土表面未经改性剂处理时,构成的PP/高岭土复合材料的冲击强度随高岭土含量的增加而下降,如图中曲线1所示;高岭土表面经处理后,此复合材料的冲击强度随高岭土含量的增加而升高,如图中曲线2所示。这说明带柔性分子链的界面改性剂对PP/高岭土复合材料具有显著的增韧效果。

研究硬粒子增韧环氧体系界面时,发现改性环氧(DGEBA)体系的模量和屈服强度未

受影响,但断裂能与体系中的交联剂(二乙烯基苯,即 DVB)有密切关系,如图 3.2 所示。

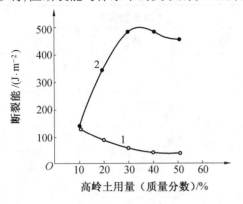
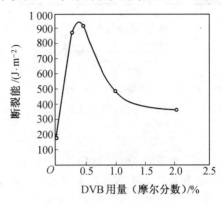

图 3.1　冲击强度(缺口)与高岭土用量的关系　　图 3.2　体系中交联剂用量对断裂能的影响

DVB 摩尔分数为 0.5% 时,断裂能可达 960 J/m^2。研究表明,该体系增韧机理是先产生塑性形变而后脱粘。当粒子尺寸、界面强度足够大时,增韧机理表现为断裂屏蔽作用和跨桥作用,此时断裂韧性随界面强度的增加而增加。

2. 纤维增强复合材料界面

纤维增强聚合物基复合材料中起承载作用的主要是纤维,为了充分发挥纤维的承载能力,减少纤维和基体性质差异和成型时温度效应对纤维–基体界面的影响,需要对界面进行改善处理。

(1)纤维表面偶联剂改性

玻璃纤维是复合材料中用量最大的增强体,为了改善它与聚合物基体间界面的黏结性,一般均用硅烷偶联剂处理。实践表明此方法十分有效,已经在工业规模的生产中使用。

硅烷偶联剂的结构通式为

$$R\text{—}Si(CH_2)_nX_3$$

式中　R——有机官能团,针对所用的聚合物基体而定;
　　　X——可水解的基团,通常为 —Cl、—O(OCH$_3$)、—OR 或 —N(CH$_3$)$_2$ 等,用何种基团对偶联作用无影响;$n = 0 \sim 3$。

表 3.1 示出几种商品偶联剂及其所适用的聚合物基体。偶联剂用水或有机溶剂溶解后涂在玻璃纤维表面上,也可以直接加到聚合物基体中靠偶联剂分子迁移到玻璃纤维表面上,但此方法效果较差。

硅烷偶联剂的偶联机理如下:

```
       R                    R                          R
       |                    |                          |
R'O—Si—OR'  ──H₂O──▶  HO—Si—OH  ──化学吸附作用──▶  HO—Si—OH
       |                    |                          |
       OR'                  OH                         O H …成氢键
                                                       |   |
                                                       H   H
                                                           |
                                                           O
                                                    ─────────── 玻璃表面
                                                           |
                                                           Si
```

表 3.1 各类硅烷偶联剂及其应用对象

牌号、结构与名称	高聚物体系		
	热固性	热塑性	橡胶
A-151 $CH_2=CHSi-(OC_2H_5)_3$ 乙烯基三乙氧基硅烷	不饱和聚酯	聚乙烯	SBR
A-172 $CH_2=CHSi(OCH_2CH_2OCH_3)_3$ 乙烯基三(β-甲氧乙氧基)硅烷		聚丙烯 PVC	EPM EPDM
A-1100，KH-550 $H_2N(CH_2)_3Si(OC_2H_5)_3$ γ-氨丙基三乙氧基硅烷	环氧树脂 酚醛树脂 密胺树脂	聚碳酸酯、尼龙、聚乙烯、聚砜、PVC、聚丙烯、PMMA、聚丁酸乙烯酯	聚硫 聚胺酯
A-186，Y-4086，KBM-303 $CH_2CH_2Si(OCH_3)_3$ (环氧环己基) β-(3,4环氧环己基)乙基 三甲氧基硅烷	不饱和聚酯	聚苯乙烯 聚乙烯	聚硫
A-187，Y-4087，Z-6040 KBM-403，KH-560 $CH_2-CH(O)CH-O(CH_2)_3Si(OCH_3)_3$ γ-(2,3环氧丙氧基)丙基三甲氧基硅烷	环氧树脂	聚丙烯 PMMA ABS SAN	聚胺酯
Y-4351，KH-560 $ClCH_2CH_2CH_2Si(OCH_3)_3$ γ-氯丙基三甲氧基硅烷	环氧树脂	聚苯乙烯	
KH-580 $HS(CH_2)_3Si(OC_2H_5)_3$ γ-硫丙基三乙氧基硅烷	酚醛树脂 环氧树脂	聚苯乙烯 聚砜、PVC	聚硫、EPDM 聚胺酯等

偶联剂分子与玻璃表面上的羟基成氢键结合，也有人认为可进一步脱水成化学键。此外，在玻璃纤维表面上相邻的偶联剂分子也可能发生氢键结合，并经脱水成高分子膜，如下所示：

第3章 复合材料界面和界面优化设计

使用硅烷偶联剂能明显改善玻璃纤维增强复合材料的力学性能,特别是在湿态下的性能。表3.2为使用硅烷偶联剂后几种复合材料的弯曲性能。

表3.2 应用偶联剂后几种复合材料抗弯强度的变化

聚合的基体	处理情况	抗弯强度/MPa				
		干态	提高/%	湿态	提高/%	保留率/%
环氧树脂	未	515	—	373	—	72
	A-151偶联剂	567	10.0	525	40.1	93
不饱和聚酯	未	392	—	244	—	62
	乙烯基三氯硅烷	504	29.0	413	69.5	82
酚醛树脂	未	224	—	140	—	62.5
	No1-24偶联剂	630	181.0	616	340.0	98.0

(2)在纤维上涂覆界面层

①涂覆高聚物形成可塑层。将聚合物涂覆在GF表面上形成一层可塑层,以消除界面残余应力。例如将热塑性聚合物PHE作为涂覆剂涂在GF表面上,可提高复合材料的层间剪切强度。PHE结构为

据分析这是由两方面原因造成的:其一,羟基与环氧基偶联反应形成醚键,以及与GF表面上的羧基偶联形成酯键,使界面上化学键的比例增加;其二,提供了一层能消除部分内应力的可塑层。

② 形成不收缩界面层。据报道,若将聚合时体积膨胀的单体(NSOC)和环氧树脂共聚物(CCVC)涂于表面上,形成固化不收缩界面层,可大大消除树脂固化时因体积收缩而导致界面上产生的残余应力,使GF/EPOXY(环氧)复合材料力学性能进一步提高。

据报道已合成了一种膨胀单体——3,3,9,9-四甲基1,5,7,11-四氧杂螺十一烷(TMSOC)。将TMSOC加入到环氧树脂基体中,当复合材料成型时,TMSOC阳离子开环聚合引起体积膨胀,聚合膨胀率随TMSOC含量增加而增加,含量为15%时膨胀率为4.2%。随着TMSOC含量的增加,复合材料的层间剪切强度(ILSS)和冲击韧性都提高。所以

TMSOC 对消除复合材料因纤维和基体热膨胀系数差异较大而在界面处产生的热应力,以及对消除树脂基体固化后产生的界面与环氧树脂共聚,减小刚性收缩应力是非常有效的。另外,在链段中加入了柔性链段,使树脂固化后形变能力增加。随着复合材料界面区域残余应力的降低,使微裂纹数量下降,基体和纤维产生的残余应力减少,材料在受冲击载荷时会吸收更大的冲击能。

3. 增强体表面改性

增强体表面由于表面能低、化学惰性、表面被污染以及存在弱边界层,因而影响了基体树脂的湿润性和粘结性。所以需对其进行表面改性,以改变增强体表面化学组成,并增加表面能或改变晶态及表面形貌,此外还需除去表面污物等措施,从而提高基体对增强体表面的湿润和粘结等性能。对增强体进行连续化表面改性的方法有:等离子体改性、电化学改性、光化学改性、辐照改性、超声改性及臭氧氧化等。这些改性方法一般只引起 1~100 μm 表面层的物理或化学变化,不影响其整体性质。

(1) 等离子体对增强体表面的改性

等离子体对增强体表面改性是近年来发展比较快的方法,操作简便无环境污染,而且被改性的表面只在 5~10 nm 薄层起物理变化或化学变化,而不影响增强体的性能。在减压下气体的电容耦合放电所激发的等离子体具有高的本体温度和低的体系温度。高的本体温度有利于改变纤维表面结构,可进行接枝,还可利用非聚合体气体的等离子体进行表面改性。

国内已进行了空气冷等离子体连续化处理碳纤维表面的研究,效果比较显著,尤其是接枝改性效果更显著;还进行了氧等离子体对超高分子量聚乙烯纤维(UHMW-PE)表面处理的研究。

经氧等离子体处理的 UHMW-PE 纤维与环氧树脂界面粘结强度显著提高。处理后的纤维表面上各种含氧基团与树脂间形成化学键合和纤维表面的刻蚀坑形成的机械嵌合效应,使破坏不是发生在界面上,而是发生在纤维内部。

(2) 电化学改性

电化学改性包括电解氧化(阳极氧化)处理和电聚合改性。电解氧化主要用于碳纤维。研究表明,不同电解质处理后的碳纤维表面化学组成很复杂。以 NH_4HCO_3 为电解质,可以在碳纤维表面上引入能增加界面化学键的含氮基团,并减少氧化程度。不少研究都证明氨化后的纤维能提高复合材料层间剪切强度。

电解质的类型及工艺条件对复合材料力学性能的影响效果显著,可使复合材料的 ILSS 提高 70%,拉伸强度提高 6.2%。但是复合材料受冲击时,断裂功和裂纹扩展功有所降低。

用电聚合法在石墨纤维表面聚合一层不同性质的高聚物界面层,该界面层的厚度、模量对复合材料性能有影响。通过电场在纤维表面引发单体聚合,形成柔性界面层,从而松弛了界面应力,使复合材料断裂韧性增加。

有人采用 CF 表面电聚合涂层的方法,不但使 CF/EPOXY 复合材料 ILSS 大幅度提高,而且也明显改善了冲击强度。在实验中以 CF 为工作电极,铂金片为对应电极,在电场作用下将丙烯酸缩水甘油酯(GA)和丙烯酸甲酯(MA)单体放在 H_2SO_4 水溶液中,使之聚合在 CF 表面上,形成如下结构:

$$\left[CH_2-CH\right]_n \cdots \left[CH_2-CH\right]_m$$
$$\begin{array}{cc} | & | \\ C=O & C=O \\ | & | \\ O & O \\ | & | \\ CH_2 & CH_3 \\ | \\ CH-CH_2 \\ \diagdown O \diagup \end{array}$$

该种电聚合物是柔韧性的无规共聚物,能吸收冲击能,有防止裂纹扩展的作用。在共聚物大分子侧链上有环氧基,有与基体环氧树脂相同的结构,可在 CF 表面和树脂基体之间形成强有力的界面可塑层,使复合材料的 ILSS 明显改善。电聚合涂层对复合材料性能的影响见表 3.3。

表 3.3 电聚合涂层对复合材料力学性能的影响

单体	聚合时间/s	ILSS/MPa	冲击强度/(kJ·m^{-2})
空白	0	73.76	78.6
GA/MA=1/3.8	10	87.39	97.8

注:CF 为上海炭素厂生产。

经电聚合处理后,CF(AS-4)的拉伸强度和模量分别由 2.02 GPa 和 183 GPa 提高到 2.40 GPa 和 199 GPa,这是由于电聚合物填补了表面的孔洞、沟槽等缺陷,并形成"抛锚"效应。

(3) 辐照改性

高能射线(γ 射线、高能电子束、X 射线等)辐照方法对增强材料进行处理的优点是:

① 可在任意温度条件下进行;
② 射线能量高、穿透能力强、处理增强材料比较均匀;
③ 不需要引发剂便可使基体与增强材料发生反应;
④ 可批量进行改性处理。

最初辐照被用来交联电线电缆、热收缩材料及材料的改性,近来采用 Co60γ 射线对芳酰胺类(APMOC)纤维进行辐照改性,试图通过 γ 射线的作用使纤维的本体发生交联,减少微纤化;同时使表面活化,以提高 APMOC 纤维本体强度和其复合材料的界面强度。大量实验证明,N_2 作为辐照气氛在 7.0 kGy/h 辐照剂量率下,辐照剂量为 500 kGy 时,束丝拉伸强度提高 8.1%,ILSS 提高 4.5%。

3.2.3 混杂纤维复合材料的界面

混杂纤维复合材料是由两种或两种以上增强体混杂增强单一或多元混杂基体的复合材料。因此,混杂纤维复合材料界面层不同于单一纤维复合材料。由于受多种纤维的影响,界面层更不均匀,界面层结构更为复杂,如图 3.3 所示。

由图可知,当异种纤维接近并且距离达到临界界面层或临界混杂界面厚度时,两个界面层相连,使两种异性纤维间又增添一个相邻的界面相。当两种纤维间只有一个界面层,即形成理想混杂界面层时,简称为混杂界面,如图 3.3(b)所示。

混杂界面中缺陷存活率最低,裂纹源数目最少,基体微观开裂的应变值将得到最大程

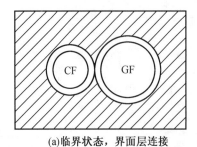 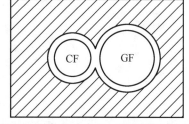

(a)临界状态,界面层连接　　　　　　(b)界面层连接最佳状态,形成完整混杂界面

图 3.3　混杂纤维复合材料界面示意图

度的提高,抑制裂纹扩展能力也最强,能造成低伸长率纤维时出现多次断裂现象。临界混杂界面与混杂界面本身结构不同会引起性能的差异,界面在力、声、光、热、电波等的作用下,会造成这些物理量的传递、折射、反射等,并相应引出一些特征现象。同时混杂界面存在多相、多层次将会有利于性能上的可设计性以及提供研制多功能复合材料的可能性。

3.3　金属基复合材料界面

金属基复合材料的基体一般是金属合金,合金既含有不同化学性质的组成元素和不同的相,同时又具有较高的熔化温度。因此,此种复合材料的制备需在接近或超过金属基体熔点的高温下进行。金属基体与增强体在高温复合时易发生不同程度的界面反应,金属基体在冷却、凝固、热处理过程中还会发生元素偏聚、扩散、固溶、相变等,这些均使金属基复合材料界面区的结构十分复杂。界面区的组成、结构明显不同于基体和增强体,受到金属基体成分、增强体类型、复合工艺参数等多种因素的影响。

在金属基复合材料界面区出现材料物理性质(如弹性模量、热膨胀系数、热导率、热力学参数)和化学性质等的不连续性,使增强体与基体金属形成了热力学不平衡的体系。因此,界面的结构和性能对金属基复合材料中应力和应变的分布,导热、导电及热膨胀性能,载荷传递,断裂过程都起着决定性作用。针对不同类型的金属基复合材料,深入研究界面精细结构、界面反应规律、界面微结构及性能对复合材料各种性能的影响,界面结构和性能的优化与控制途径,以及界面结构性能的稳定性等,是金属基复合材料发展中的重要内容。

金属基复合材料的界面结合方式与聚合物基复合材料有所不同,其界面结合可分为以下四类:

①化学结合。它是金属基体与增强体两相之间发生界面反应所形成的结合,由化学键提供结合力。

②物理结合。它是由两相间原子中电子的交互作用的行为,即以范德华力粘合。

③扩散结合。某些复合体系的基体与增强体虽无界面反应,但发生原子的相互扩散作用,此作用也能提供一定的结合力。

④机械结合。由于某些增强体表面粗糙,当与熔融的金属基体浸渍而凝固后,出现机械的咬合作用所提供的结合力。

一般情况下,金属基复合材料是以界面的化学结合为主,有时也有两种或两种以上界面结合方式并存的现象。

3.3.1 金属基复合材料界面结构

金属基复合材料界面是指金属基体与增强体之间因化学成分和物理、化学性质明显不同,构成彼此结合并能起传递载荷作用的微小区域。界面微区的厚度可以从一个原子层厚到几个微米。由于金属基体与增强体的类型、组分、晶体结构、化学物理性质有巨大差别,以及在高温制备过程中有元素的扩散、偏聚、相互反应等,从而形成复杂的界面结构。界面区包含了基体与增强体的接触连接面,基体与增强体相互作用生成的反应产物和析出相,增强体的表面涂层作用区,元素的扩散和偏聚层,近界面的高密度位错区等。

界面微区结构和特性对金属基复合材料的各种宏观性能起着关键作用。清晰地认识界面微区、微结构、界面相组成、界面反应生成相、界面微区的元素分布、界面结构和基体相、增强体相结构的关系等,无疑对指导制备和应用金属基复合材料具有重要意义。

国内学者利用高分辨电镜、分析电镜、能量损失谱仪、光电子能谱仪等现代材料分析手段,对金属基复合材料界面微结构表征进行了大量的研究工作。对一些重要的复合材料,如碳(石墨)/铝、碳(石墨)/镁、硼/铝、碳化硅/铝、碳化硅/钛、钨/铜、钨/超合金等金属基复合材料界面结构进行了深入研究,并已取得了重要进展。

1. 有界面反应产物的界面微结构

多数金属基复合材料在制备过程中发生不同程度的界面反应。轻微的界面反应能有效地改善金属基体与增强体的浸润和结合,是有利的;严重界面反应将造成增强体的损伤和形成脆性界面相等,十分有害。界面反应通常是在局部区域中发生的,形成粒状、棒状、片状的反应产物,而不是同时在增强体和基体相接触的界面上发生层状物。只有严重的界面反应才可能形成界面反应层。碳(石墨)/铝、碳(石墨)/镁、氧化铝/镁、硼/铝、碳化硅/铝、碳化硅/钛、硼酸铝/铝等一些主要类型的金属基复合材料,都存在界面反应的问题。它们的界面结构中一般都有界面反应产物。

2. 有元素偏聚和析出相的界面微结构

金属基复合材料的基体常选用金属合金,很少选用纯金属。基体合金中含有各种合金元素,用以强化基体合金。有些合金元素能与基体金属生成金属化合物析出相,如铝合金中加入铜、镁、锌等元素会生成细小的 Al_2Cu、Al_2CuMg 等时效强化相。由于增强体表面吸附作用,基体金属中合金元素在增强体的表面富集,为在界面区生成析出相创造了有利条件。在碳纤维增强铝或镁复合材料中均可发现界面上有化合物析出相存在。

3. 增强体与基体直接进行原子结合的界面结构

由于金属基复合材料组成体系和制备方法的特点,多数金属基复合材料的界面结构比较复杂,存在不同类型的界面结构,即界面不同的区域存在增强体与基体直接原子结合的清洁、平直界面结构,有界面反应产物的界面结构,也有析出物的界面结构等。只有少数金属基复合材料(主要是自生增强体金属基复合材料)才有完全无反应产物或析出相的界面结构、增强体和基体直接原子结合的界面结构,如自生复合材料。在大多数金属基复合材料中既存在大量的直接原子结合的界面结构,又存在反应产物等其他类型的界面结构。

4. 其他类型的界面结构

金属基复合材料基体合金中不同合金元素在高温制备过程中会发生元素的扩散、吸附和偏聚,在界面微区形成合金元素浓度梯度层。元素浓度梯度的厚度、浓度梯度的大小与元素的性质、加热过程的温度和时间有密切关系。如用电子能量耗损谱测定经加热处理的碳化钛颗粒增强钛合金复合材料中的碳化钛颗粒表面,发现存在明显的碳浓度梯度。碳浓度梯度层的厚度与加热温度有关,经 800 ℃ 加热 1 h 碳化钛颗粒中碳浓度由 50% 降低到 38%,其梯度层的厚度约为 1 000 nm;而经 1 000 ℃ 加热 1 h,其梯度层厚为 1 500 nm。

由于金属基复合材料体系和制备过程的特点,有时同时存在反应结合、物理结合、扩散结合的界面结构,对界面微结构起决定作用,并对宏观性能有明显影响。

在金属基复合材料中,界面结构和性能是影响基体和增强体性能充分发挥,形成最佳综合性能的关键因素。不同类型和用途的金属基复合材料界面的作用和最佳界面结构性能有很大差别。如连续纤维增强金属基复合材料和非连续增强金属基复合材料的最佳界面结合强度就有很大差别。对于连续纤维增强金属基复合材料,增强纤维均具有很高的强度和模量,纤维强度比基体合金强度要高几倍甚至高一个量级,纤维是主要承载体。因此要求界面能起到有效传递载荷、调节复合材料内的应力分布、阻止裂纹扩展、充分发挥增强纤维性能的作用,使复合材料具有最好的综合性能。界面结构和性能要具备以上要求,界面结合强度必须适中,过弱不能有效传递载荷,过强会引起脆性断裂,纤维作用不能发挥。

3.3.2 金属基复合材料的界面反应

金属基复合材料制备过程中会发生不同程度的界面反应,形成复杂的界面结构。这是研制、应用和发展金属基复合材料的重要障碍,也是金属基复合材料所特有的问题。金属基复合材料的制备方法有:液态金属压力浸渗、液态金属挤压和铸造、液态金属搅拌、真空吸铸等液态法,还有热等静压、高温热压、粉末冶金等固态法。这些方法均需在超过金属熔点或接近熔点的高温下进行,因此基体合金和增强体不可避免地发生不同程度的界面反应及元素扩散作用。界面反应和反应的程度决定了界面结构和特性,主要行为有:

(1)增强了金属基体与增强体界面结合强度。界面结合强度随界面反应强弱的程度而改变,强界面反应将造成强界面结合。同时界面结合强度对复合材料内残余应力、应力分布、断裂过程均产生极重要的影响,直接影响复合材料的性能。

(2)产生脆性的界面反应产物。界面反应结果一般形成脆性金属化合物,如 Al_4C_3、AlB_2、AlB_{12} 等。界面反应物在增强体表面上呈块状、棒状、针状、片状,严重反应时,则在纤维颗粒等增强体表面后形成围绕纤维的脆性层。

(3)造成增强体损伤和改变基体成分。

综上所述,可以将界面反应程度分为三类。

第一类为弱界面反应。它有利于金属基体与增强体的浸润、复合和形成最佳界面结合。由于这类界面反应轻微,所以无纤维等增强体损伤和无性能下降,无大量界面反应产物。界面结合强度适中,能有效传递载荷和阻止裂纹向纤维内部扩散。界面能起到调节复合材料内部应力分布的重要作用,因此希望发生这类界面反应。

第二类为中等程度界面反应。它会产生界面反应产物,但没有损伤纤维等增强体的作用,同时增强体性能无明显下降,而界面结合则明显增加。由于界面结合较强,在载荷作用下不发生因界面脱粘使裂纹向纤维内部扩展而出现的脆性破坏。界面反应的结果会造成纤维增强金属的低应力破坏。应控制制备过程工艺参数,避免这类界面反应。

第三类为强界面反应。有大量界面反应产物,形成聚集的脆性相和界面反应产物脆性层,造成纤维等增强体严重损伤,强度下降,同时形成强界面结合。复合材料的性能急剧下降,甚至低于没有增强的金属基体的性能。造成这种情况的工艺方法不可能制成有用的金属基复合材料零件。

表3.4给出了一些金属基体和增强相界面反应的热(动)力学的数据。

表3.4 在金属基复合材料界面区域可能发生的多种反应的热力学和动力学数据

反应		生成热 $\Delta G^{\ominus}$ /(kJ·mol^{-1})	反应速度常数 k /(nm·s$^{-1/2}$)	Q/(kJ·mol^{-1})
基体+增强剂	反应产物			
$\frac{8}{3}$Ti+Si	$\frac{1}{3}$Ti$_3$Si$_3$+TiC	−900(1 200 K)	22(1 200 K)	200
Ti+TiB$_2$	2TiB	−30(1 200 K)	8(1 200 K)	220
Ti+B$_4$C	4TiB+TiC		12(1 200 K)	220
$\frac{4}{3}$Al+SiC	$\frac{1}{3}$Al$_4$C$_3$+Si	−88.5(900 K)		
$\frac{4}{3}$Al+SiO$_2$	$\frac{2}{3}$Al$_2$O$_3$+Si	−210(900 K)		
$\frac{3}{4}$Mg+Al$_2$O$_2$	$\frac{3}{4}$MgAl$_2$O$_3$+$\frac{1}{2}$Al	−13(900 K)		103
2Mg+SiC	Mg$_2$Si+C	−7(900 K)		
2Mg+Li+SiC	Mg$_2$Si+$\frac{1}{2}$Li$_2$C$_2$	−18(900 K)		
MgO+Al$_2$O$_3$	MgAl$_2$O$_4$	−28(900 K)		
4Mg+SiO$_2$	2MgO+Mg$_2$Si	−131(900 K)		
Al+$\frac{1}{2}$Mg+SiO$_2$	$\frac{1}{2}$MgAl$_2$O$_3$+Si	−219(900 K)		

注:引用的反应物的标准生成热 $\Delta G^{\ominus}$ 变化,此时其他所有组分的活度都为1

界面反应程度取决于金属基复合材料组分的性质、工艺方法和参数。随着温度的升高,金属基体和增强体的化学活性均迅速增高。温度越高和停留时间越长,反应的可能性越大,反应程度越严重。因此在制备过程中,严格控制制备温度和高温下的停留时间是制备高性能复合材料的关键。

由以上分析可知,制备高性能金属基复合材料时,界面反应程度必须控制到形成合适的界面结合强度。

3.3.3 金属基复合材料界面优化及界面反应控制的途径

金属基复合材料制备过程中如何改善金属基体与增强体的浸润性,控制界面反应,形成最佳的界面结构,是金属基复合材料生应用的关键。界面优化的目标是,形成能有效传递载荷、调节应力分布、阻止裂纹扩展的稳定的界面结构。解决途径主要有,增强体的表面涂层处理、金属基体合金化及优化制备方法和工艺参数。

1. 增强体的表面涂层处理

纤维表面改性及涂层处理可以有效地改善浸润性和阻止严重的界面反应。选用化学镀或电镀在增强体表面镀铜、镀镍,选用化学气相沉积法在纤维表面涂覆 TiB、SiC、B$_4$C、TiC 等涂层以及 C/SiC、C/SiC/Si 复合涂层,选用溶胶凝胶法在纤维等增强体表面涂覆 Al$_2$O$_3$、

SiO_2、SiC、Si_3N_4 等陶瓷涂层。涂层厚度一般在几十纳米到 1 μm，有明显改善浸润性和阻止界面反应的作用，其中效果较好的有 TiB、SiC、B_4C、C/SiC 等涂层。特别是用化学气相沉积法，控制其工艺过程能获得界面结构最佳的梯度复合涂层。如 Textron 公司生产的带有 C、Si、SiC 复合梯度涂层的碳化硅纤维等，可制备出高性能的金属基复合材料。

2. 金属基体合金化

在液态金属中加入适当的合金元素改善金属液体与增强体的浸润性，阻止有害的界面反应，形成稳定的界面结构，是一种有效、经济的优化界面及控制界面反应的方法。现有的金属基体合金多数是选用现有的金属合金。

金属基复合材料增强机制与金属合金的强化机制不同，金属合金中加入合金元素主要起固溶强化和时效强化金属基体相的作用。如铝合金中加入 Cu、Mg、Zn、Si 等元素，经固溶时效处理，在铝合金中生成细小的时效强化相 Al_2Cu（θ相）、Mg_2Si（β相）、$MgZn_2$（η相）、Al_2CuMg（T相）等金属间化合物，有效地起到时效强化铝基体相的作用，提高了铝合金的强度。

对金属基复合材料，特别是连续纤维增强金属基复合材料，纤维是主要承载体，金属基体主要起固结纤维和传递载荷的作用。金属基体组分选择不在于强化基体相和提高基体金属的强度，而应着眼于获得最佳的界面结构和具有良好塑性的合适的基体性能，使纤维的性能和增强作用得以充分发挥。因此金属基复合材料中，应尽量避免选择易参与界面反应生成界面脆性相、造成强界面结合的合金元素。如铝基复合材料基体中 Cu 元素易在界面产生偏聚，形成 Al_2Cu 的脆性相，严重时 Al_2Cu 脆性相将纤维"桥接"在一起，造成复合材料低应力脆性断裂。针对金属基复合材料最佳界面结构的要求，选择加入少量能抑制界面反应，提高界面稳定性和改善增强体与金属基体浸润性的元素。例如在铝合金基体中加入少量的 Ti、Zr、Mg 等元素，对抑制碳纤维和铝基体的反应，形成良好界面结构，获得高性能复合材料有明显作用。

在相同制备方法和工艺条件下，含有 0.34% Ti 的铝基体与石墨纤维反应轻微，在界面上很少看到 Al_4C_3 反应产物，抗拉强度为 789 MPa。而纯铝基体界面上有大量反应产物 Al_4C_3，抗拉强度只有 366 MPa。此结果表明，加入少量 Ti 在抑制界面反应和形成合适的界面结构上效果明显，方法简单易行。

3. 优化制备方法和工艺参数

金属基复合材料界面反应程度主要取决于制备方法和工艺参数，因此优化制备工艺方法和严格控制工艺参数是优化界面结构和控制界面反应最重要的途径。由于高温下金属基体和增强体元素的化学活性均迅速增加，温度越高反应越激烈，在高温下停留时间越长反应越严重，因此在制备工艺方法和工艺参数的选择上首先考虑制备温度、高温停留时间和冷却速度。在确保复合完好的情况下，制备温度尽可能低，复合过程和复合后在高温下保持时间尽可能短，在界面反应温度区冷却尽可能快，低于反应温度后冷却速度应减小，以免造成大的残余应力，影响材料性能。其他工艺参数如压力、气氛等也不可忽视，需综合考虑。

金属基复合材料的界面优化和界面反应的控制途径与制备方法有紧密联系，因此必须考虑方法的经济性、可操作性和有效性，对不同类型的金属基复合材料要有针对性地选择界面优化和控制界面反应的途径。

第4章 聚合物基复合材料

4.1 聚合物基复合材料的种类

聚合物基复合材料是以有机聚合物为基体,连续纤维为增强材料组合而成的。纤维的高强度、高模量的特性使它成为理想的承载体。基体材料由于其黏结性能好,把纤维牢固地黏结起来;同时,基体又能使载荷均匀分布,传递到纤维上去,并允许纤维承受压缩和剪切载荷。纤维和基体之间良好的复合显示了各自的优点,并能实现最佳结构设计,具有许多优良特性。

4.1.1 玻璃纤维增强热固性塑料(GFRP)

玻璃纤维增强热固性塑料是指玻璃纤维(包括长纤维、布、带、毡等)作为增强材料,热固性塑料(包括环氧树脂、酚醛树脂、不饱和聚酯树脂等)作为基体的纤维增强塑料,俗称玻璃钢。根据基体种类不同,可将 GFRP 分成三类,即玻璃纤维增强环氧树脂、玻璃纤维增强酚醛树脂、玻璃纤维增强聚酯树脂。

GFRP 的突出特点是密度小、比强度高。密度为 $1.6\sim2.0$ g/cm^3,比最轻的金属铝还要轻,而比强度比高级合金钢还高,"玻璃钢"这个名称便由此而来。GFRP 还具有良好的耐腐蚀性,在酸、碱、有机溶剂、海水等介质中均很稳定,其中玻璃纤维增强环氧树脂的耐腐蚀性最为突出,其他 GFRP 虽然不如玻璃纤维增强环氧树脂,但其耐腐蚀性也都超过了不锈钢。

GFRP 也是一种良好的电绝缘材料,主要表现在它的电阻率和击穿电压强度两项指标都达到了电绝缘材料的标准。一般电阻率小于 1 $\Omega\cdot$cm 的物质称为导体,大于 10^6 $\Omega\cdot$cm 的物质称为电绝缘体。而 GFRP 的电阻率为 10^{11} $\Omega\cdot$cm,有的甚至可达到 10^{18} $\Omega\cdot$cm,电击穿强度达 20 kV/mm,所以它可作为耐高压的电器零件。

另外 GFRP 不受电磁作用的影响,它不反射无线电波,微波透过性好,因此可用来制造扫雷艇和雷达罩。GFRP 还具有保温、隔热、阻台、减振等性能。

GFRP 最大的缺点是刚性差。它的弯曲弹性模量仅为 200 GPa,而钢材为 2 000 GPa;其刚度比木材大两倍,是钢材的 1/10。其次是玻璃钢的耐热性虽然比塑料高,但低于金属和陶瓷。玻璃纤维增强聚酯树脂连续使用温度在 280 ℃以下,其他 GFRP 在 350 ℃以下。导热性也很差,摩擦产生的热量不易导出,从而使 GFRP 的温度升高,导致其破坏。此外,GFRP 的基体材料是易老化的塑料,所以它也会因日光照射、空气中的氧化作用、有机溶剂的作用而产生老化现象,但比塑料要缓慢些。虽然 GFRP 存在上述缺点,但它仍然是一种比较理想的结构材料。

玻璃纤维增强环氧、酚醛、聚酯树脂除具有上述共同的性能特点而外,各自有其特殊的性能。

玻璃纤维增强环氧树脂是 GFRP 中综合性能最好的一种,这与它的基体材料环氧树脂分不开的。因环氧树脂的粘结能力最强,与玻璃纤维复合时,界面剪切强度最高。它的机械强度高于其他 GFRP。由于环氧树脂固化时无小分子放出,故玻璃纤维增强环氧树脂的尺寸稳定性最好,收缩率只有 1%~2%。环氧树脂的固化反应是一种放热反应,一般易产生气泡,但因树脂中添加剂少,很少发生鼓泡现象。唯一不足的地方是环氧树脂黏度大、加工不太方便,而且成型时需要加热,如在室温下成型会导致环氧树脂固化反应不完全,因此不能制造大型的制件,使用范围受到一定的限制。

玻璃纤维增强酚醛树脂是各种 GFRP 中耐热性最好的一种,它可以在 200 ℃下长期使用,甚至在 1 000 ℃以上的高温下,也可以短期使用。它是一种耐烧蚀材料,因此可用它做宇宙飞船的外壳;耐电弧性,可用于制做耐电弧的绝缘材料;的价格比较便宜,原料来源丰富。它的不足之处是性能较脆,机械强度不如环氧树脂。固化时有小分子副产物放出,故尺寸不稳定,收缩率大。酚醛树脂对人体皮肤有刺激作用,会使人的手和脸肿胀。

玻璃纤维增强聚酯树脂最突出的特点是加工性能好,树脂中加入引发剂和促进剂后,可以在室温下固化成型,由于树脂中的交联剂(苯乙烯)也起着稀释剂的作用,所以树脂的黏度大大降低,可采用各种成型方法进行加工成型,因此它可制作大型构件,扩大了应用的范围。此外,它的透光性好、透光率可达 60%、80%,可制作采光瓦;价格很便宜。其不足之处是固化时收缩率大,可达 4%~8%。耐酸、碱性差些,不宜制作耐酸碱的设备及管件。各种 GFRP 与金属性能比较见表 4.1。

表 4.1 各种 GFRP 与金属性能的比较

性能	聚酯玻璃钢	环氧玻璃钢	酚醛玻璃钢	钢	铝	高级合金
密度/(g·cm^{-3})	1.7~1.9	1.8~2.0	1.6~1.85	7.8	2.7	8.0
抗拉强度/MPa	180~350	70.3~298.5	70~280	700~840	70~250	12.8
压缩强度/MPa	210~250	180~300	100~270	350~420	30~100	—
弯曲强度/MPa	210~350	70.3~470	1 100	420~460	70~110	
吸水率/%	0.2~0.5	0.05~0.2	1.5~5	—		
导热系数/(J·(m·bK)$^{-1}$)	1 038	630~1 507	—	155~748	726~828	
线膨胀系数/×10^{-6} ℃$^{-1}$	—	1.1~3.5	0.35~1.07	0.012	0.023	
比强度/MPa	1 600	2 800	1 150	500	—	1 600

4.1.2 玻璃纤维增强热塑性塑料(FR-TP)

玻璃纤维增强热塑性塑料是指玻璃纤维(包括长纤维或短切纤维)作为增强材料,热塑性塑料(包括聚酰胺、聚丙烯、低压聚乙烯、ABS 树脂、聚甲醛、聚碳酸酯、聚苯醚等工程塑料)为基体的纤维增强塑料。

玻璃纤维增强热塑性塑料除了具有纤维增强塑料的共同特点外,它与玻璃纤维增强热固性塑料相比较,其突出的特点是具有更轻的密度,一般为 1.1~1.6 g/cm^3,为钢材的 1/5~1/6;比强度高,蠕变性大大改善。例如:合金结构钢 50CrVA 的比强度为 162.5 MPa,

而玻璃纤维增强尼龙 610 为 179.9 MPa。各种玻璃纤维增强热塑性塑料的比强度见表 4.2。

表 4.2 几种典型金属及 FR-TP 的比强度比较

材料名称	密度/(g·cm^{-3})	抗拉强度/MPa	比强度/MPa
普通钢 Q235	7.85	400	50
不锈钢 1Cr18Ni9Ti	8	550	68.8
合金钢结构钢 50CrVA	8	150	162.5
灰口铸铁 HT250	7.4	250	34
硬铝合金 2Al2	2.3	470	167.3
普通黄铜 H59	3.4	390	46.4
增强尼龙 610	1.45	250	179.9
增强尼龙 1010	1.23	130	146.3
增强聚碳酸酯	1.42	140	98.3
增强聚丙烯	1.12	90	80.1

1. 玻璃纤维增强聚丙烯(FR-PP)

玻璃纤维增强聚丙烯突出的特点是机械强度与纯聚丙烯相比有了很大提高,当短切玻璃纤维增加到 30% ~ 40% 时,其强度达到顶峰,抗拉强度为 100 MPa,大大高于工程塑料聚碳酸酯、聚酰胺等,尤其是使聚丙烯的低温脆性得到改善,而且随着玻璃纤维含量提高,低温时的抗冲击强度也有所提高。FR-PP 吸水率很小,是聚甲醛和聚碳酸酯的 1/10。在耐沸水和水蒸气方面更加突出,含有 20% 短切纤维的 FR-PP 在水中煮 1 500 h,其抗拉强度比初始强度只降低 10%,而在 23 ℃ 水中浸泡时则强度不变。

但在高温、高浓度的强酸、强碱中会使机械强度下降。在有机化合物的浸泡下会降低机械强度,并有增重现象。聚丙烯为结晶型聚合物,当加入 30% 的玻璃纤维复合以后,其热变形温度有显著提高,可达 153 ℃(1.86 MPa),已接近纯聚丙烯的熔点,但是必须在复合时加入硅烷偶联剂(如不加热则变形温度只有 125 ℃)。

2. 玻璃纤维增强聚酰胺(FR-PA)

聚酰胺是一种热塑性工程塑料,本身的强度就比一般通用塑料的强度高,耐磨性好,但因它的吸水率太大,影响了它的尺寸稳定性,另外它的耐热性也较低,用玻璃纤维增强的聚酰胺,这些性能就会大大改善。玻璃纤维增强聚酰胺的品种很多,有玻璃纤维增强尼龙 6(FR-PA6)、玻璃纤维增强尼龙 66(FR66)、玻璃纤维增强尼龙 1010(FR-PA1010)等。一般玻璃纤维增强聚酰胺中,玻璃纤维的含量达到 30% ~ 35% 时,其增强效果最为理想,它的抗拉强度可提高 2 ~ 3 倍,抗压强度提高 1.5 倍;最突出的是耐热性提高的幅度最大,例如尼龙 6 的使用温度为 120 ℃,而玻璃纤维增强尼龙 6 的使用温度可达到 170 ~ 180 ℃。在这样高的温度下,往往材料容易产生老化现象,因此应加入一些热稳定剂。FR-PA 的线膨胀系数比 PA 降低了 1/4 ~ 1/5,含 30% 玻璃纤维的 FR-PA6 的线膨胀系数为 0.22×10^{-4}/℃,接近金属铝的线膨胀系数 $(0.17 ~ 0.19) \times 10^{-4}$/℃。另一特点是耐水性得到了改善,聚酰胺的吸水性直接影响了它的机械强度和尺寸稳定性,甚至影响了它的电绝缘性,而随着玻璃纤维加入量的增加，其吸水率和吸湿速度则显著下降。例如PA6在空气中饱和吸湿率为4%，而PR-PA6则降到2%，吸湿后PR-PA6的机械强度比PA6提高三倍。因而FR-PA吸湿以后的机械强度仍然能够满足工程上的要求，同时电绝缘性也比纯PA好，可以制成耐高温的电绝缘零件。在聚酰胺中加入玻璃纤维后，唯一的缺点是使本来耐磨性好的性能变差了。因为聚酰胺的制品表面光滑，光洁度越好越耐磨，而加入玻璃纤维以后，如果将制品经过二次加工或者被磨损时，玻璃纤维就会暴露于表面上，这时材料的摩擦系数和磨耗量就会增大。因此，如果用它来制造耐磨性要求高的制品时，一定要加入润滑剂。

3. 玻璃纤维增强聚丙烯类塑料

聚苯乙烯类树脂目前已成为系列产品，多为橡胶改性树脂，例如丁二烯-苯乙烯共聚物（BS）、丙烯脂-苯乙烯共聚物（AS）、丙烯腈-丁二烯-苯乙烯共聚物（ABS）等。这些共聚物大大改善了纯聚苯乙烯的性能，使原来只是一种通用塑料的聚苯乙烯改性成为工程塑料，其耐冲击性和耐热性提高了。这些聚合物再用长玻璃纤维或短切玻璃纤维增强后，其机械强度及耐高、低温性、尺寸稳定性均大有提高。例如AS的抗拉强度为66.8~84.4 MPa，而含有20%玻璃纤维的FR-AS的抗拉强度为235 MPa，而且弹性模量提高几倍。FR-AS比AS的热变形温度提高了10~15 ℃，而且随着玻璃纤维含量的增加，热变形温度也随之提高，使其在较高的温度下仍具有较高的刚度，制品的形状不变。此外，随着玻璃纤维含量的增加，线膨胀系数减小。含有20%玻璃纤维的FR-AS线膨胀系数为$2.9\times10^{-5}/$℃，与金属铝（$2.41\times10^{-5}/$℃）相接近。

对于脆性较大的PS、AS，加入玻璃纤维后冲击强度提高了，而对于韧性较好的ABS，加入玻璃纤维后，会使韧性降低，抗冲击强度下降，直到玻璃纤维含量达到30%，冲击强度才不再下降，而达到稳定阶段，接近FR-AS的水平。这对于FR-ABS来说，是唯一的不利因素。

玻璃纤维与聚苯乙烯类塑料复合时也要加入偶联剂，否则聚苯乙烯类塑料与玻璃纤维粘结不牢，影响强度。

4. 玻璃纤维增强聚碳酸酯（FR-PC）

聚碳酸酯是一种透明度较高的工程塑料，它的刚韧相兼的特性是其他塑料无法相比的，唯一不足之处是易产生应力开裂、耐疲劳性差。加入玻璃纤维以后，FR-PC比PC的耐疲劳强度提高2~3倍，耐应力开裂性能可提高6~8倍，耐热性比PC提高10~20 ℃，线膨胀系数缩小为$1.6~2.4\times10^{-6}/$℃，因而可制成耐热的机械零件。

5. 玻璃纤维增强聚酯

聚酯作为基体材料主要有聚苯二甲酸乙二醇酯（代号PET）和为聚苯二甲酸丁二醇酯（代号PBT）。

未增强的纯聚酯结晶性高，成型时收缩率大，尺寸稳定性差、耐温性差，而且质脆。用玻璃纤维增强后，其性能是：机械强度比其他玻璃纤维增强热塑性塑料均高，抗拉强度为135~145 MPa，抗弯强度为209~250 MPa，耐疲劳强度高达52 MPa。最大应力与往复弯曲次数的曲线（S-N曲线）与金属一样，具有平坦的坡度。耐热性提高的幅度最大，PET的热变形温度为85 ℃，而PR-PET为240 ℃。而且在这样高的温度下仍然能保持它的机械强度，是玻璃纤维增强热塑性塑料中耐热温度最高的一种。它的耐低温度性能好，超过了

FR-PA6。因此在温度高低交替变化时,它的物理机械性能变化不大;电绝缘性能好,因此可用它制造耐高温电器零件;在高温下耐老化性能好,胜过玻璃钢,尤其是耐光老化性能好,所以它使用寿命长。唯一不足之处是在高温下易水解,使机械强度下降,因而不适于在高温水蒸气下使用。

6. 玻璃纤维增强聚甲醛(FR-POM)

聚甲醛是一种性能较好的工程塑料,加入玻璃纤维后,不但起到增强的作用,而且最突出的特点是耐疲劳性和耐蠕变性有很大提高。含有25%玻璃纤维的FR-POM的抗拉强度为纯POM的两倍,弹性模量为纯POM的三倍,耐疲劳强度为纯POM的两倍,在高温下仍具有良好的耐蠕变性,同时耐老化性也很好。但不耐紫外线照射,因此在塑料中要加入紫外线吸收剂。唯一不足之处是加入玻璃纤维后其摩擦系数增大、磨损量大大增加了,即耐磨性降低了。为了改善其耐磨性,可用聚四氟乙烯粉末作为填料加入聚甲醛中,或加入碳纤维来改性。

7. 玻璃纤维增强聚苯醚(FR-PPO)

聚苯醚是一种综合性能优异的工程塑料,但存在着熔融后黏度大,流动性差,加工困难和容易发生应力开裂现象,成本高等缺点。为改善上述缺点,采用加入其他树脂共混或共聚使其改性。这种方法虽然克服了上述缺点,但又使其力学性能和耐热性有所下降,故加入玻璃纤维使其增强,其效果很好。

加入20%玻璃纤维的FR-PPO,其抗弯弹性模量比纯PPO提高两倍,含30%玻璃纤维的FR-PPO,则提高三倍,因此可用它制成高温高载荷的零件。

FR-PPO最突出的特性是蠕变性很小,3/4的变形量发生在24 h之内,因此蠕变性的测定可在短期内得出估计的数值,这一点是任何高分子复合材料难以达到的。它耐疲劳强度很高,含20%玻璃纤维的FR-PPO,在23 ℃往复次数为2.5×10^6次的条件下,它的弯曲疲劳极限强度仍能保持28 MPa,如果玻璃纤维的含量为30%时,则可达到34 MPa。

FR-PPO的又一突出特点是热膨胀系数非常小,是FR-TP中最小的一种,接近金属的热膨胀系数,因此与金属配合制成零件,不易产生应力开裂。它的电绝缘性也是工程塑料中居第一位的,其电绝缘性可不受温度、湿度、频率等条件的影响。它耐湿热性能良好,可在热水或有水蒸气的环境中工作,因此用它可制造耐热性的电绝缘零件。各种塑料与玻璃纤维增强后的性能对比见表4.3。

表4.3 各种塑料与玻璃纤维增强后的性能对比

品种		密度/$(kg\cdot m^{-3})$	抗拉强度/MPa	抗弯强度/MPa	压缩强度/MPa	弯曲模量/$\times10^4$ MPa	冲击强度/MPa	热变形温度/℃	成型收缩率/%
聚丙烯	原	910	35	35	45	0.12	0.4	63	1.3~1.6
	增强	1 140	85	80	60	0.58	0.8	155	0.2~0.8
高密度聚乙烯	原	960	30	21	20	0.09	0.6	50	1.5~2.5
	增强	1 170	80	90	35	0.55	0.8	127	0.3~1.0

续表4.3

品种		密度/(kg·m^{-3})	抗拉强度/MPa	抗弯强度/MPa	压缩强度/MPa	弯曲模量/×10^4 MPa	冲击强度/MPa	热变形温度/℃	成型收缩率/%
聚苯乙烯	原	1 040	50	70	100	0.30	0.2	08	0.3~0.6
	增强	1 280	95	110	130	0.84	0.4	96	0.1~0.3
聚碳酸酯	原	1 200	67	95	88	0.24	0.14	140	0.5~0.7
	增强	1 430	110	200	150	0.84	0.20	149	0.1~0.3
聚酯	原	1 370	74	130	130	0.35	0.4	85	0.8~2.0
	增强	1 630	140	200	150	1.00	0.10	240	0.3~0.6
尼龙66	原	1 130	83	110	34	0.29	0.4	70	0.7~1.4
	增强	1 350	180	260	170	0.81	0.10	250	0.4~0.8
ABS树脂	原	1 050	45	67	80	0.25	0.10	83	0.4~0.6
	增强	1 280	100	130	100	0.77	0.6	100	0.1~0.3

4.1.3 高强度、高模量纤维增强塑料

高强度、高模量纤维增强塑料主要是指以环氧树脂为基体,以各种高强度、高模量的纤维(包括碳纤维、硼纤维、芳香族聚酰胺纤维、各种晶须等)作为增强材料的高强度、高模量纤维增强塑料。由于受增强纤维高强度、高模量这一性能的影响,致使其具有共同的特点。

①密度小、强度高、模量高和低的热膨胀系数,其数据见表4.4。

表4.4 不同纤维增强环氧树脂复合材料的性能对比

性能	碳纤维/环氧树脂	芳香族聚酰胺纤维(Kevlar)/环氧树脂	硼纤维/环氧树脂
密度/(g·cm^{-3})	1.6	1.4	2.0
抗拉强度/MPa	1 500	1 400	1 750
抗拉弹性模量/MPa	12 000	76 000	120 000
热膨胀系数/×10^{-6}℃$^{-1}$	(∥)-0.7(⊥)30	(∥)-40(⊥)60	(∥)-5.0(⊥)30

注:(∥)表示平行-5.0;(⊥)表示垂直方向30

从表中的数据来看,它们的抗拉强度及模量都超过了高级合金钢及GFRP(高级合金钢的抗拉强度为2 280 MPa,玻璃纤维增强环氧树脂为1 500 MPa),是目前力学性能最好的高分子复合材料。

②加工工艺简单。该种增强塑料可采用GFRP的各种成型方法,如模压法、缠绕法、手糊法等。

③价格昂贵。除芳香族聚酰胺纤维而外,其他纤维由于加工比较复杂原料价格昂贵,致使其增强塑料价格昂贵,从而限制了大量应用。

1. 碳纤维增强塑料

碳纤维增强塑料是一种强度、刚度、耐热性均好的复合材料,是其他材料无法与之相提

并论的。它质轻(密度小),如果采用钢材、GFRP以及碳纤维增强塑料分别制成长途客车的车身时,其中碳纤维增强塑料最轻,比 GFRP车身轻1/4,是钢车身的1/4~1/3。从车顶的挠曲度来比较刚度,GFRP车顶弯曲下沉将近10 cm,钢车顶下沉2~3 cm,碳纤维增强塑料下沉不到1 cm;碳纤维增强塑料的抗冲击强度也特别突出,假如用手枪在十步远的地方射向一块不到1 cm厚的碳纤维增强塑料板时,竟不会将其射穿;其耐疲劳强度很大,而摩擦系数却很小,这方面性能均超过了钢材。

碳纤维增强塑料不但机械性能好,耐热性也特别好,它可在12 000 ℃的高温下经受10 s,保持不变。陶瓷被认为是耐高温的材料,但是在这样高的温度下,根本无法存在。

碳纤维增强塑料的不足之处:一是碳纤维与塑料的粘结性差,而且各向异性,这方面不如金属材料。目前已有解决的方法,用碳纤维氧化和晶须化来提高其粘结性,用碳纤维编织法来解决各向异性的问题。二是价格昂贵,因而虽然有上述一些优良性能,但还只是应用于宇航工业,其他领域应用较少。

2. 芳香族聚酰胺纤维增强塑料

芳香族聚酰胺纤维增强塑料的基体材料主要是环氧树脂,其次是热塑性塑料的聚乙烯、聚碳酸酯、聚酯等。芳香族聚酰胺纤维增强环氧树脂的抗拉强度大于GFRP,而与碳纤维增强环氧树脂相似。它最突出的特点是有延展性,与金属相似,而与其他有机纤维则大大不同。它的耐冲击性超过了碳纤维增强塑料;自由振动的衰减性为钢筋8倍,GFRP的4~5倍;耐疲劳性比GFRP或金属铝还好。

3. 硼纤维增强塑料

硼纤维增强塑料是指硼纤维增强环氧树脂,其突出的优点是刚度好,它的刚度和弹性模量均高于碳纤维增强环氧树脂,是高强度、高模量纤维增强塑料中性能最好的一种。

4. 碳化硅纤维增强塑料

碳化硅纤维增强塑料主要是指碳化硅纤维增强环氧树脂。碳化硅纤维和环氧树脂复合时不需要表面处理,粘结力就很强,材料层间剪切强度可达1.2 MPa。它的抗弯强度和抗冲击强度为碳纤维增强环氧树脂的两倍,如果与碳纤维混合叠层进行复合时,会弥补碳纤维的缺点。

4.1.4　其他纤维增强塑料

其他纤维增强塑料是指以石棉纤维、矿棉纤维、棉纤维、麻纤维、木质纤维、合成纤维等为增强材料,以各种热塑性塑料和热固性塑料为基体的复合材料。

这方面的复合材料发展得比较早,应用也比较广。其中热固性酚醛树脂与纸、布、石棉、木片等纤维的复合材料,在电器工业方面作为绝缘材料使用,在机械工业中制成各种机械零件等,在此不做详细介绍。这里主要介绍两种比较新型的增强塑料,即石棉纤维增强聚丙烯和矿物纤维增强塑料。

1. 石棉纤维增强聚丙烯

石锦纤维与聚丙烯复合以后,使聚丙烯的性能大为改观,它突出的性能是断裂伸长率由原来纯聚丙烯的200%变成10%,从而使抗拉弹性模量大大提高,是纯聚丙烯三倍;其次是耐热性提高了,纯聚丙烯的热变形温度为(0.46 MPa)110 ℃,而增强后为140 ℃;再次是线膨胀系数由11.3×10^{-5}/℃缩小到4.2×10^{-5}/℃,因而成型加工时尺寸稳定性更好了,其性能见表4.5。

表4.5 石棉纤维增强聚丙烯的性能

性能	石棉增强PP	纯PP
密度/(g·cm^{-3})	1.24	0.90
成型线性收缩率/%	0.8~1.2	1.0~2.0
吸水率/%	0.02	<0.01
抗拉强度/MPa	35	35
伸长率/%	10	200
抗拉弹性模量/MPa	4.5×10^3	1.3×10^3
洛氏硬度	R105	R100
悬梁冲击强度(缺口)/(MPa·m^{-1})	20	30
维卡软化点(1 kg)/℃	157	153
热变形温度(4.6 kg/cm^2)/℃	140	110
线膨胀系数(-20~70 ℃)/$\times 10^{-5}$℃$^{-1}$	4.2	11.3
体积电阻/(Ω·m)	1×10^4	1×10^4
绝缘性/(kV·mm^{-1})	40	40
介电常数/14 Hz	2.6	2.3
介电损耗/14 Hz	3×10^{-3}	2×10^{-4}
耐电弧性/s	140	130

2. 矿物纤维增强塑料

矿物纤维增强塑料目前应用较多的是矿物纤维(代号PMF)增强聚丙烯和增强聚酯。该种材料最大的特点是由于矿物纤维直径小,一般为$\phi 1\sim\phi 10$ μm,长径之比平均为$(40\sim60):1$的短纤维。它与树脂的接触面大,因而分配、定向性好,挠度扭曲小。其强度介于填料和玻璃纤维之间。如果纤维加入量大和表面处理效果好,强度还可以适当提高。该种材料的焊接部位强度下降的幅度小,对成型机及模具的磨损小,对钻头磨损也小。

在聚丙烯中加入50%的矿物纤维,就可使其抗冲击强度提高50%,热变形温度提高14%,弯曲强度提高53%,在聚丙烯中加入矿物纤维与加入碎玻璃的效果相同,但其成本比碎玻璃降低1/3,可见矿物纤维可代替碎玻璃作为增强材料使用。

4.2 聚合物基复合材料结构设计

由于复合材料与复合材料结构有不同于金属材料与金属材料结构的许多特点,因此复合材料结构设计也有许多不同于金属材料结构设计的特点,特别是复合材料结构设计包含了材料设计的内容。

4.2.1 概述

1. 复合材料结构设计过程

复合材料结构设计是选用不同材料综合各种设计(如层合板设计、典型结构件设计、连接设计等)的反复过程。在综合过程中必须考虑的一些主要因素有:结构质量、研制成本、制造工艺、结构鉴定、质量控制、工装模具的通用性及设计经验等。复合材料结构设计的综合过程如图4.1所示。

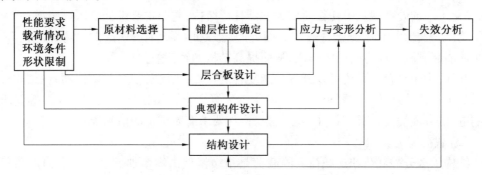

图 4.1 复合材料结构设计综合过程图

设计分为三个步骤:

①明确设计条件。如性能要求、载荷情况、环境条件、形状限制等。

②材料设计。包括原材料选择、铺层性能的确定、复合材料层合板的设计等。

③结构设计。包括复合材料典型结构件(如杆、梁、板、壳等)的设计,以及复合材料结构(加桁架、刚架、硬壳式结构等)的设计。

在上述材料设计和结构设计中都涉及应变、应力与变形分析以及失效分析,以确保结构的强度与刚度。

复合材料结构往往是材料与结构一次成型的,且材料也具有可设计性。因此,复合材料结构设计不同于常规的全局结构设计,它是包含材料设计和结构设计在内的一种新的结构设计方法,比常规的金属结构设计方法要复杂得多。但是在复合材料结构设计时,可以从材料与结构两方面进行考虑,以满足各种设计要求,尤其是材料的可设计性,可使复合材料结构达到优化设计的目的。

2. 复合材料结构设计条件

在结构设计中,首先应明确设计条件,即根据使用目的提出性能要求,搞清载荷情况、环境条件以及受几何形状和尺寸大小的限制等,这些往往是设计任务书的内容。

在某些至今未曾遇到的一些结构中,通常是结构的外形也不清楚,这时,为了明确设计条件,首先假定结构的外形,以便确定在一定环境条件下的载荷。为此,常常需要多次反复才能确定合理的结构外形。

设计条件有时也不是十分明确的,尤其是结构所受载荷的性质和大小在许多情况下是变化的,因此明确设计条件有时也是反复的过程。

(1)结构性能要求。

一般来说,体现结构性能的主要内容有:

①结构所能承受的各种载荷,确保在使用寿命内的安全;

②提供装置各种配件、仪器等附件的空间,对结构形状和尺寸有一定限制;
③隔绝外界的环境状态而保护内部物体。

结构的性能与结构质量有密切关系。在运输用的结构(如车辆、船舶、飞机、火箭等)中,若结构本身的质量轻,则运输效率就高;用于运输自重所消耗的无用功就少,特别是在飞机中,只要减轻质量,就能多运载旅客、货物和燃料,使效率提高。另一方面,对于在某处固定的设备结构,看起来它的自重不直接影响它的性能,实际上减重能提高经济效益。例如,在化工厂的处理装置中往往使用大型圆柱形结构,它的主要设计要求是耐腐蚀性,因此其结构质量将直接影响到圆柱壳体截面的静应力和由风、地震引起的动弯曲应力等,减轻质量就能起到减少应力腐蚀的作用,从而提高结构的经济效益。

此外,由于复合材料还可以具有功能复合的特点,因此对于某些结构物,在结构性能上还需满足一些特殊的性能要求。如上述化工装置要求耐腐蚀件,雷达罩、天线等要求有一定的电、磁方面性能,飞行器上的复合材料构件要求有防雷击的措施等。

(2)载荷情况。

结构承载分静载荷和动载荷。静载荷是指缓慢地由零增加到某一定数值以后保持不变或变动得不显著的载荷,这时构件的质量加速度及其相应的惯性力可以忽略不计。例如,固定结构物的自重载荷一般为静载荷。动载荷是指能使构件产生较大的加速度,并且不能忽略由此而产生的惯性力的载荷。在动载荷作用下,构件内所产生的应力称为动应力。例如,风扇叶片由于旋转时的惯性力将引起拉应力。动载荷又可分为瞬时作用载荷、冲击载荷和交变载荷。

瞬时作用载荷是指在几分之一秒的时间内,从零增加到最大值的载荷,如火车突然启动时所产生的载荷。冲击载荷是指在载荷施加的瞬间,产生载荷的物体具有一定的动能,如打桩机打桩。交变载荷是连续周期性变化的载荷,如火车在运行时各种轴杆和连杆所承受的载荷。

在静载荷作用下结构一般应设计成具有抵抗破坏和抵抗变形的能力,即具有足够的强度和刚度。在冲击载荷作用下应使结构具有足够抵抗冲击载荷的能力。而在交变载荷作用下的结构(或者使结构产生交变应力)疲劳问题较为突出,应按疲劳强度和疲劳寿命来设计结构。

(3)环境条件。

一般在设计结构时,应明确地确定结构的使用目的,要求完成的使命,明确它在保管、包装、运输等整个使用期间的环境条件,以及这些过程的时间和往返次数等,以确保在这些环境条件下结构的正常使用。为此,必须充分考虑各种可能的环境条件,一般为下列四种环境条件:

①力学条件:加速度、冲击、振动、声音等;
②物理条件:压力、温度、湿度等;
③气象条件:风雨、冰雪、日光等;
④大气条件:放射线、霉菌、盐雾、风砂等。

这里①和②是主要影响结构的强度和刚度,与材料的力学性能有关的条件,③和④是主要影响结构的腐蚀、磨损、老化等与材料的理化性能有关的条件。

一般来说，上述各种环境条件虽有单独作用的场合，但是受两种以上条件同时作用的情况更多一些。另外，两种以上条件之间不是简单相加的影响关系，而是复杂的相互影响，因此在环境试验时应尽可能接近实际情况，同时施加各种环境条件，例如，当温度与湿度综合作用时会加速腐蚀与老化。

分析各种环境条件下的作用与了解复合材料在各种环境条件下的性能，对于正确进行结构设计是很有必要的。除此之外，还应从长期使用角度出发，积累复合材料的变质、磨损、老化等长期性能变化的数据。

(4) 结构的可靠性与经济性

现代的结构设计，特别是飞机结构设计，对于设计条件往往还提出结构可靠性的要求，必须进行可靠性分析。结构的可靠性是指结构在所规定的使用寿命内，在给予的载荷情况和环境条件下，充分实现所预期的性能时结构正常工作的能力，这种能力用一种概率来度量称为结构的可靠度。由于结构破坏一般主要为静载荷破坏和疲劳断裂破坏，所以结构可靠性分析的主要方面也分为结构静强度可靠性和结构疲劳寿命可靠性。

结构强度最终取决于构成这种结构的材料强度，所以欲确定结构的可靠度，必须对材料特性作统计处理，整理出它们的性能分布和分散性的资料。

结构设计的合理性最终主要表现在可靠性和经济性两方面。一般来说，要提高可靠性就得增加初期成本，而维修成本是随可靠性增加而降低的，所以总成本最低时（即经济性最好）的可靠性为最合理，如图 4.2 所示。

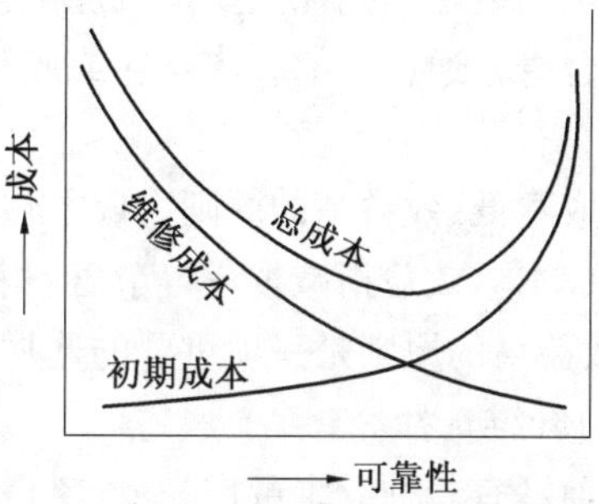

图 4.2　结构成本与可靠性的关系

4.2.2　材料设计

材料设计是指选用几种原材料组合制成具有所要求性能的材料的过程，原材料主要是指基体材料和增强材料。不同的原材料构成的复合材料将会有不同的性能，而且纤维的编织形式不同将会使与基体复合构成的复合材料的性能也不同。对于层合复合材料，由纤维和基体构成复合材料的基本单元是单层，而作为结构的基本单元（即结构材料）是由单层构成的复合材料层合板，因此，材料设计包括原材料选择、单层性能的确定和复合材料层合板设计。

1. 原材料的选择与复合材料性能

原材料的选择与复合材料的性能关系甚大，因此，正确选择合适的原材料才能得到需要的复合材料的性能。

(1) 原材料选择原则。

① 比强度、比刚度高的原则。对于结构物，特别是航空、航天结构，在满足强度、刚度、耐久性和损伤容限等要求的前提下，应使结构质量最轻。对于聚合物基复合材料，比强度、比刚度是指单向板纤维方向的强度、刚度与材料密度之比；然而，实际结构中的复合材料为多向层合板，其比强度和比刚度要比上述值低 30%～50%。

②材料与结构的使用环境相适应的原则。通常要求材料的主要性能在结构整个使用环境条件下,其下降幅值应不大于10%。一般引起性能下降的主要环境条件是温度,对于聚合物基复合材料,湿度也对性能有较大的影响,特别是在高温、高湿度的影响下会更大。聚合物基复合材料受温度与湿度的影响,主要是基体受影响的结果,因此,可以通过改进或选用合适的基体以达到与使用环境相适应的条件。通常,根据结构的使用温度范围和材料的工作温度范围对材料进行合理的选择。

③满足结构特殊性要求的原则。除了结构刚度和强度以外,许多结构物还要求有一些特殊的性能。如飞机雷达罩要求有透波性,隐身飞机要求有吸波性,客机的内装饰件要求阻燃性等。通常,为满足这些特殊性要求,要着重考虑合理地选取基体材料。

④满足工艺性要求的原则。复合材料的工艺性包括预浸料工艺性、固化成型工艺性、机加装配工艺性和修补工艺性四个方面。预浸料工艺性包括挥发物含量、粘性、高压液相色谱特性、树脂流出量、预浸料贮存期、处理期、工艺期等参数。固化成型工艺性包括加压时间带、固化温度、固化压力、层合板性能对固化温度和压力的敏感性、固化后构件的收缩率等。机加装配工艺性主要指机加工艺性。修补工艺性主要指已固化的复合材料与未固化的复合材料通过其他基体材料或胶粘剂黏结的能力。工艺性要求与选择的基体材料和纤维材料有关。

⑤成本低、效益高的原则。成本包括初期成本和维修成本,而初期成本包括材料成本和制造成本。效益指减重获得节省材料、性能提高、节约能源等方面的经济效益。因此成本低、效益高的原则是一项重要的选材原则。

(2)纤维选择。

目前已有多种纤维可作为复合材料的增强材料,如各种玻璃纤维、开芙拉纤维、氧化铝纤维、硼纤维、碳化硅纤维,碳纤维等,有些纤维已经有多种不同性能的品种。选择纤维时,首先要确定纤维的类别,其次要确定纤维的品种规格。

选择纤维类别,是根据结构的功能选取能满足一定的力学、物理和化学性能的纤维。

①若结构要求有良好的透波、吸波性能,则可选取 E 或 S 玻璃纤维、开芙拉纤维、氧化铝纤维等作为增强材料。

②若结构要求有高的刚度,则可选用高模量碳纤维或硼纤维。

③若结构要求有高的抗冲击性能,则可选用玻璃纤维、开芙拉纤维。

④若结构要求有很好的低温工作性能,则可选用低温下不脆化的碳纤维。

⑤若结构要求尺寸不随温度变化,则可选用开芙拉纤维或碳纤维。它们的热膨胀系数可以为负值,可设计成零膨胀系数的复合材料。

⑥若结构要求既有较大强度又有较大刚度时,则可选用比强度和比刚度均较高的碳纤维或硼纤维。

工程上通常选用玻璃纤维、开芙拉纤维或碳纤维作为增强材料。对于硼纤维,一方面由于其价格昂贵,另一方面由于它的刚度大和直径粗,弯曲半径大,成型困难,所以应用范围受到很大限制。表4.6列出了玻璃纤维、开芙拉49及碳纤维增强树脂复合材料的特点。

第4章 聚合物基复合材料

表4.6 几种纤维增强树脂的特点

项目	玻纤/树脂	开芙拉49/树脂	碳纤维/树脂
成本	低	中等	高
密度	大	小	中等
加工	容易	困难	较容易
抗冲击性能	中等	好	差
透波性	良好	最佳	不透电波,半导体性质
可选用形式	多	厚度规格较少	厚度规格较少
使用经验	丰富	不多	较多
强度	较好	比拉伸强度最高,比压缩强度最低	比拉伸强度高,比压缩强度最高
刚度	低	中等	高
断裂伸长率	大	中等	小
耐湿性	差	差	好
热膨胀系数	适中	沿纤维方向接近零	沿纤维方向接近零

除了选用单一纤维外,复合材料还可由多种纤维混合构成混杂复合材料。这种混杂复合材料既可以由两种或两种以上纤维混合铺层构成,也可以由不同纤维构成的铺层混合构成。混杂纤维复合材料的特点在于能以一种纤维的优点来弥补另一种纤维的缺点。

选择纤维规格,是按比强度、比刚度和性能价格比选取的。对于要求较高的抗冲击性能和充分发挥纤维作用时,应选取有较高断裂伸长率的纤维。关于各种纤维的比强度、比刚度、性能价格比和断裂伸长率列于表4.7中。

表4.7 各种纤维的比强度、比刚度、性能价格比和断裂伸长率

项目	E玻璃纤维	S玻璃纤维	芳纶纤维49	芳纶纤维149	氧化铝纤维	钨芯硼纤维	钨芯碳化硼纤维	钨芯碳化硅纤维	碳纤维T300	碳纤维celion 3000	碳纤维TM6	碳纤维T800	碳纤维T1000	高模量碳纤维P75	高模量碳纤维P75	高模量碳纤维CY70	高模量碳纤维P1000
比强度/GPa	0.67	1.04	1.9	1.93	0.35	1.41	1.64	0.98	1.74	1.83	2.69	3.11	3.9	1.0	1.36	0.95	0.99
比模量/GPa	29.6	32.1	85.5	119	97.4	161	160	135	130	132	170	163	162	250	288	264	328
强度价格比	—	0.22	0.11	0.007	0.007	0.013	0.021	0.015 5	0.153	—	—	—	—	—	—	0.033	0.037
模量价格比	—	6.67	4.96	—	1.9	2.0	2.0	2.13	8.51	—	—	—	—	—	—	3.5	1.03
断裂应变%	2.43	3.25	2.23	1.9	0.36	0.88	1.03	0.73	1.33	1.38	1.66	1.9	2.4	1.59	0.47	0.36	0.30

纤维有交织布形式和无纬布或无纬带形式。一般玻璃纤维或芳纶纤维采用交织布形式,而碳纤维两种形式都采用,一般形状复杂处采用交织布容易成型,操作简单,且交织布构成复合材料表面不易出现崩落和分层,适用于制造壳体结构。无纬布或无纬带构成的复合材料的比强度、比刚度大,可使纤维方向与载荷方向一致,易于实现铺层优化设计,另外材料的表面较平整光滑。

(3)树脂选择

目前可供选择的树脂主要有两类:一类为热固性树脂,其中包括环氧树脂、聚酰亚胺树脂、酚醛树脂和聚酯树脂;另一类为热塑性树脂,如聚醚砜、聚砜、聚醚醚酮、尼龙、聚苯二烯、聚醚酰亚胺等。

目前树脂基复合材料中用得最多的基体是热固性树脂,尤其是各种牌号的环氧树脂和聚酯树脂,它们有较高的力学性能,但工作温度较低,只能在−40～130 ℃范围内长期工作。某些牌号树脂的短期工作温度能达到150 ℃,由其构成的复合材料基本上能满足结构材料的要求,工艺性能好、成本低。对于需耐高温的复合材料,目前主要是用聚酰亚胺作为基体材料,它能在200～259 ℃温度下长期工作,短期工作温度可达350～409 ℃。加成型聚酰亚胺(如PMR-15)其耐高温性不如另一种缩合型聚酰亚胺(如NRl59B),但后者工艺性差,要求高温、高压成型。

玻璃纤维复合材料的基体一般采用不饱和聚酯树脂和环氧树脂,开芙拉49复合材料的基体主要是环氧树脂。内部装饰件常采用酚醛树脂,因为酚醛树脂具有良好的耐火性、自熄性、低烟性和低毒性。

树脂的选择要求如下:

①要求基体材料能在结构使用温度范围内正常工作。

②要求基体材料具有一定的力学性能。

③要求基体的断裂伸长率大于或者接近纤维的断裂伸长率,以确保发挥纤维的增强作用。

④要求基体材料具有满足使用要求的物理、化学性能,主要指吸湿性、耐介质、耐候性、阻燃性,低烟性和低毒性等。

⑤要求具有一定的工艺性,主要指粘性、凝胶时间、挥发分含量、预制带的保存期和工艺期、固化时的压力和温度、固化后的尺寸收缩率等。

2. 单层性能的确定

复合材料的单层是由纤维增强材料和树脂体组成的,它的性能(例如刚度和强度)往往不容易由所组成的材料性能来推定。简单的混合法则,即单层性能与体积含量呈线性关系的法则,仅适用于复合材料密度和单向铺层方向上的弹性模量等一类特殊情况的性能,而实际上,单层性能的上、下限不能简单地说成是由组成复合材料的原材料的性能确定的。例如,以任意热膨胀系数为正的基体材料所制成的复合材料,其某一方向上的热膨胀系数可能是正或负数。再如,在单向铺层中,与纤维成90°方向上的强度通常比基体的强度还低。然而设计的初期阶段,为了层合板设计、结构设计的需要必须提供必要的单层性能参数,特别是刚度、强度和强度参数。为此,通常是利用细观力学分析方法推得的预测公式确定的。而在最终设计阶段,一般为了单层性能参数的真实可靠,使设计更为合理,单层性能的确定需用试验的方法直接测定。

(1) 单层树脂含量的确定。

为了确定单层的性能,必须选取合适的纤维含量与树脂含量,即纤维和树脂的复合百分比,因此,一般根据单层的承力性质或单层的使用功能选取。具体的复合百分比可参考表4.8。

表4.8 单层树脂含量的选取

单层的功用	固化后树脂含量/%
主要承受拉伸、压缩、弯曲载荷	27
主要承受剪切载荷	30
用作受力构件的修补	35
主要用作外表层防机械损伤和大气老化	70
主要用作防腐蚀	70~90

在前面给出的刚度和强度的预测公式中,往往采用的是纤维体积分数 V_f 与质量分数之间的关系式,即

$$V_f = \frac{M_f}{M_f + \frac{\rho_f}{\rho_m} \cdot M_m} \tag{4.1}$$

式中 M_f、M_m——纤维、树脂的质量分数;

ρ_f、ρ_m——纤维、树脂密度。

另外,在最终设计阶段,一般为了单层性能参数的真实可靠,使设计更为合理,单层性能的确定需用试验的方法直接测定。试验可依据国家标准 GB 3354—1999"定向纤维增强塑料拉伸性能试验方法"和 GB 3355—2005"纤维增强塑料纵横剪切试验方法"等进行。

(2) 刚度的预测公式。

单向层的工程弹性常数预测公式和正交层的工程弹性常数预测公式见表4.9和表4.10。

表4.9 单向层的工程弹性常数预测公式

工程弹性常数	预测公式	说明
纵向弹性模量	$E_L = E_f V_f + E_m(1-V_f)$	此式基本上符合试验测定值
横向弹性模量	$E_T = \dfrac{E_f E_m}{E_m V_f + E_f(1-V_f)}$	按此式预测的值往往低于试验测定值,对此可改用修正公式 $\dfrac{1}{E_{T_1}} = \dfrac{V'_f}{E_f} + \dfrac{V'_m}{E_m}$ 式中 $V'_f = \dfrac{V_f}{V_f + \eta_f V_m}$;$V'_m = \dfrac{\gamma_T V_m}{V_f + \gamma_T V_m}$;$\gamma_T$ 由试验确定,对于玻璃/环氧可取用0.5

续表 4.9

工程弹性常数	预测公式	说明
纵向泊松比	$\eta L = \gamma_f V_f + \gamma_m (1-V_f)$	此式基本上符合试验测定值
横向泊松比	$\gamma_T = \gamma_L \dfrac{ET}{EL}$	此式为工程弹性常数之间的关系式
面内剪切弹性模量	$G_{LT} = \dfrac{G_f G_m}{G_m V_f + G_f(1-V_f)}$	按此式预测的值往往低于试验测定值,对此可使用修正公式 $\dfrac{1}{G_{LT}} = \dfrac{V'_f}{G_f} + \dfrac{V''_m}{G_m}$ 式中 $V'_f = \dfrac{V_f}{V_f + \eta_{LT} V_m}$;$V''_m = \dfrac{\eta_{LT} V_m}{V_f + \eta_T V_m}$;$\eta_T$ 根据试验确定,对于玻璃/环氧可取用 0.5

式中　E_f——纤维弹性模量;E_m——基体弹性模量;
　　　γ_f——纤维泊松比;γ_m——基体泊松比;
　　　G_f——纤维剪切弹性模量;G_m——基体剪切弹性模量;
　　　V_f——纤维体积含量

表 4.10　正交层的工程弹性常数预测公式

工程弹性常数	预测公式	说明
纵向弹性模量	$E_L = k\left(E_{L_1}\dfrac{n_L}{n_L+n_T} + E_{T_2}\dfrac{n_T}{2n+n_T}\right)$	将正交层看做两层单向层的组合,即经线和纬线分别作为单向层的组合。由于织物不平直使计算值小于实测值,故而采以小于 1 的折减系数,称为波纹影响系数
横向弹性模量	$E_T = k\left(E_{L_2}\dfrac{n_L}{n_L+n_T} + E_{T_1}\dfrac{n_T}{n_L+n_T}\right)$	同上说明
纵向泊松比	$\gamma_L = \gamma_{L_1} E_{T_1} \cdot \dfrac{n_L+n_T}{n_L E_{T_1} + n_T E_{L_2}}$	将正交层看做两层单向层的组合,即经线和纬线分别作为单向层的组合
横向泊松比	$\gamma_T = \gamma_L \cdot \dfrac{E_T}{E_L}$	采用正交各向异性材料的关系式
面内剪切弹性模量	$G_{LT} = k G_{L_1 T_1}$	正交层的剪切模量 G_{LT} 与具有相同纤维含量的单向层的剪切模量 $G_{L_1 T_1}$ 是一样的,k 为考虑波纹影响的折减系数

注:n_L、n_T——单位宽度的正交层中经向和纬向的纤维量,实际上只需知道两者的相对比例即可;
　　E_{L_1},E_{L_2}——经线和纬线作为单向层时纤维方向的弹性模量;
　　E_{T_1},E_{T_2}——经线和纬线作为单向层时垂直于纤维方向的弹性模量;
　　V_{L_1}——由经线作为单向层时的纵向泊松比;
　　$G_{L_1 T_1}$——由经线作为单向层时的面内剪切弹性模量;
　　k——波纹影响系数,取 0.90~0.95

(3)强度的预测公式。

纵向拉伸强度和纵向压缩强度的预测公式为

$$X_t = \begin{cases} \sigma_{f_{max}} V_f + (\sigma_m) \varepsilon_{f_{max}} (1-V_f) & (V_f \geq V_{f_{max}}) \\ \sigma_{mmax} (1-V_f) & (V_f \leq V_{f_{max}}) \end{cases}$$

$$V_{f_{max}} = \frac{\sigma_{mmax} - (\sigma_m) \varepsilon_{mmax}}{\sigma_{f_{max}} + \sigma_{mmax} - (\sigma_m) \varepsilon_{f_{max}}} \tag{4.2}$$

式中 $\sigma_{f_{max}}$——纤维的最大拉伸应力;

σ_{mmax}——基体的最大应力;

$(\sigma_a) \varepsilon_{f_{max}}$——基体应变等于纤维最大拉伸应变时的基体应力;

V_f——纤维体积含量;

$V_{f_{max}}$——强度由纤维控制的最小纤维体积含量。

$$X_c = \begin{cases} 2V_f \sqrt{\dfrac{V_f E_f E_m}{3(1-V_f)}} \\ \dfrac{G_m}{1-V_f} \end{cases} \tag{4.3}$$

式中 E_f——纤维弹性模量;

G_m——基体剪切弹性模量;

E_m——基体弹性模量;

V_f——纤维体积含量。

纵向压缩强度 X_c 取用由上述两公式计算所得值的小者。即使如此,一般由上述公式所得的预测值要高于实测值。实验证明,应将上式的 E_m 或 G_m 乘以小于 1 的修正系数 K。

3. 复合材料层合板设计

复合材料层合板设计又称为铺层设计,是根据单层的性能确定层合板中各铺层的取向、铺设顺序、各定向层相对于总层数的百分比和总层数(或总厚度)。

(1)层合板设计的一般原则。

①铺层定向原则。由于层合板铺层取向过多会造成设计工作的复杂化,目前多选择 0°、45°、90°和⊥45°四种铺层方向。如果需要设计成准各向同性的层合板,除了用[0/45/90/-45]层合板外,为了减少定向数,还可采用[60/0/60]层合板。

②均衡对称铺设原则。除特殊需要外,一般均设计成均衡对称层,以避免拉-剪、拉-弯耦合而引起的翘曲等变形。

③铺层取向按承载选取原则。如果承受拉(压)载荷,则使铺层的方向按载荷方向铺设;如果承受剪切载荷,则铺层按 45°方向成对铺设;如果承受双轴向载荷,则铺层按受载方向 0°、45°、90°正交铺设;如果承受多种载荷,则铺层按 0°、90°、⊥45°多向铺设,如图 4.3 所示。

④铺层最小比例原则。为避免基体承载,减少湿热应力,使复合材料与其相连接的金属泊松比相协调,以减少连接诱导应力等,对于方向为 0°、90°、⊥45°铺层,其任一方向的铺层最小比例为 6%~10%。

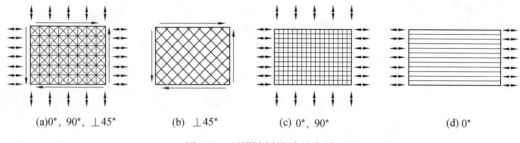

图 4.3　不同铺层设计示意图

（2）层合板设计方法。

各定向层百分比和总层数的确定，也即各定向层层数的确定，是根据对层合板设计的要求综合考虑确定的。一般，根据具体的设计要求，可采用等代设计法、网络设计法、毯式曲线设计法、主应力设计法、层合板排序设计法、层合板优化设计法等。

①等代设计法。等代设计法是复合材料问世初期的设计方法，也是目前工程复合材料中较多采用的一种设计方法。

等代设计法一般是指在载荷和使用环境不变的条件下，用相同形状的复合材料层合板来代替其他材料，并用原来材料的设计方法进行设计，以保证强度或刚度。由于复合材料比强度、比刚度高，所以代替其他材料一般可减轻质量。这种方法有时是可行的，有时却是不可行的，对于不受力或受力很小的非承力构件是可行的；对于受很大力的主承力构件是不可行的，而对于受较大力的次承力构件有时是可行的，有时是不可行的，因此需进行强度或刚度的校核，以确保安全可靠。

在这一设计方法中，复合材料层合板可以设计成准各向同性的，也可设计成非准各向同性的。究竟采用什么样的层合板结构形式，一般可按应力性质来选择。另外，在等代设计中，一般根据表 4.11 选择的层合板结构形式构成均衡对称的层合板作为替代材料。不要误认为等代设计法必须采用准各向同性层合板。

表 4.11　等代设计中供选择参考的层合板结构形式

受力性质	层合板结构形式	用途
承受拉伸载荷、压缩载荷，可承受有限的剪切载荷	（0/90/90/0）或（90/0/0/90）	用于主要应力状态为拉伸应力或压缩应力，或拉、压双向应力的构件设计
承受拉伸载荷、剪切载荷	（45/−45/−45/45）或（−45/45/45/−45）	用于主要应力为剪切应力的构件设计
承受拉伸载荷、压缩载荷、剪切载荷	（0/45/90/−45/−45/90/45/0）	用于面内一般应用力作用的构件设计
承受拉伸载荷、剪切载荷	（45/0/−45/−45/0/45）	用于拉伸应力和剪切应力，而剪切应力为主要应力的构件设计

对于有刚度和强度要求的等代设计,其各种层合板结构形式构成的实际层合板的刚度或强度校核,可根据所选单层材料的力学性能参数,利用层合理论进行计算。

还需指出由于复合材料独特的材料性质和工艺方法,有些情况下,如果保持原有的构件形状显然是不合理的,或者不能满足刚度或强度要求,因此可适当地改变形状或尺寸,但仍按原来材料的设计方法进行设计,这样的设计方法仍同等代设计的范畴。

②层合板排序设计法。层合板排序设计法,是基于某一类(即选定几种铺层角)或某几类层合板选取不同的定向层比所排成的层合板系列,以表格形式列出各个层合板在各种内力作用下的强度或刚度值,以及所需的层数,供设计选择。

层合板排序设计法需给出一系列层合板的计算数据,一般需用计算机实施。这种设计方法与网络设计法、毯子曲线设计法相比,后两者认为单独强度可叠加成复杂应力强度,因而在复杂应力状态下是不够合理的。而层合板排序设计法在复杂应力状态下是按复杂应力状态求其强度的。

在多种载荷情况下,必须用层合板排序设计法才有效。层合板排序设计法与选择的层合板种类有关,而层合板种类的多少将决定于计算机的容量和运算速度,因此不可能无限制地选择供层合板设计的层合板种数。

4.2.3 结构设计

复合材料结构设计除了具有包含材料设计内容的特点外,就结构设计本身而言,无论在设计原则、工艺性要求、许用值与安全系数确定、设计方法和考虑的各种因素方面都有其自身的特点,一般不完全沿用金属结构的设计方法。

1. 结构设计的一般原则

复合材料结构设计的一般原则,除已经讨论过的连接设计原则和层合板设计原则外,尚需要遵循满足强度和刚度的原则。满足结构的强度和刚度是结构设计的基本任务之一。由于材料特性和结构特性与金属有很大差别,所以复合材料结构在满足强度、刚度的原则上有别于金属结构。

①复合材料结构一般采用按使用载荷设计、按设计载荷校核的方法。

②按使用载荷设计时,采用使用载荷所对应的许用值称为使用许用值;按设计载荷校核时,采用设计载荷所对应的许用值,称为设计许用值。

③复合材料失效准则只适用于复合材料的单层。在未规定使用某一失效准则时,一般采用蔡-胡失效准则,且正则化相互作用系数未规定时也采用-0.50。

④有刚度要求的一般部位,材料弹性常数的数据可采用试验数据和平均值,而有刚度要求的重要部位需要选取 B 基准值。

2. 结构设计应考虑的工艺性要求

工艺性包括构件的制造工艺性和装配工艺性。复合材料结构设计时结构方案的选取和结构细节的设计对工艺性的好坏也有重要影响,主要应考虑的工艺性要求如下。

①构件的拐角应具有较大的圆角半径,避免在拐角处出现纤维断裂、富树脂、架桥(即各层之间未完全黏结)等缺陷。

②对于外形复杂的复合材料构件设计,应考虑制造工艺上的难易程度,可采用合理的分离面分成两个或两个以上构件;对于曲率较大的曲面应采用织物铺层;对于外形突变处

应采用光滑过渡；对于壁厚变化应避免突变，可采用阶梯形变化。

③结构件的两面角应设计成直角或钝角，以避免出现富树脂、架桥等缺陷。

④构件的表面质量要求较高时，应使该表面为贴膜面，或在可加均压板的表面加均压板，或分解结构件使该表面成为贴膜面。

⑤复合材料的壁厚一般应控制在 7.5 mm 以下。对于壁厚大于 7.5 mm 的构件，除必须采取相应的工艺措施以保证质量外，设计时应适当降低力学性能参数。

⑥机械连接区的连接板应尽量在表面铺贴一层织物铺层。

⑦为减少装配工作量，在工艺上可能的条件下应尽量设计成整体件工艺，并采用共固化工艺。

3. 许用值与安全系数的确定

许用值是结构设计的关键要素之一，是判断结构强度的基准，因此正确的确定许用值是结构设计和强度计算的重要任务之一，安全系数的确定也是一项非常主要的工作。

（1）许用值的确定。

①使用许用值的确定方法。

a. 拉伸时使用许用值的确定方法。拉伸时使用许用值取由下述三种情况得到的较小值。第一，开孔试样在环境条件下进行单轴拉伸试验，测定其断裂应变，并除以安全系数，经统计分析得出使用许用值。第二，非缺口试样在环境条件下进行单轴拉伸试验，测定其基体不出现明显微裂纹所能达到的最大应力值，经统计分析得出使用许用值。第三，开孔试样在环境条件下进行拉伸两倍疲劳寿命试验，测定其所能达到的最大应变值，经统计分析得出使用许用值。

b. 压缩时使用许用值的确定方法。压缩时使用许用值取由下述三种情况得到的较小值。第一，低速冲击后试样在环境条件下进行单轴压缩试验，测定其破坏应变，并除以安全系数，经统计分析得出使用许用值。第二，带销开孔试样在环境条件下进行单轴压缩试验，测定其破坏应变，并除以安全系数，经统计分析得出使用许用值。第三，低速冲击后试样在环境条件下进行压缩两倍疲劳寿命试验，测定其所能达到的最大应变值，经统计分析得出使用许用值。

c. 剪切时使用许用值的确定方法。剪切时使用许用值取由下述两种情况得到的较小值。第一，±45°层合板试样在环境条件下进行反复加载卸载的拉伸（或压缩）疲劳试验，并逐渐加大峰值载荷的量值，测定无残余应变下的最大剪应变值，经统计分析得出使用许用值。第二，±145°层合板试样在环境条件下经小载荷加卸载数次后，将其单轴拉伸至破坏，测定其各级小载荷 F 的应力-应变曲线，并确定线性段的最大剪应变值，经统计分析得出使用许用值。

②设计许用值的确定方法。设计许用值是在环境条件下的材料破坏试验结构进行数量统计后给出的。环境条件包括使用温度上限和1%水分含量（对于环氧类基体为1%）的联合情况。对破坏试验结果应进行分布检查（韦伯分布还是正态分布），并按一定的可靠性要求给出设计用值。

（2）安全系数的确定。

在结构设计中，为了确保结构安全工作，又应考虑结构的经济件，要求质量轻、成本低，因此，

在保证安全的条件下,应尽可能降低安全系数。选择安全系数时应考虑的主要因素有:

①载荷的稳定性。作用在结构上的外力,一般是经过力学方法简化或计算的,很难与实际情况完全相符。动载比静载应选用较大的安全系数。

②材料性质的均匀性和分散性。材料内部组织的非均质和缺陷对结构强度有度试验结果的分散性就越大,安全系数要选大些。

③理论计算公式的近似性。因为对实际结构经过简化或假设推导的公式,一般都是近似的,选择安全系数时要考虑到计算公式的近似程度。近似程度越大,安全系数应选取越大。

④构件的重要性与危险程度。如果构件的损坏会引起严重事故,则安全系数应取大些。

⑤加工工艺的准确性。由于加工工艺的限制或水平,不可能完全没有缺陷或偏差,因此工艺准确性差则应取安全系数大些。

⑥无损检验的局限性。

⑦使用环境条件。

通常,玻璃纤维复合材料可保守地取安全系数为3,民用结构产品也有取至10的。而对质量有严格要求的构件可取为2;对于硼/环氧、碳/环氧、Kevlar/环氧构件,安全系数可取1.5,对重要构件也可取2。由于复合材料构件在一般情况下开始产生损伤的载荷(即使用载荷)约为最终破坏的载荷(即设计载荷)的70%,故安全系数取1.5~2。

4. 结构设计应考虑的其他因素

其他因素有热应力、防腐蚀、防雷击、抗冲击等。

(1)热应力。

复合材料与金属零件连接是不可避免的。当使用温度与连接装配时的温度不同时,由于热膨胀系数之间的差异常常会出现连接处的翘曲变形。与此同时,复合材料与金属中会产生出温度变化引起的热应力。如果假定这种连接是刚性连接,并忽略胶接接头中胶粘的剪应变和机械连接接头中紧固件(铆钉或螺栓)的应变,则复合材料和金属构件中的热应力为

$$\left.\begin{array}{l}\sigma_c = \dfrac{(\alpha_m - \alpha_c)\Delta T E_m}{\dfrac{A}{A_m} + \dfrac{E_m}{E_c}} \\[2ex] \sigma_m = \dfrac{(\alpha_c - \alpha_m)\Delta T E_c}{\dfrac{A_m}{A_c} + \dfrac{E_c}{E_m}} \end{array}\right\} \quad (4.4)$$

式中 σ_c、σ_m——复合材料和金属材料中的热应力;

α_c、α_m——复合材料和金属材料的热膨胀系数;

E_c、E_m——复合材料和金属材料的弹性模量;

A_c、A_m——复合材料和金属材料的横截面面积;

ΔT——连接件使用温度与装配时温度之差。

通常 $a_m > a_c$,所以复合材料在温度升高时产生拉伸的热应力,而金属材料中产生压缩的应力,温度下降时正好相反。复合材料结构设计时,对于工作温度与装配温度不同的环境条件,不但要考虑条件对材料性能的影响,还要在设计应力中考虑这种热应力所引起的附加应力,确保在工作应力下的安全。例如,当复合材料工作应力为拉应力,而热应力也为

拉应力时,其强度条件应改为

$$\sigma_1 + \sigma_c \leq [\sigma]$$

式中　σ_1——根据结构使用载荷算得复合材料连接件的工作应力;

　　　σ_c——根据上式计算得到的热应力;

　　　$[\sigma]$——许用应力。

为了减小热应力,在复合材料连接中可采用热膨胀系数较小的钛合金。

(2) 防腐蚀。

玻璃纤维增强塑料是一种耐腐蚀性很好的复合材料,其广泛应用于石油和化工部门、制造各种耐酸、耐碱及耐多种有机溶剂腐蚀的贮罐、管道、器皿等。

这里所指的防腐蚀是指碳纤维复合材料与金属材料之间的电位差使得它对大部分金属都有很大的电化腐蚀作用,特别是在水或潮湿空气中,碳纤维的阳极作用而造成金属结构的加速腐蚀,因而需要采取某种形式的隔离措施以克服这种腐蚀。如在紧固件钉孔中涂漆或在金属与碳纤维复合材料表面之间加一层薄的玻璃纤维层(厚度约0.08 mm),使之绝缘或密封,从而达到防腐蚀的目的。对于胶接装配件可采用胶膜防腐蚀。另外,铁合金、耐蚀钢和镍合金等可与碳纤维复合材料直接接触连接而不会引起电化腐蚀。

玻璃纤维复合材料和开芙拉49复合材料不会与金属间引起电化学腐蚀,故不需要另外采取防腐蚀措施。

(3) 防雷击。

雷击是一种自然现象,碳纤维复合材料是半导体材料,它比金属构件受雷击损伤更加严重。这是由于雷击引起强大的电流通过碳纤维复合材料后会产生很大的热量使复合材料的基体热解,引起其机械性能大幅度下降,以致造成结构破坏。因此当碳纤维复合材料构件位于容易受雷击影响的区域时,必须进行雷击防护。如加铝箔或网状表面层或喷涂金属层等。在碳纤维复合材料构件边界装有金属元件也可以减小碳纤维复合材料构件的损伤程度,这些金属表面层应构成防雷击导电通路,通过放置的电刷来释放电荷。

玻璃纤维复合材料和开芙拉49复合材料在防雷击方面是相似的,因为它们的电阻和介电常数相近,它们都不导电,因而对内部的金属结构起不到屏蔽作用。因此要采用保护措施,如加金属箔、金属网或金属喷涂等,而不能采用结构中加金属蜂窝的方法。

大型民用复合材料结构,如冷却塔等,应安装避雷器来防雷击。

(4) 抗冲击。

冲击损伤是复合材料结构中所需要考虑的主要损伤形式,冲击后的压缩强度是评定材料和改进材料所需要考虑的主要性能指标。

冲击损伤可按冲击能量和结构上的缺陷情况分为三类:①高能量冲击,在结构上造成贯穿性损伤,并伴随少量的局部分层;②中等能量冲击,在冲击区造成外表凹陷,内表面纤维断裂和内部分层;③低能量冲击,在结构内部造成分层,而在表面只产生目视几乎不能发现的表面损伤。高能量冲击与中等能量冲击造成的损伤为可见损伤,而低能量冲击造成的损伤为难见损伤。

损伤会影响材料的性能,特别是会使压缩强度下降很多。因此在复合材料结构设计时,如果受有应力作用的构件,同时考虑低能量冲击载荷引起的损伤,则可通过限制设计的许用应变或许用应力的方法来考虑低能冲击损伤对强度的影响。从材料方面考虑,碳纤维复合材料的抗冲击性能很差,所以不宜用于易受冲击的部位。玻璃纤维复合材料与开芙拉49复合材料的抗冲击性能相类似,均比碳纤维复合材料的抗冲击性能好得多。因此常采用碳纤维和开芙拉纤维构成混杂纤维复合材料来改善碳纤维复合材料的抗冲击性能。另外,一般织物铺层构成的层合板结构比单向铺层构成的层合板结构的抗冲击性能好。

4.3 聚合物基复合材料成型加工技术

复合材料的性能在纤维与树脂体系确定后,主要决定于成型固化工艺。成型固化工艺包括两方面的内容,一是成型,就是将预浸料根据产品的要求,铺置成一定的形状,一般就是产品的形状。二是进行固化,就是使已铺置成一定形状的叠层预浸料,在温度、时间和压力等因素影响下使形状固定下来,并能达到预计的性能要求。

复合材料及其制件的成型方法,是根据产品的外形、结构与使用要求,结合材料的工艺性来确定的。从20世纪40年代聚合物基复合材料及其制件成型方法的研究与应用开始,随着聚合物基复合材料工业迅速发展和日渐完善,新的高效生产方法不断出现,已在生产中采用的成型方法有:

① 手糊成型——湿法铺层成型;
② 真空袋压法成型;
③ 压力袋成型;
④ 树脂注射和树脂传递成型(RTM);
⑤ 喷射成型;
⑥ 真空辅助树脂注射成型;
⑦ 夹层结构成型;
⑧ 模压成型;
⑨ 注射成型;
⑩ 挤出成型;
⑪ 连续纤维缠绕成型;
⑫ 拉挤成型;
⑬ 连续板材成型;
⑭ 层压或卷制成型;
⑮ 热塑性片状模塑料热冲压成型;
⑯ 离心浇铸成型。

上述⑨、⑩、⑮为热塑性树脂基复合材料成型工艺,分别适用于短纤维增强和连续纤维增强热塑性复合材料两类。

在这些成型方法中大部分方法使用已较普遍,本节仅做一般的介绍。随着科学技术的发展,复合材料及制件的成型工艺将向更完善更精密的方向发展。

4.3.1 手糊成型工艺

手糊成型工艺是聚合物基复合材料制造中最早采用和最简单的方法。图4.4为手糊成型工艺示意图。其工艺过程是先在模具上涂刷含有固化剂的树脂混合物,再在其上铺贴一层按要求剪裁好的纤维织物,用刷子、压辊或刮刀压挤织物,使其均匀浸胶并排除气泡后,再涂刷树脂混合物和铺贴第二层纤维织物,反复上述过程直至达到所需厚度为止。然后,在一定压力作用下加热固化成型(热压成型),或者利用树脂体系固化时放出的热量固化成型(冷压成型),最后脱模得到复合材料制品,其工艺流程如图4.5所示。

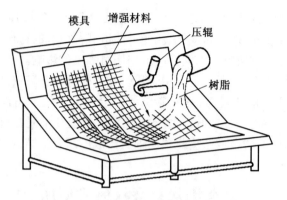

图 4.4　手糊成型工艺示意图

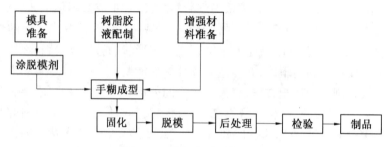

图 4.5　手糊成型工艺流程

手糊成型具有下列优点：
①手糊成型不受产品尺寸和形状限制,适宜尺寸大、批量小、形状复杂产品的生产。
②设备简单、投资少、设备折旧费低。
③工艺简便。
④易于满足产品设计要求,可以在产品不同部位任意增补增强材料。
⑤制品树脂含量较高,耐腐蚀性好。
手糊成型的缺点为：
①生产效率低,劳动强度大,劳动卫生条件差。
②产品质量不易控制,性能稳定性不高。
③产品力学性能较低。

1. 原材料选择

合理选择原材料是满足产品设计要求,保证产品质量,降低成本的重要前提。
(1)聚合物基体的选择。
选择手糊成型用树脂基体应满足下列要求：
①能在室温下凝胶、固化,并在固化过程中无低分子物产生。
②能配制成黏度适当的胶液,适宜手糊成型的胶液黏度为 $0.2 \sim 0.5\ \text{Pa} \cdot \text{s}$。
③无毒或低毒。
④价格便宜。
手糊成型工艺用树脂类型有不饱和聚酯树脂,用量约占各类树脂的 80%;其次是环氧树脂。目前在航空结构制品上开始采用湿热性能和断裂韧性优良的双马来酰亚胺树脂,以及耐

高温耐辐射和良好电性能的聚酰亚胺等高性能树脂,它们需在较高压力和温度下固化成型。

(2)增强材料的选择。

增强材料主要形态为纤维及其织物,它赋予复合材料以优良的机械性能。手糊成型工艺用量最多的增强材料是玻璃纤维及其织物,如无碱纤维、中碱纤维、有碱纤维、玻璃纤维无捻粗纱、短切纤维毡、无捻粗纱布、玻璃纤维细布和单向织物等,少量有碳纤维、芳伦纤维和其他纤维。

(3)脱模剂的选择。

为使制品与模具分离而附于模具成型面的物质称为脱模剂,它可以使制品顺利地从模具上取下来,同时保证制品表面质量和模具完好无损。

脱模剂分内、外脱模剂两大类。手糊成型用的是外脱模剂。常用的外脱模剂有:①薄膜型脱模剂:有聚酯薄膜、聚乙烯醇薄膜、玻璃纸等,其中聚酯薄膜用量较大。②混合溶液型脱模剂:此类脱模剂中聚乙烯醇溶液应用最多。③蜡型脱模剂:蜡型脱模剂(见表4.12)使用方便,省工省时省料,脱模效果好,价格也不高,因此得到最广泛的应用。

表4.12 蜡型脱模剂

编号	名称	产地
1	多次脱模蜡 M-0811	美国 Meguiars 公司
2	一次脱模蜡 M-08811	美国 Meguiars 公司
3	脱模蜡	日本竹内化成株式会社
4	多次脱模蜡	美国 FinishKare 公司
5	脱模蜡	常州助剂厂
6	脱模蜡	江阴第二合成化工厂

为了得到良好的脱模效果和理想的制品,常常同时使用几种脱模剂,这样可以发挥多种脱模剂的综合性能。

2. 手糊成型模具的设计与制造

模具是手糊成型工艺中唯一的重要设备。合理设计和制造模具是保证产品质量和降低成本的关键。手糊成型模具分单模和对模两类。单模又分阳模和阴模两种,如图4.6所示。无论单模和对模,又都可以根据需要设计成整体式或拼装式。拼装式模具是将模具设计成几块拼装,以保证结构复杂的制品脱模便利。

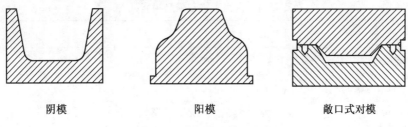

阴模　　　　　阳模　　　　　敞口式对模

图4.6 手糊成型模具分类

目前应用最普遍的模具材料是玻璃钢。玻璃钢模具制造方便,精度较高,使用寿命长,制品可加温加压成型;尤其适用于表面质量要求高,形状复杂的玻璃钢制品。随着高光洁度表面的玻璃钢制品要求量的不断增多,获得"镜面效果"的、高光泽度、高平整度手糊制品的玻璃钢模具制造技术已日益被人们所重视。可供选用的其他模具材料还有:木材、石膏-砂、石蜡、可溶性盐、低熔点金属、金属等。

3. 原材料准备

(1)胶液准备。

根据产品的使用要求确定树脂种类,并配制树脂胶液。胶液的工艺性是影响手糊制品质量的重要因素。胶液的工艺性主要指胶液黏度和凝胶时间。

①胶液黏度表征流动特性,对手糊作业影响大。黏度过高不易涂刷和浸透增强材料,黏度过低,在树脂凝胶前发生胶液流失,使制品出现缺陷。手糊成型树脂黏度控制在$0.2 \sim 0.8$ $Pa \cdot s$。黏度可通过加入稀释剂调节。环氧树脂,一般可加入$5\% \sim 15\%$(质量比)的邻苯二甲酸二丁酯或环氧丙烷丁基醚等稀释剂进行调控。

②凝胶时间指在一定温度条件下,树脂中加入定量的引发剂、促进剂或固化剂,从粘流态失去流动性,变成软胶状态的凝胶所需的时间。这是一项重要指标,一般通过合理的胶液配方来调控,即调变引发剂与促进刑的用量。有关聚酯凝胶时间与环境温度、促进剂用量关系可参考表4.13。

表4.13 不饱和聚酯树脂凝胶时间、环境温度、促进剂用量间关系

环境温度/℃	萘酸钴的苯乙烯溶液用量/%	凝胶时间/h
15~20	4	1~1.5
20~25	3~3.5	1~1.5
25~30	2~3	1~1.5
30~35	0.5~1.5	1~1.5
35~40	0.5~1	1~1.5

环氧树脂胶液使用胺类固化剂时凝胶时间短。常采用活性低的固化剂,如二甲基苯胺、二乙基丙胺、咪唑、聚酰胺等与伯胺类共用来调节凝胶时间。活性低的固化剂要求较高的反应温度,而伯胺类反应温度较高,二者共用,可利用伯胺反应的放热效应促进低活性固化剂反应,从而达到减少伯胺的用量,延长树脂凝胶时间,满足手糊作业时间的要求。

常用不饱和聚酯树脂和环氧树脂配方见表4.14和表4.15。

表4.14 常用不饱和聚酯树脂配方

原料	1	2	3	4	5
不饱和聚酯树脂	100	100	100	85	60
引发剂H(或M)	4(2)	4(2)		4(2)	4(2)
促进剂E	0.1~4	0.1~4		0.1~4	0.1~4
引发剂B			2~3		
促进剂D			4		

续表 4.14

原料	1	2	3	4	5
邻苯二甲酸二丁酯		5~10			
触变剂				15	40

注:引发剂 H——50%过氧化环己酮二丁酯糊;
　　引发剂 M——过氧化甲乙酮溶液(活性氧 10.8%);
　　引发剂 B——50%过氧化苯甲酰二丁酯糊;
　　促进剂 E——含 6%苯酸钴的苯乙烯熔液;
　　促进剂 D——10%二甲基苯胺的苯乙烯溶液。

表 4.15 常温固化环氧树脂配方

树脂种类	1	2	3	4	5	6	7	8	9	10	注
环氧树脂 E-51,44,42	100	100	100	100	100	100	100	100	100	100	
乙二胺	6~8										
三乙烯四胺		10~14									室温固化
二乙烯三胺			8~12								
多乙烯多胺				10~15							
间苯二胺					14~15						
间苯二甲胺						20~22					
酰胺基多元胺							40				低毒
120#								16~18			加热
590#									15~20		固化60 ℃
591#										20~25	12 h

(2)增强材料准备。

手糊成型所用增强材料主要是布和毡。为提高它们同基体的粘结力,增强材料必须进行表面处理。例如,含石蜡乳剂浸润剂的玻璃布需进行热处理或化学处理,贮运不受潮湿,不沾染油垢,使用前要烘干处理。裁剪布时,对于结构简单的制件可按模具型面展开图制成样板,按样板裁剪。对于结构形状复杂的制品,可将制品型面合理分割成几部分,分别制作样板,再照样板裁剪。

(3)胶衣糊准备。

胶衣糊是用来制作表面胶衣层的。胶衣树脂种类很多,例如耐水性、自熄性、耐热型、柔韧耐磨型等,应根据使用条件进行选择。

(4)手糊制品厚度与层数计算。

①制品厚度的预测。手糊制品厚度的计算式为

$$t = m \times k$$

式中　t——制品(铺层)厚度,nm;
　　　m——材料质量,kg/m²;

k——厚度常数,mm/(kg·m^{-2})(即每 1 kg/m² 材料的厚度)。

材料厚度常数 k 值见表 4.16。

表 4.16 材料厚度常数 k 值

性能	玻璃纤维 E 型,S 型,C 型	聚酯树脂	环氧树脂	填料-碳酸钙
密度 /(kg·m^{-3})	2.56,2.49,2.45	1.1,1.2,1.3,1.4	1.1,1.3	2.3,2.5,2.9
k /[mm·(kg·m^{-2})$^{-1}$]	0.691,0.402,0.408	0.909,0.837, 0.769,0.714	0.909,0.769	0.435,0.400,0.345

②铺层层数计算式为

$$n = \frac{A}{m_f(k_f + ck_r)}$$

式中 A——手糊制品总厚度,mm;

m_f——增强纤维单位面积质量,kg/m²;

k_f——增强纤维的厚度常数,mm/(kg·m^{-2});

k_r——树脂基体的厚度常数,mm/(kg·m^{-2});

c——树脂与增强材料的质量比;

n——增强材料铺层层数。

4. 糊制

(1)刷胶衣。

胶衣层不宜太厚或太薄,太薄起不到保护制品作用,太厚容易引起胶衣层龟裂。胶衣层厚度控制在 0.25~0.5 mm;或者用单位面积用胶量控制,即为 300~500 g/m²。

胶衣层通常采用涂刷和喷涂两种方法。涂刷胶衣一般为两遍,必须待第一遍胶衣基本固化后,才能刷第二遍。两遍涂刷方向垂直为宜。涂刷胶衣的工具是毛刷,毛要短、质地柔软。注意防止漏刷和裹入空气。

喷涂是采用喷枪进行的,喷枪口径为 2.5 mm 时,适宜的喷涂压力为 0.4~0.5 MPa(枪口压力)。压力过高、材料损耗增大;喷涂方向应与成型面垂直,均匀地按一定速度左右平行移动喷枪进行喷涂。喷枪与喷涂面距离应保持在 400~600 mm,距离太近,容易产生小波纹及颜色不均。

(2)结构层的糊制。

待胶衣层全部凝胶后,即可开始手糊作业,否则易损伤胶衣层。但胶衣层完全固化后再进行手糊作业,又将影响胶衣层与制品间的粘结。首先应铺放一层较柔软的增强材料,最理想的为玻璃纤维表面毡,形成一层富树脂层,既能增强胶衣层(防止龟裂),又有利于胶衣层与结构层(玻璃布)的结合,同时还可保护制品不受周围介质侵蚀,提高其耐候、耐水、耐腐蚀性能,具有延长制品使用寿命的功能。接着在模具上交替刷一层树脂、铺一层玻璃布,并要排除气泡,如此重复直到设计厚度。

(3)铺层控制。

对于外形要求高的受力制品,同一铺层纤维尽可能连续,切忌随意切断或拼接,否则将严重降低制品力学性能,但往往由于各种原因很难做到。铺层拼接的设计原则是,制品强度损失小,不影响外观质量和尺寸精度,施工方便。拼接的形式有搭接与对接两种,以对接为宜。对接式铺层可保持纤维的平直性、产品外形不发生畸变,并且制品外形和质量分布的重复性好。为不致降低接缝区强度,各层的接缝必须错开,并在接缝区多加一层附加布,如图4.7所示。

(4)铺层一次固化拼接。

由于各种原因不能一次完成铺层固化的制品,如厚度超过7 mm 的制品,若采用一次铺层固化,就会固化发热量大,导致制品内应力增大而引起变形和分层,于是,需两次拼接铺层固化。先按一定铺层锥度铺放各层玻璃布,使其形成"阶梯",并在"阶梯"上铺设一层无胶平纹玻璃布。固化后撕去该层玻璃布,以保证拼接面的粗糙度和清洁。然后再在"阶梯"面上对接糊制相应各层,补平阶梯面,二次成型固化,如图4.7所示。试验表明,铺层二次固化拼接的强度和模量并不比一次铺层固化的低。

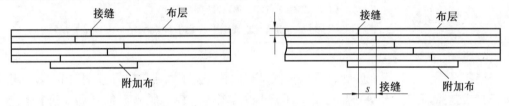

图4.7　各层接缝示意图

5. 固化

(1)不饱和聚酯树脂的固化。

欲使不饱和聚酯树脂的线形分子与交联剂变成体型结构,必须加入引发剂。引发剂是一种活性较大含有共价键的化合物,在一定条件下,它可以分解产生游离基,游离基是一种能量很高的活性物质。它能把双键打开,以游离基的聚合方式进行聚合,达到交联固化的目的。

在室温下引发剂不能分解出游离基(低于临界温度),故必须加促进剂。促进剂实为活性剂,它能促使引发剂在较低温度下分解产生大量游离基,降低固化温度,加快固化速度和减少引发剂用量。常用的促进剂有萘酸钴(含10%的苯乙烯溶液)和环烷酸钴,其用量在40%以内。

不饱和聚酯树脂固化是放热反应。聚酯树脂从粘流态转为不能流动的凝胶,最后转变为不溶不熔的坚硬固体的固化过程可分为三个阶段:凝胶阶段、定型阶段(硬化阶段)、熟化阶段(完全固化阶段)。通过宏观控制这三个阶段的微观变化,使制品性能达到要求。

(2)不饱和聚酯树脂固化工艺控制。

固化度表明热固性树脂固化反应的程度,通常用百分率表示。控制固化度是保证制品质量的重要条件之一。固化度越大,表明树脂的固化程度越高。一般通过调控树脂胶液中固化剂含量和固化温度来实现。对于室温固化的制品,都必须有一段适当的固化周期,才能充分发挥玻璃钢制品的应有性能。

手糊制品通常采用常温固化。糊制操作的环境温度应保证在15 ℃以上,湿度不高于80%。低温不利于不饱和聚酯树脂的固化。

制品在凝胶后,需要固化到一定程度才可脱模。常用的简单方法是测定制品巴柯硬度值。一般巴柯硬度达到15时便可脱模,而尺寸精度要求高的制品,巴柯硬度达到30时方可脱模。脱模后继续在高于15 ℃的环境温度下固化或加热处理。手糊聚酯玻璃钢制品一般在成型后24 h可达到脱模强度,脱模后再放置一周左右即可使用;但要达到最高强度值,则需要较长时间,详见表4.17。试验表明,聚酯玻璃钢的强度持续增长,一年后方能稳定。

表 4.17 聚酯玻璃钢室温固化时间与强度关系

性能	时间/d				
	5	10	15	20	25
拉伸强度/MPa	222.5	220.2	222.0	240.7	246.8
弯曲强度/MPa	133.2	94.2	128.5	178.0	176.7
原材料	(1)0.2 斜纹布经 350 ℃处理 (2)配方:树脂:过氧化甲乙酮:环烷酸钴=100∶2∶0.5				

6. 脱模、修整与装配

当制品固化到脱模强度时,便可进行脱模,脱模最好用木制工具(或铜、铝工具),避免将模具或制品划伤。大型制品可借助千斤顶、吊车等脱模。脱模后的制品要进行机械加工,除去毛边、飞刺,修补表面和内部缺陷。为了防止玻璃钢机械加工时的粉尘,可采用水或其他液体润滑冷却。装配主要是对大型制品而言,往往分几部分成型,机加工后要进行拼装,组装时可用机械连接或胶接。

4.3.2 模压成型工艺

1. 概 述

模压成型是一种对热固性树脂和热塑性树脂都适用的纤维复合材料成型方法。将定量的模塑料或颗粒状树脂与短纤维的混合物放入敞开的金属对模中,闭模后加热使其熔化并在压力作用下充满模腔,形成与模腔相同形状的模制品;再经加热使树脂进一步发生交联反应而固化,或者冷却使热塑性树脂硬化,脱模后得到复合材料制品。图 4.8 为模压成型示意图。

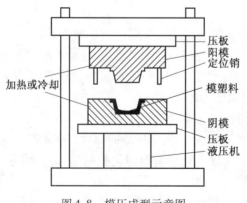

图 4.8 模压成型示意图

模压成型工艺是一种古老工艺技术,早在20世纪初就出现了酚醛塑料模压成型。模压成型工艺有较高的生产效率,制品尺寸准确,表面光洁。多数结构复杂的制品可一次成型,无需有损制品性能的二次加工,制品外观及尺寸的重复性好,容易实现机械化和自动化等优点。模压工艺的主要缺点是模具设计制造复杂,压机及模具投资高,制品尺寸受设备限制,一般只适合制造批量大的中、小型制品。

模压成型工艺已成为复合材料的重要成型方法,在各种成型工艺中所占比例仅次于手糊/喷射和连续成型,居第三位。模压制品主要用作结构件、连接件、防护件和电气绝缘等,广泛应用于工业、农业、交通运输、电气、化工、建筑、机械等领域。由于模压制品质量可靠,在兵器、飞机、导弹、卫星上也都得到了应用。

2. 模压料

主要介绍SMC、BMC及DMC三种最常用的模压料。

(1) 片状模塑料(SMC)。

SMC是用不饱和聚酯树脂、增稠剂、引发剂、交联剂、低收缩添加剂、填料、内脱模剂、着色剂等混合成树脂糊浸渍短切玻璃纤维粗纱或玻璃纤维毡,并在两面用聚乙烯膜包覆起来形成的片状模压成型材料。使用时,只需将两面的薄膜撕去,按制品的尺寸裁切、叠层、放入模具中加温加压,即得所需制品。

SMC是"干法"成型模压制品的模塑料。它与其他成型材料的根本区别在于其增稠作用,在浸渍玻璃纤维时体系黏度较低,浸透后黏度急速上升,达到并稳定在可供模压的黏度。用这种方法制成的模塑料,价格低廉、使用方便、工艺性能良好,能够用来压制不同规格、形状复杂的产品。用这种模塑料压制成的制品还具有一些比较突出的优点,例如尺寸稳定性好、机械强度高、表面光洁度好等。

SMC的组分配方,除需考虑制品性能上的要求外,还需考虑可模压性,即模压时应具有良好的均匀性和流动性,才能使树脂-增强材料-填料三者不分离,并且能充满模腔各部位。将吸收能力高的填料和吸收能力低的填料进行合理搭配,是解决均匀性与流动性的有效途径之一。表4.18给出三种类型SMC配方。

(2) 团状模塑料(DMC)和散状模塑料(BMC)。

团状模塑料(DMC)及散状模塑料(BMC)为预混模塑料,这类预混塑料主要是以聚酯为基体,因此,又可称为聚酯料团。以过增稠处理的聚酯料团称为散状模塑料。在成型方法上主要采用压制法,此外还可采用压铸法和注射法。

在此类预混料中,一般含有树脂系统(包括引发剂)、填料、增稠剂和增强材料四种主要成分,还含有脱模剂、着色剂等,通用配方见表4.19。

表 4.18　SMC 配方

配方	一般型	耐腐蚀型	低收缩型	制片时配比（质量比）
聚酯树脂/g	邻苯二酸型 100	间苯二酸型 100	邻苯二酸型 100	
过氧化苯甲酰叔丁酯/g	过氧化苯甲酰叔丁酯 1	过氧化苯甲酰叔丁酯 1		
低收缩添加剂/g	热塑性聚合物 0~10		热塑性聚合物 25~40	
填料/g	$CaCO_3$　70~120	$BaSO_4$　60~80	$CaCO_3$　120~180	
内脱模剂/g	硬脂酸亚铅 1~2	硬脂酸亚铅 1~2	硬脂酸亚铅 1~2	65%~75%
增稠剂/g	MgO（或 $Mg(OH)_2$），$Ca(OH)_2$　1~2	MgO（或 $Mg(OH)_2$），$Ca(OH)_2$　0.5~2	MgO（或 $Mg(OH)_2$），$Ca(OH)_2$　1~2	
颜料/g	2~5			
安定剂/g	适量	适量	适量	
玻璃纤维				25%~35%

表 4.19　DMC、BMC 常用配方

组分	质量分数/%
乙烯基甲苯聚酯树脂(标准型)	28.0
引发剂糊(50% BPO)	1.3(按树脂量计)
硬脂酸锌	1.0
浮选石棉(7TF-1)	7.0
碳酸钙、高岭土(单独或复合使用)	47.7
6.4 mm 长的玻璃纤维或剑麻增强材料	15.0
总计	100

3. 模压成型工艺

模压成型工艺流程图如图 4.9 所示。

(1)压制前准备。

①模压料预热和预成型。为了改善模压料的工艺性能，如增加流动性，便于装模和降低制品收缩率，要对模压料预先进行加热处理。同时提高模压料温度，可缩短固化时间，降低成型压力。经预热的模压料压制的制品，其理化性能和尺寸稳定性均有提高。

模压料预成型是将模压料在室温下预先压成与制品相似的形状，然后再进行压制。预成型操作可缩短成型周期，提高生产率及制品性能，一般在预混料模压制品批量生产中使

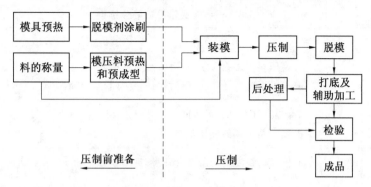

图 4.9 模压成型工艺流程

用多腔模具或特殊形状和要求的制品时采用。

②装料量的估算。为提高生产效率及确保制品尺寸,需进行准确地装料量计算。一般是预先进行粗略估算,然后经几次试压找出准确的装料量。装料量等于模压料制品的密度乘以制品的体积,再加上3%~5%的挥发物、毛刺等损耗。

③脱模剂的选用。在模压中采用外脱模剂和内脱模剂结合使用的办法。外脱模剂是在装料前直接涂刷在模具的成型面上,内脱模剂则作为模压料组分之一混合下模压料中。

(2)压制。

在模压过程中,物料宏观上历经粘流、凝胶和凝固三个阶段。微观上分子链由线型变成了网状体型结构,这种变化是以一定的温度、压力和时间为条件的。模压工艺的压制制度包含温度制度和压力制度。

①温度制度。包括装模温度、升温速度、最高温度、恒温、降温及后固化温度等。成型温度取决于树脂糊的固化体系、制品厚薄、生产效率和制品结构的复杂程度。制品厚度为25~35 mm时,其成型温度为135~143 ℃,而更薄的制品就可在170 ℃左右成型。一般认为,片状模塑料的成型温度为120~170 ℃,应避免在高于170 ℃下成型,否则在制品上会产生气泡,温度低于140 ℃,固化时间将增加,温度低于120 ℃时,不能确保基本的固化反应顺利进行。

②压力制度。主要包括成型压力、加压时机、放气等。成型压力随物料的增稠程度、加料面积、制品结构、形状、尺寸的不同而异。形状简单的制品,仅需1.5~3.0 MPa,形状复杂的制品,如带加强筋、翼、深拉结构等,成型压力可达14.0~21.0 MPa。另外,成型压力还与分模面、外观性能及平滑度有关。为了让模塑料有较充分的反应程度应把握好加压时机。由于在模压过程中常常有小分子物放出,必须及时放气,排出气体小分子。

③固化时间(即保温时间),一般按40 s/mm计算。

(3)模压制品常见缺陷分析。

模压制品常见缺陷分析见表4.20。

表4.20 模压制品常见缺陷分析

常见缺陷	原因分析
翘曲变形	a.模压料挥发物含量过多;b.制品结构设计不合理,厚薄变化悬殊;c.脱模温度过高;d.升温过快;e.脱模不当
裂纹	a.制品厚度不均,过渡曲率半径过小;b.脱模不当;c.模具设计不合理;d.新老料混用或配比不当
表面或内部起泡	a.模压料挥发物含量过大;b.模具温度过高、过低;c.成型压力小;d.放气不足
树脂集聚	a.模压料挥发分过大;b.加压过早;c.模压"结团"或互溶性差;d.纤维"结暑"
局部缺料	a.模压料流动性差;b.加压过迟;c.加料不足
局部纤维裸露	a.模压料流动性差;b.加压过早,树脂大量流动;c.装料不均,局部压力过大;d.纤维"结团"
表面凹凸不平、光洁度差	a.模压料挥发物含量过大;b.脱模剂过多;c.模压料互溶性差;d.装料量不足
脱模困难	a.模具设计不合理:配合过紧,无斜度等;b.顶出杆配置不好,受力不均;c.加料过多,压力过大;d.粘模
粘膜	a.脱模剂处理不当;b.局部无脱模剂;c.压制温度低,固化不完全;d.模具型腔表面粗糙;e.模压料挥发物含量过高

4.3.3 RTM成型工艺

树脂传递模塑(Resin Transfer Molding,RTM)是一种闭模成型工艺方法,其基本工艺过程为:将液态热固性树脂(通常为不饱和聚酯)及固化剂由计量设备分别从储桶内抽出,经静态混合器混合均匀,注入事先铺有玻璃纤维增强材料的密封模内,经固化、脱模后加工而成制品。图4.10为一个用RTM法生产汽车零件的过程图。

RTM与其他工艺的关系如图4.11所示。在图的中间和右上部位是RTM工艺,表明RTM工艺可以生产高性能、尺寸较大、高综合度、数量中等到大量的产品,所以说RTM工艺也是一种很有前途的工艺方法。

用RTM工艺的树脂系统主要是通用型不饱和聚酯树脂。增强材料一般以玻璃纤维为主,含量为25%~40%,常用的有玻璃纤维毡、短切纤维毡、无捻粗纱布、预成型坯和表面毡等。

RTM成型工艺与其他工艺相比具有下列特点:
①主要设备(如模具和模压设备等)投资少,即用低吨位压机能生产较大的制品;
②生产的制品两面光滑、尺寸稳定、容易组合;
③允许制品带有加强筋、镶嵌件和附着物,可将制品制成泡沫夹层结构从而获得最佳

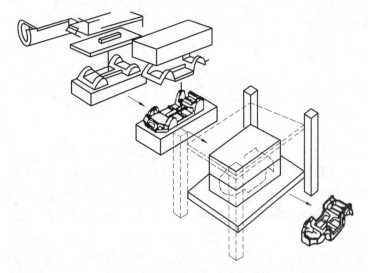

图 4.10 用 RTM 法生产汽车零件

结构;

④制造模具时间短(一般仅需几周),可在短期内投产;

⑤对树脂和填料的适用性广泛;

⑥生产周期短,劳动强度低,原材料损耗少;

⑦产品后加工量少;

⑧RTM 是闭模成型工艺,因而单体(苯乙烯)挥发少、环境污染小。

表 4.21 列举了 RTM 成型、SMC 模压成型和开模成型的复合材料的物理性能比较。

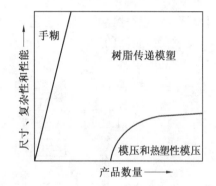

图 4.11 几种工艺的关系

表 4.21 RTM 成型、SMC 模压成型和开模成型的复合材料的物理性能

成型方法	RTM 成型		模压成型	开模成型			测试方法
增强材料种类	CM+WR		SMC(通用型)	CM	CM	WR	
玻璃纤维含量/%	26	30	31	28~30	30	39	48	GB 2577—81
巴氏硬度	44	44	41	45	40	42	45	GB 3854—83
拉伸强度/MPa	53	119	121	80~100	101	116	220	GB 1447—83
弯曲强度/MPa	125	184	201	160~200	184	245	240	GB 1449—83

4.3.4 喷射成型工艺

喷射成型一般是将分别混有促进剂和引发剂的不饱和聚酯树脂从喷枪两侧(或在喷枪内混合)喷出,同时将玻璃纤维无捻粗纱用切割机切断并由喷枪中心喷出,与树脂一起均匀沉积到模具上。待沉积到一定厚度,用手辊滚压,使纤维浸透树脂、压实并除去气泡,最后固化成制品。工艺流程如图 4.12 所示。

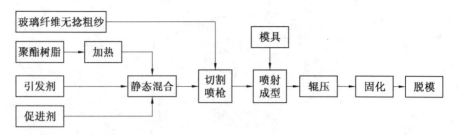

图 4.12 喷射成型工艺流程

喷射成型对所用的原材料有一定要求,例如树脂体系的黏度应适中,容易喷射、雾化、脱除气泡和浸润纤维,以及不带静电等。最常用的树脂是在室温或稍高温度下即可固化的不饱和聚酯等。喷射法使用的模具与手糊法类似,而生产效率可以提高数倍,劳动强度降低,能够制作大尺寸制品。用该方法虽然可以成型比较复杂形状的制品,但其厚度和纤维含量都较难精确控制,树脂含量一般在60%以上,孔隙率较高,制品强度较低,施工现场污染和浪费较大。利用喷射法可以制作大篷车车身、船体、广告模型、舞台道具、贮藏箱、建筑构件、机器外罩、容器、安全帽等。

4.3.5 连续纤维缠绕成型工艺

将浸过树脂胶液的连续纤维或布带,按照一定规律缠绕到芯模上,然后固化脱模成为增强塑料制品的工艺过程,称为缠绕工艺。缠绕工艺流程图如图4.13所示。

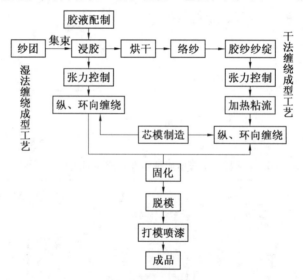

图 4.13 缠绕工艺流程图

利用连续纤维缠绕技术制作复合材料制品时有两种不同的方式可供选择:将纤维或带状织物浸渍树脂后缠绕在芯模上,或者先将纤维或带状织物缠好后再浸渍树脂。目前普遍采用前者。缠绕机类似一部机床,纤维通过树脂槽后,用轧辊除去纤维中多余的树脂。为改善工艺性能和避免损伤纤维,可预先在纤维表面涂覆一层半固化的基体树脂,或者直接使用预浸料。纤维缠绕方式和角度可以通过机械传动或计算机控制。缠绕达到要求厚度后,根据所选用的树脂类型,在室温或加热箱内固化、脱模便得到复合材料制品。图4.14

为湿法缠绕成型的工艺原理图。

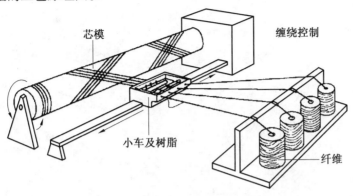

图 4.14　湿法缠绕成型的工艺原理图

利用纤维缠绕工艺制造压力容器时,一般要求纤维具有较高的强度和模量,容易被树脂浸润,纤维纱的张力均匀和缠绕时不起毛、不断头。所使用的芯模应有足够的强度和刚度,能够承受成型加工过程中各种载荷如缠绕张力、固化时的热应力、自重等,满足制品形状尺寸和精度要求以及容易与固化制品分离。常用的芯模材料有石膏、石蜡、金属或合金、塑料等,也可用水溶性高分子材料,如以聚烯醇作粘结剂粘结型砂制成芯模。

用连续纤维缠绕技术制造复合材料制品的优点包括:纤维按预定要求排列的规整度和精度高,通过改变纤维排布方式、数量,可以实现等强度设计,能在较大程度上发挥增强纤维抗张性能优异的特点。制品结构合理,比强度和比模量高,质量比较稳定和生产效率较高等。其主要缺点是设备投资费用大,只有大批量生产时才可能降低成本。连续纤维缠绕法适于制作承受一定内压的中空型容器,如固体火箭发动机壳体、导弹放热层和发射筒、压力容器、大型贮罐、各种管材等。近年来发展起来的异型缠绕技术,可以实现复杂横截面形状的回转体或断面为矩形、方形以及不规则形状容器的成型。

4.3.6　拉挤成型工艺

拉挤成型是将浸渍过树脂胶液的连续纤维束或带状织物在牵引装置作用下通过成型模定型,在模中或固化炉中固化,制成具有特定横截面形状和长度不受限制的复合材料型材(如管材、棒材、槽型材、工字型材、方型材等)。一般情况下,只将预制品在成型模中加热到预固化的程度,最后固化是在加热箱中完成的。图 4.15 为拉挤成型过程原理图。

拉挤成型中要求增强纤维的强度高、集束性好、不发生悬垂和容易被树脂胶液浸润。常用的如玻璃纤维、芳香族聚酰胺纤维、碳纤维以及金属纤维等。用作基体材料的树脂以热固性树脂为主,要求树脂的黏度低(最好是无溶剂型或反应溶剂型树脂)和适用期长,大量使用的如不饱和聚酯树脂和环氧树脂等,以耐热性较好、熔体黏度较低的热塑性树脂为基体的拉挤成型工艺也取得了很大进展。其拉挤成型的关键在于增强材料的浸渍,目前常用的方法有热熔涂覆法和混编法。热熔涂覆法是使增强材料通过熔融树脂槽,浸渍树脂后在成型模中冷却定型;混编法是按一定比例将热塑性聚合物纤维与增强材料混编织成带状、空芯状等几何形状的织物,通过热模时基体纤维熔化并浸渍增强材料,冷却定型后成为产品。

拉挤成型的生产效率高,便于实现自动化;制品中增强材料的含量一般为 40%～80%,

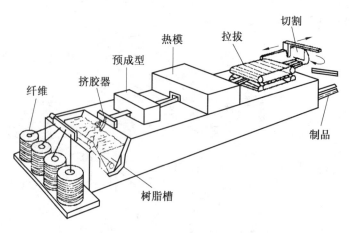

图 4.15 卧式拉挤成型过程原理图

能够充分发挥增强材料作用,制品性能稳定可靠;不需要或仅需要进行少量加工;生产过程中材质损耗少;制品的纵向和横向强度可任意调整,以适应不同制品的使用要求;其长度可根据需要定长切割。

拉挤制品的主要应用领域有:

①耐腐蚀领域。主要用于上、下水装置,工业废水处理设备、化工挡板、管路支梁以及化工、石油、造纸和冶金等工厂内的栏杆、楼梯、平台扶手等。

②电工领域。主要用于高压电缆保护管、电缆架、绝缘梯、绝缘杆、电杆、灯柱、变压器和电机的零部件等。

③建筑领域。主要用于门窗结构用型材、桁架、桥梁、栏杆、支架、天花板吊架等。

④运输领域。主要用于卡车构架、冷藏车厢、汽车笼板、刹车片、行李架、保险杆、船舶甲板、电气火车轨道护板等。

⑤运动娱乐领域。主要用于钓鱼竿、弓箭杆、滑雪板、撑竿跳杆、曲棍球辊、活动游泳池底板等。

⑥能源开发领域。主要用于太阳能收集器、支架、风力发电机叶片和抽油杆等。

⑦航空航天领域。如宇宙飞船天线绝缘管、飞船用电机零部件等。

目前,随着科学和技术的不断发展,正向着提高生产速度、热塑性和热固性树脂同时使用的复合结构材料和方向发展。生产大型制品,改进产品外观质量和提高产品的横向强度都将是拉挤成型工艺今后的发展方向。

4.3.7 挤出成型工艺

挤出成型工艺是热塑性复合材料的成型方法。

1. FRTP 挤出成型工艺

挤出成型主要包括加料、塑化、成型、定型四个过程。挤出成型需要完成粒料输运、塑化和在压力作用下使熔融物料通过机头口模获得所要求的断面形状制品。增强粒料在挤出机的挤出过程如图 4.16 所示。粒料从料斗进入挤出机的料筒,在热压作用下发生物理变化,并向前推进。由于滤板、机头和料筒阻力,使粒料压实、排除气,与此同时,外部热源与和物料摩擦热使料粒受热塑化,变成熔融固流态,凭借螺杆推力,定量地从机头挤出。

2. FRTP 管的挤出成型工艺

FRTP 管的成型条件与普通塑料管工艺基本相似,只是成型温度要提高 10~20 ℃。挤出机与物料接触的部件表面要求硬化处理,提高其耐磨性。挤管工艺流程如图 4.17 所示。

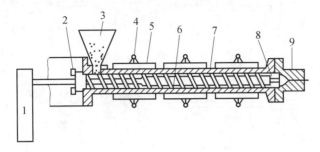

图 4.16 挤出成型示意图
1—转动机构;2—止推轴承;3—料斗;4—冷却系统;5—加热器;6—螺杆;7—机筒;8—滤板;9—机头口型

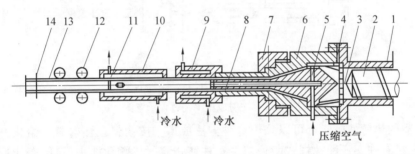

图 4.17 挤管工艺流程
1—机筒;2—螺杆;3—滤板;4—接口套;5—模心;6—机头;7—定位器;8—孔型;
9—定径套;10—冷却槽;11—塞和链;12—牵引装置;13—玻璃钢管;14—切断装置

物料在主机内塑化完全后,经滤板、分流器和孔型初步成型,经过定径套初步冷却定气,保证管材挤出后尺寸稳定。

4.3.8 注射成型工艺

注射成型是树脂基复合材料生产中的一种重要成型方法,它适用于热塑性和热固性复合材料,但以热塑性复合材料应用最广。

注射成型是根据金属压铸原理发展起来的一种成型方法。该方法是将颗粒状树脂、短纤维送入注射腔内加热熔化和混合均匀,并以一定的挤出压力注射到温度较低的密闭模具中,经过冷却定型后,开模便得到复合材料制品。整个过程包括加料、熔化、混合、注射、冷却硬化和脱模等步骤。加工热固性树脂时,一般是将温度较低的树脂体系(防止物料在进入模具之前发生固化)与短纤维混合均匀后注射到模具,然后再加热模具使其固化成型。注射成型工艺过程如图 4.18 所示。

在加工过程中,由于熔体混合物的流动会使纤维在树脂基体中的分布有一定的各向异性。如果制品形状比较复杂,则容易出现局部纤维分布不均匀或大量树脂富集区,影响材料的性能。因此,注射成型工艺要求树脂与短纤维的混合均匀,混合体系有良好的流动性,而纤维含量不宜过高,一般为 30%~40%。

注射成型法所得制品的精度高、生产周期短、效率较高、容易实现自动控制,除氟树脂

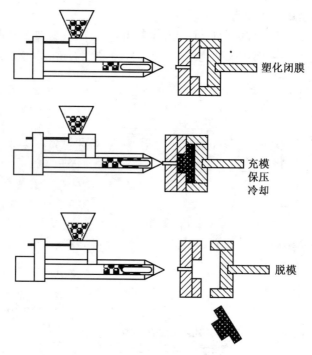

图 4.18 注射成型工艺过程示意图

外,几乎所有的热塑性树脂都可以采用这种方法成型。按物料在注射腔中熔化方式分类,常用的注射机有柱塞式和螺杆式两种。由于柱塞式注射机塑化能力较低、塑化均匀性差,注射压力损耗大及注射速度较慢等,已很少生产,现在普遍使用的是往复螺杆式注射机。

第 5 章　金属基复合材料

5.1　金属基复合材料的种类和性能

金属基复合材料的发展与现代科学技术和高技术产业的发展密切相关,特别是航空、航天、汽车以及先进武器系统的迅速发展对材料的要求越来越高;在结构材料方面,不但要求强度高,还要求其质量要轻,在航空航天领域尤其如此。金属基复合材料正是为了满足上述要求而诞生的,与传统的金属材料相比,它有较高的比强度与比刚度;而与树脂基复合材料相比,具有优良的导电性与耐热性;与陶瓷材料相比,具有高韧性和高冲击性能。这些优良的性能决定了它从诞生之日起就成了新材料家族中的重要一员,它已经在一些领域里得到应用并且其应用领域正在逐步扩大。

5.1.1　金属基复合材料的种类

金属基复合材料(Metal Matrix Composite,简称 MMC)是以金属及其合金为基体,与一种或几种金属或非金属增强相人工结合而成的复合材料。金属基复合材料品种较多,有多种分类方式,归纳起来主要为以下三种。

1. 按基体类型分类

该方式分类主要有铝基、镁基、钛基、镍基、铜基、铁基、金属间化合物基等复合材料,目前以铝基、镁基、钛基、镍基复合材料发展较为成熟。

①铝基复合材料。是金属基复合材料中应用得最广的一种,由于铝合金基体为面心立方结构,因此具有良好的塑性和韧性,同时具有易加工性、工程可靠性及价格低廉等优点,为其在工程上应用创造了有利的条件。在制造铝基复合材料时通常并不是使用纯铝而是用各种铝合金,这主要是由于与纯铝相比铝合金具有更好的综合性能,至于选择何种铝合金做基体则需要根据实际中对复合材料的性能需要来决定。

②镁基复合材料。以陶瓷颗粒、纤维或晶须作为增强体,可制成镁基复合材料,集超轻、高比强度、高比刚度于一身。该类材料比铝基复合材料更轻,具有更高的比强度和比刚度,将是航空航天方面的优选材料。比如美国海军部和斯坦福大学用箔冶金扩散焊接方法制备了 $Mg-Li/B_4C_p$ 复合材料,其比刚度较工业铁合金高 22%,屈服强度也有所提高,并具有良好的延展性。一些研究者预测,粉末法制作的硼颗粒 3.0%(体积)/Mg-6Li 复合材料在 250 ℃时比强度高于实验室快速凝固工艺制备的 Al-Fe-V-Si 合金。又如以碳化硅颗粒增强的镁基复合材料,其弹性模量提高了 40%,而其密度只有 2.0 g/cm³。

③钛基复合材料。钛比任何其他的结构材料具有更高的比强度,在中温时比铝合金能更好地保持其强度。因此,对飞机结构来说,当速度从亚音速提高到超音速时,钛比铝合金显示出了更大的优越性。随着速度的进一步加快,还需要改变飞机的结构设计,采用更细

长的机翼和其他翼型,为此需要高刚度的材料,而纤维增强钛恰可满足这种对材料刚度的要求。钛基复合材料中最常用的增强体是硼纤维,这是由于钛与硼的热膨胀系数比较接近,见表5.1。

表5.1 基体和增强体的热膨胀系数

基体	热膨胀系数/$10^{-6}℃^{-1}$	增强体	热膨胀系数/$10^{-6}℃^{-1}$
铝	23.9	硼	6.3
钛	8.4	涂SiC硼	6.3
铁	11.7	碳化硅	4.0
镍	11.3	氧化铝	8.3

④镍基复合材料。这种复合材料是以镍及镍合金为基体制造的。由于镍的高温性能优良,因此这种复合材料主要是用于制造高温下工作的零部件。人们研制镍基复合材料的一个重要目的,即是希望用它来制造燃汽轮机的叶片,从而进一步提高燃汽轮机的工作温度,但目前由于制造工艺及可靠性等问题尚未解决所以还未能取得满意的结果。

⑤铜基复合材料。随着航空航天、机械、电子工业的发展,对具有高导电、高导热和高强度复合材料需求越来越迫切。铜基复合材料的导电性和导热性与纯铜相近,并且比强度较高,具有良好的抗电弧侵蚀和抗磨损能力,应用前景非常广阔。常用的增强体主要有金属颗粒(如钢颗粒、钨颗粒等)和陶瓷颗粒(如 SiC、Al_2O_3、TiC、WC、ZrC、AlN 等)。连续碳纤维/铜基复合材料已经被广泛用于电子元件材料、滑动材料、集成电路散热装置以及耐磨器件等领域。有研究表明,SiC 纤维增强的铜基复合材料在中子辐射下的工作温度能高达500 ℃,从而显著提高核反应的效率,在未来的核聚变反应堆中可以作为热转移器的首选材料。

2. 按增强体类型分类

复合材料的增强体一般是具有高强度、高模量的非金属材料,如碳化硅、氧化铝、碳纤维、石墨,和硼纤维等。增强体类型又分为连续长纤维、短纤维、晶须、颗粒等。增强相还应具有良好的化学稳定性,并能够与基体金属相互配合,两者间具有良好的润湿性和相容性,获得材料的优良综合性能。

①颗粒增强复合材料。是指弥散的硬质增强相的体积超过20%的复合材料,而不包括那种弥散质点体积比很低的弥散强化金属。此外,这种复合材料的颗粒直径和颗粒间距很大,一般大于 1 μm。在这种复合材料中,增强相是主要的承载相,而基体的作用则在于传递载荷和便于加工。硬质增强相造成的对基体的束缚作用能阻止基体的屈服。颗粒复合材料的强度通常取决于颗粒的直径、间距和体积比,但基体性能也很重要。除此以外,这种材料的性能还对界面性能及颗粒排列的几何形状十分敏感。

②层状复合材料。是指在韧性和成型性较好的金属基体材料中含有重复排列的高强度高模量片层状增强物的复合材料。片层的间距是微观的,所以在正常的比例下,材料按其结构组元看,可以认为是各向异性的和均匀的。这类复合材料是结构复合材料,因此不包括各种包覆材料。

层状复合材料的强度和大尺寸增强物的性能比较接近,而与晶须或纤维类小尺寸增强物的性能差别较大。因为增强薄片在二维方向上的尺寸相当于结构件的大小,因此增强物中的缺陷可以成为长度和构件相同的裂纹的核心。

由于薄片增强的强度不如纤维增强相高,因此层状结构复合材料的强度受到了限制。然而,在增强平面的各个方向上,薄片增强物对强度和模量都有增强效果,这与纤维单向增强的复合材料相比具有明显的优越性。

③纤维增强复合材料。金属基复合材料中的纤维根据其长度的不同可分为长纤维、短纤维和晶须。长纤维又称为连续纤维,它对金属基体的增强方式可以以单向纤维、二维织物和三维织物存在,前者增强的复合材料表现出明显的各向异性特征,第二种材料在织物平面方向的力学性能与垂直于该平面的方向不同,而后者的性能基本是各向同性的。连续纤维增强金属基复合材料是指以高性能的纤维为增强体,金属或它们的合金为基体制成的复合材料。纤维是承受载荷的主要组元,纤维的加入不但大大改善了材料的力学性能,而且也提高了耐温性能。

短纤维和晶须是随机均匀地分散在金属基体中,因而其性能在宏观上是各向同性的;在特殊条件下,短纤维也可定向排列,如对材料进行二次加工(挤压)中。

基体的性能对复合材料横向性能和剪切性能的影响比对纵向性能更大。当韧性金属基体用高强度脆性纤维增强时,基体的屈服和塑性流动是复合材料性能的主要特征,但纤维对复合材料弹性模量的增强具有相当大的作用。

3. 按用途分类

①结构复合材料。主要用作承力结构,它基本上由增强体和基体组成,它具有高比强度、高比模量、尺寸稳定、耐热等特点。用于制造各种航空、航天、电子、汽车、先进武器系统等高性能构件,是目前应用最广、生产最多的金属基复合材料。

②功能复合材料。是指除力学性能外还有其他物理性能的复合材料,这些性能包括电、磁、热、声、力学(指阻尼,摩擦)等。该材料可用于电子、仪器、汽车、航空、航天、武器等领域。

5.1.2 金属基复合材料的性能

金属基复合材料的增强体主要有纤维、晶须和颗粒,这些增强体主要是无机物(陶瓷)和金属。无机纤维主要有碳纤维、硼纤维、碳化硅纤维、氧化铝纤维、氮化硅纤维等。金属纤维主要有铍、钢、不锈钢和钨纤维等。用于增强金属复合材料的颗粒主要是无机非金属颗粒,主要包括石墨、碳化硅、氧化铝、氮化硅、碳化钛、碳化硼等。

金属基复合材料的性能取决于所选用金属或合金基体和增强物的特性、含量、分布等。通过优化组合可以既具有金属特性,又具有高比强度、高比模量、耐热、耐磨等综合性能。

1. 高比强度、比模量

由于在金属基体中加入了适量的高强度、高模量、低密度的纤维、晶须、颗粒等增强物,明显提高了复合材料的比强度和比模量,特别是高性能连续纤维-硼纤维、碳(石墨)纤维、碳化硅纤维等增强物,具有很高的强度和模量。密度只有 1.85 g/cm^3 的碳纤维的最高强度可达到 7 000 MPa,比铝合金强度高出 10 倍以上,碳纤维的最高模量可达 91 GPa,硼纤维、碳化硅纤维密度为 $2.4 \sim 3.4 \text{ g/cm}^3$,强度为 3 500 ~ 4 500 MPa,模量为 350 ~ 450 GPa。在金属基体中加入 30% ~ 50% 的高性能纤维作为复合材料的主要承载体,复合材料的比强度、比模量成倍地提高。图 5.1 为典型的金属基复合材料与基体合金性能的比较。

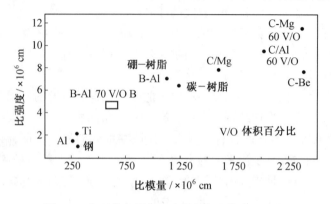

图 5.1　典型的金属基复合材料与基体合金性能

用高比强度、高比模量金属基复合材料制成的构件相对密度轻、刚性好、强度高，是航空、航天技术领域中理想的结构材料。

2. 导热、导电性能

金属基复合材料中金属基体占有很高的体积分数，一般在 60% 以上，因此仍保持金属所具有的良好导热和导电性。良好的导热性可以有效地传热，减少构件受热后产生的温度梯度和迅速散热，这对尺寸稳定性要求高的构件和高集成度的电子器件尤为重要。良好的导电性可以防止飞行器构件产生静电聚集的问题。

在金属基复合材料中采用高导热性的增强物还可以进一步提高金属基复合材料的热导率，使复合材料的热导率比纯金属基体还高。为了解决高集成度电子器件的散热问题，现已研究成功的超高模量石墨纤维、金刚石纤维、金刚石颗粒增强铝基、铜基复合材料的热导率比纯铝、铜还高，用它们制成的集成电路底板和封装件可有效迅速地把热量散去，提高集成电路的可靠性。

3. 热膨胀系数小、尺寸稳定性好

金属基复合材料中所用的增强物碳纤维、碳化硅纤维、晶须、颗粒、硼纤维等均具有很小的热膨胀系数，又具有很高的模量，特别是高模量、超高模量的石墨纤维具有负的热膨胀系数。加入相当含量的增强物不仅大幅度提高材料的强度和模量，也使其热膨胀系数明显下降，并可通过调整增强物的含量获得不同的热膨胀系数，以满足各种应用的要求。例如，石墨纤维增强镁基复合材料，当石墨纤维含量达到 48% 时，复合材料的热膨胀系数为零，即温度变化时使用这种复合材料做成的零件不发生变形。

通过选择不同的基体金属和增强物，以一定的比例复合在一起，可得到导热性好、热膨胀系数小、尺寸稳定性好的金属基复合材料。石墨/镁复合材料具有很高的尺寸稳定性和比模量。

4. 良好的高温性能

由于金属基体的高温性能比聚合物高很多，增强纤维、晶须、颗粒主要是无机物（如石墨、碳化硅、氧化铝、氮化硅等），在高温下又都具有很高的高温强度和模量，因此金属基复合材料比基体金属具有更高的高温性能，特别是连续纤维增强金属基复合材料，纤维在复合材料中起着主要承载作用,纤维强度在高温下基本不下降,纤维增强金属基复合材料的高温性能可保持到接近金属熔点,并比金属基体的高温性能高许多。如石墨纤维增强铝基复合材料在500 ℃高温下,仍具有600 MPa的高温强度,而铝基体在300 ℃强度已下降到100 MPa以下。又如钨纤维增强耐热合金,在1 100 ℃、100 h高温持久强度为207 MPa,而基体合金的高温持久强度只有48 MPa。因此金属基复合材料被选用在发动机等高温零部件上,可大幅度提高发动机的性能和效率。总之金属基复合材料做成的零部件比金属材料、聚合物基复合材料零件能在更高的温度下使用。

5. 良好的耐磨性

金属基复合材料,尤其是陶瓷纤维、晶须、颗粒增强金属基复合材料具有很好的耐磨性。这是因为在基体金属中加入了大量的陶瓷增强物,而陶瓷材料硬度高、耐磨性好、化学性质稳定,用它们来增强金属不仅提高了材料的强度和刚度,也提高了复合材料的硬度和耐磨性。比如碳化硅颗粒增强铝基复合材料的耐磨性比基体金属高出2倍以上;与铸铁比较,SiC_p/Al复合材料的耐磨性比铸铁还好。SiC_p/Al复合材料的高耐磨性在汽车、机械工业中具有重要应用前景,可用于汽车发动机、刹车盘、活塞等重要零件,能明显提高零件的性能和使用性能。

6. 良好的断裂韧性和抗疲劳性能

金属基复合材料的断裂韧性和抗疲劳性能取决于纤维等增强物与金属基体的界面结合状态、增强物在金属基体中的分布以及金属基体和增强物本身的特性,特别是界面状态,适中的界面结合强度既可有效地传递载荷,又能阻止裂纹的扩展,提高材料的断裂韧性。据美国宇航公司报道,C_f/Al复合材料的疲劳强度与拉伸强度比约为0.7。

7. 不吸潮、不老化、气密性好

与聚合物相比金属性质稳定、组织致密,不会老化、分解、吸潮等,也不会发生性能的自然退化,这比聚合物基复合材料好,在太空使用不会分解出低分子物质污染仪器和环境,有明显的优越性。

5.2 金属基复合材料的制造工艺

金属基复合材料品种繁多。多数制造过程是将复合过程与成型过程合为一体,同时完成复合与成型。由于基体金属的熔点、物理和化学性质不同,增强物的几何形状、化学、物理性质不同,应选用不同的制造工艺。现有的制造工艺有:粉末冶金法、热压法、热等静压法、挤压铸造法、共喷沉积法、液态金属浸渗法、液态金属搅拌法、反应自生法等。归纳起来可分成以下几大类:固态法、液态法和自生成法及其他制备法。

5.2.1 固态法

固态法是指在金属基复合材料中基体处于固态下制造金属基复合材料的方法。它是先将金属粉末或金属箔与增强物(纤维、晶须、颗粒等)按设计要求以一定的含量、分布、方向混合或排布在一起,再经加热、加压,将金属基体与增强体复合粘结在一起,形成复合材料。在其整个制造工艺过程中,金属基体与增强体均处于固态状态,其温度控制在基体合金的液相线与固相线之间,金属基体与增强物之间的界面反应不严重。粉末冶金法、固态扩散法、爆炸焊接法等均属于固态复合成型方法。

1. 粉末冶金法

粉末冶金法是用于制备与成型非连续增强型金属基复合材料的一种传统的固态工艺法。它是利用粉末冶金原理,将基体金属粉末和增强材料(晶须、短纤维、颗粒等)按设计要求的比例在适当的条件下均匀混合,然后再压坯、烧结或挤压成型,或直接用混合粉料进行热压、热轧制、热挤压成型,也可将混合料压坯后加热到基体金属的固-液相温度区内进行半固态成型,从而获得复合材料或其制件。

粉末冶金成型主要包括混合、固化、压制三个过程。粉末冶金工艺是:首先采用超声波或球磨等方法,将金属与增强体混匀,然后冷压预成型,得到复合坯件,最后通过热压烧结致密化复合材料成品,该工艺流程如图5.2所示。

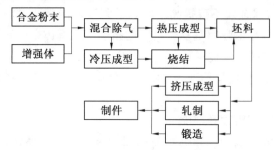

图5.2　粉末冶金法制备颗粒增强金属基复合材料的工艺流程

粉末冶金法的主要优点是:增强体与基体合金粉末有较宽的选择范围,颗粒的体积分数可以任意调整,并可不受到颗粒的尺寸和形状的限制,可以实现制件的少无切削或近净成型。不足之处是:制造工序繁多,工艺复杂,制造成本较高,内部组织不均匀,存在明显的增强相富集区和贫乏区,不易制备形状复杂、尺寸大的制件。目前,美国Lockheed(洛克希德公司)、G.E(通用动力)、Northrop(诺斯罗普公司)、DEA公司和英国的BP公司等已能批量生产SiC和Al_2O_3颗粒增强的铝基复合材料。

2. 固态扩散法

固态扩散法是将固态的纤维与金属适当的组合,在加压、加热条件下,使它们相互扩散结合成复合材料的方法。固态扩散法可以一次制成预制品、型材和零件等,但一般主要是应用于预制品的进一步加工制造。该方法制造连续纤维增强金属基复合材料主要有两步:第一步,先将纤维或经过预浸处理的表面涂覆有基体合金的复合丝与基体合金的箔片有规则地排列和堆叠起来;第二步,通过加热、加压使它们紧密的扩散结合成整体。固态扩散结合法制备金属基复合材料主要有热压扩散法、热等静压法、热轧法、热拉拔和热挤压等。

(1)热压扩散法。

热压扩散法是制备和成型连续纤维增强金属基复合材料及其制件的典型方法之一。其工艺过程一般为:先将经过预处理的连续纤维按设计要求在某方向堆垛排列好,用金属箔基体夹紧、固定,然后将预成型层合体在真空或惰性气体中加热至基体熔点以下,进行热加压,通过扩散焊接的方式实现材料的复合化合成型,其制造过程如图5.3所示。

热压扩散法的特点是:利用静压力使金属基体产生塑性变形、扩散而焊合,并将增强纤维固结在其中而成为一体。复合材料的热压温度比扩散焊接高,但是也不能过高,以免纤

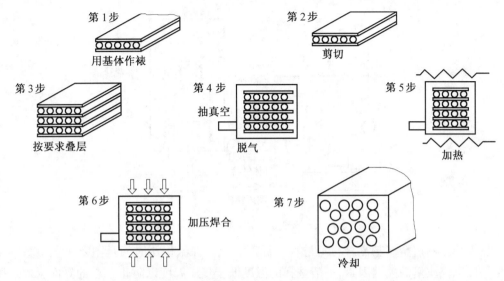

图 5.3　热压法制备金属基复合材料工艺过程

维与基体之间发生反应影响材料的性能,一般控制在稍低于基体合金的固相线以下。有时也为了能更好地使材料复合,将纤维用易挥发黏结剂贴在金属箔上制得预制片,希望有少量的液相存在,温度控制在固相线与液相线之间。对于压力的选择,可以在较大范围内变化,但是过高也容易损伤纤维,一般控制在 10 MPa 以下。压力的选择与温度有关,温度高,则压力可适当降低,时间在 10～20 min 即可。但是,为了得到性能良好的金属基复合材料,同时要防止界面反应,就要控制温度的上限。例如,W 芯的 B 纤维为 803 K,SiC 或 B_4C 涂覆的 W 芯 B 纤维为 873 K。而 SiC 纤维在 973 K 也不与 Al 反应而影响复合材料的强度,热稳定性好。

对于热压法制造纤维增强金属基复合材料的条件,因所用的材料的种类、部件的形状等不同而有所不同。对于其纤维的热稳定性好时,可以将基体金属加热到固相线以上半固态成型,这样可以不用高压和不用大型压力机,因而设备规模也就小了,制造成本将有所降低。如用涂层为 B_4C 的 B 纤维增强的 6061 铝合金复合材料,在加热温度为 883 K,其温度是在 6061 铝合金的固相线以上 15 K,用 1.4～2.7 MPa 的低压就能够成型。此外,对热压稳定性好的表面涂覆的 B 和 SiC 纤维可用于增强钛合金,用纯 Ti 和 Ti6Al4V 等箔材制造半固化带,在 1 170 K,其用压力为 10 MPa 就能成型。热压法适用于用较粗直径的纤维(如 CVD 法制成的硼纤维、SiC 纤维)与纤维束丝的预制丝增强铝基及钛基复合材料的制造,或应用于钨丝/铜等复合材料的制造。

(2)热等静压法。

热等静压法也是热压的一种,用惰性气体加压,工件在各个方向上受到均匀压力的作用。热等静压的工作原理及设备如图 5.4 所示,即在高压容器内设置加热器,将金属基体(粉末或箔)与增强材料(纤维、晶须、颗粒)按一定比例混合或排布后,或用预制片叠层后放入金属包套中,抽气密封后装入热等静压装置中加热、加压,复合成金属基复合材料。热等静压装置的温度可为几百度到 2 000 ℃,工作压力可高达 100～200 MPa。

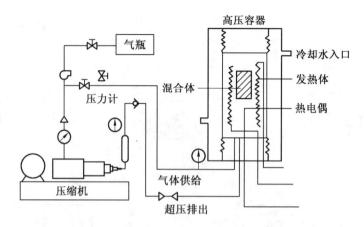

图 5.4 热等静压法工作原理和设备简图

热等静压制造金属基复合材料过程中温度、压力、保温保压时间是主要工艺参数。温度是保证工件质量的关键因素,一般选择的温度低于热压温度以防止严重的界面反应。压力根据基体金属在高温下变形的难易程度而定,易变形的金属压力选择低一些,难变形的金属则选择较高的压力。保温保压时间主要根据工件的大小来确定,工件越大保温时间越长,一般为 30 min 到数小时。热等静压法工艺有三种:

①先升压后升温。其特点是无需将工作压力升到最终所要求的最高压力,随着温度升高,气体膨胀、压力不断升高直至达到需要压力,这种工艺适合于金属包套工件的制造。

②先升温后升压。此工艺对于用玻璃包套制造复合材料比较合适,因为玻璃在一定温度下软化,加压时不会发生破裂,又可有效传递压力。

③同时升温升压。这种工艺适合于低压成形、装入量大、保温时间长的工件制造。

(3)热轧、热挤压和热拉拔技术。

热轧法主要用来将已复合好的颗粒、晶须、短纤维增强金属基复合材料锭坯进一步加工成板材;也可将由金属箔和连续纤维组成的预制片制成板材,如铝箔与硼纤维、铝箔与钢丝。为了提高粘结强度,常在纤维上涂银、镍、铜等涂层,轧制时为了防止氧化常用钢板包覆。与金属材料的轧制相比,长纤维/金属箔轧制时每次的变形量小,轧制道次多。对于颗粒或晶须增强金属基复合材料板材,先经粉末冶金或热压成坯料,再经热轧成复合材料板材,适用的复合材料有 SiC_p/Al、SiC_p/Cu、Al_2O_{3w}/Al、Al_2O_{3w}/Cu 等。

热挤压和热拉拔主要用于颗粒、晶须、短纤维增强金属基复合材料坯料的进一步加工,制成各种形状的管材、型材、棒材等。经挤压、拉拔后复合材料的组织变得均匀,缺陷减少或消除,性能明显提高,短纤维和晶须还有一定的择优取向,轴向抗拉强度提高很多。

热挤压和热拉拔对制造金属丝增强金属基复合材料是很有效的方法,具体做法是在基体金属坯料上钻长孔,将增强金属制成棒放入基体金属的孔中,密封后进行热挤压或热拉,增强金属棒变成丝。也有将颗粒或晶须与基体金属粉末混匀后装入金属管中,密封后直接热挤压或热拉拔成复合材料管材或棒材。

热挤压和热拉拔技术适应于制造 C/Al、Al_2O_3/Al 复合材料棒材和管材等,常用的增强材料为 B、SiC、W 等,常用的基体金属有 Al 等。

3. 爆炸焊接法

爆炸焊接法是利用炸药爆炸产生的强大脉冲应力,通过使碰撞的材料发生塑性变形、粘结处金属的局部扰动以及热过程使材料焊接起来。如果用金属丝作增强材料,应将其固定或编织好,以防其移位或卷曲。基体和金属丝在焊前必须除去表面的氧化膜和污物。

爆炸焊接用底座材料的质量起着重要作用,底座材料的密度和隔声性能应尽可能与复合材料接近。用放在碎石层或铁屑层上的金属板作底座,可得到高质量的平整的复合板。

爆炸焊接的特点是作用时间短,材料的温度低,不必担心发生界面反应。用爆炸焊接可以制造形状复杂的零件和大尺寸的板材,需要时一次作业可得多块复合板。此法主要用来制造金属层合板和金属丝增强金属基复合材料,例如钢丝增强铝、钼丝或钨丝增强钛、钨丝增强镍等复合材料。

5.2.2 液态法

液态法是金属基体处于熔融状态下与固体增强物复合成材料的方法。金属在熔融态流动性好,在一定的外界条件下容易进入增强物间隙。为了克服液态金属基体与增强物浸润性差的问题,可用加压浸渗。金属液在超过某一临界压力时,能渗入增强物的微小间隙,而形成复合材料。也可通过在增强物表面涂层处理使金属液与增强物自发浸润,如在制备 Cr/Al 复合材料时用 Ti-B 涂层。液态法制造金属基复合材料时,制备温度高,易发生严重的界面反应,有效控制界面反应是液态法的关键。液态法可用来直接制造复合材料零件,也可用来制造复合丝、复合带、锭坯等作为二次加工成零件的原料。铸造法、熔融金属浸渗法、真空压力浸渍法、喷射沉积法等都属于液态法。

1. 铸造法

在铸造生产中,用大气压力铸造法难以得到致密的铸件时,常采用真空铸造法和加压铸造法。加压铸造法可按加压手段和所加压力的大小分类,见表 5.2。金属基复合材料制造中,为了使金属液能充分地浸渗到预成型体纤维间隙内,制得致密铸件,常用的铸造法有高压凝固铸造法和压法,包括高压凝固铸造法,真空吸铸法,搅拌铸造法和压力铸造法等。

表 5.2 加压铸造法分类

分类	方法	压力/MPa	适用金属
加压浇筑法	压铸	50~100	Al,Zn,Cu
	低压铸造	0.03~0.07	Al
加压凝固法	高压凝固铸造	50~200	Al,Cu
	气体加压	0.5~1	Al,Cu
	离心铸造	相当于1~2	Fe,Cu,Al

① 高压凝固铸造法。是将纤维与粘结剂制成的预制件放在模具中加热到一定温度,再将熔融金属液注入模具中,迅速合模加压,使液态金属以一定的速度浸透到预制件中,而其中的粘结剂受热分解除去,经冷却后得到复合材料制品。为了避免气体和杂质等的污染,要求整个工艺过程都在真空条件下进行。由于纤维与熔融的金属基体所处在高温时间短,因此纤维与基体之间的界面反应层厚度较小,制得的金属基复合材料性能也不会受到

大的影响。此外,这种方法可用于加工形状复杂的制品。如果其温度与压力控制适当,可以制备出其致密性好而又不损坏纤维的金属基复合材料。

②真空吸铸法。是我国设计出的一种制造碳化硅纤维增强铝基复合材料的新工艺。它是在铸型内形成一定负压条件,使液态金属或颗粒增强金属基复合材料自下而上吸入型腔凝固后形成固件的工艺方法。

以 SiC/Al 复合材料为例,说明真空吸铸法的工艺过程:将用化学沉积法(CVD)制备的碳化硅纤维(以甲基三氯硅烷为反应气体,利用 CVD 技术在钨丝上沉积碳化硅而制成的纤维)装入钢管中,钢管的一端用铝塞密封,另一端连接真空系统。在真空条件下,将装有纤维的钢管部位预热到高温,然后将带有铝塞的一端插入熔融的铝液中,铝塞将立即熔化,而铝液被吸入钢管中渗透到纤维。冷却后用硝酸腐蚀掉钢管,制成复合材料。该方法不但简单,而且提供了极为有利的润湿条件:纤维是在真空下预热至高温,无空气阻碍铝液的渗透,并可活化纤维的表面;密封塞在铝液深处熔化,吸入铝液后的浸润过程中无氧化膜干扰。例如,以 Al-10%Si 合金为基体时,700~750 ℃的吸铸温度即可使得 CVD 法碳化硅纤维在较短时间内完成浸润,对纤维的损伤很少,所得到的棒材的拉伸强度可达到 1 600~1 700 MPa。对于纺织成型的碳化硅纤维,由于润湿性较差,单靠真空吸铸的方法不能使纤维很好的浸润,一般需要施加一定压力。

③搅拌铸造法。搅拌铸造法是最早用于制备颗粒增强金属基复合材料的一种弥散混合铸造工艺。搅拌铸造有两种方式:一种是在合金液高于液相线温度以上进行搅拌,称为液态搅拌;另一种是当合金液处于固相线和液相线之间时进行搅拌,称为半固态搅拌铸造法。无论哪种方式,其基本原理都是在一定条件下,对处于熔化和半熔化状态的金属液,施加以强烈的机械搅拌,使其能形成高速流动的旋涡,并导入增强颗粒,使颗粒随旋涡进入基体金属液中,当在搅拌力作用下增强颗粒弥散分布后浇筑成型。该工艺受搅拌温度、时间、速度等因素影响较大。同时,还必须考虑增强颗粒与基体润湿性和反应性,防止搅拌过程中基体的氧化和卷入气体。搅拌铸造颗粒增强金属基复合材料工艺过程如图 5.5 所示。

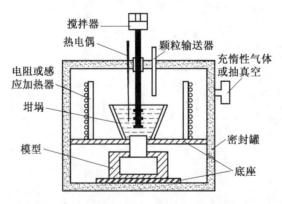

图 5.5 搅拌铸造颗粒增强金属基复合材料工艺过程

最早采用搅拌法制备金属基础复合材料的是 Surappa 和 Rohtgi。随后,人们对此铸造方法进行了不断的改进,例如,在搅拌方式上开发的有高能超声法、磁力搅拌法、复合铸造法等。

搅拌铸造法的优点在于工艺简单,效率高,成本低,铸锭可重熔进行二次加工,是一种实现商业化规模生产的颗粒增强金属基复合材料的制备技术。但是,由于该方法存在颗粒与金属液之间比重的偏差,因此容易造成密度偏析,凝固时形成枝晶偏析,造成颗粒在基体合金中分布不均倾向。另外,颗粒的尺寸和体积分数也受到一定的限制,颗粒尺寸一般大于 10 μm,体积分数小于 25%。

④压力铸造法。压力铸造法是制备颗粒、晶须或短纤维增强金属基复合材料比较成熟的工艺,包括挤压铸造、低压铸造和真空铸造等。其原理是:在压力作用下,将液态金属浸入增强体预制块中,制成复合材料坯锭,再进行二次加工。对于尺寸较小、形状简单的制件,也可一次实现工件形状的铸造。压力铸造装置如图 5.6 所示。

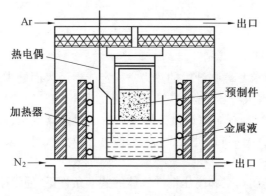

图 5.6 压力铸造装置

对压力铸造法,其主要的影响因素有:压力模具和预制块的预热温度、预制块中颗粒的体积分数、颗粒尺寸、颗粒的表面性质、加压速度和浸渗压等。该工艺的特点是:工艺简单、对设备要求低,压铸浸渗时间短,通过快速冷却可减轻或消除颗粒与基体的界面反应,同时可降低材料的孔隙率,对形状简单工件可实现工件形状的成型。其不足是:对模具的要求较高,在压铸浸渗压力作用下预制块容易发生变形,难以制备形状复杂的制件。日本的丰田公司、德国的 Mahle 公司和英国的 Schmidt 公司都已利用该技术进行生产,已经成功制备出 Al_2O_3 短纤维增强的铝基复合材料,用于汽车发动机的活塞。

2. 熔融金属浸渗法

熔融金属浸渗法是通过纤维或纤维预制件浸渍熔融态金属而制成金属基复合材料的方法。其工艺效率较高,成本较低,适用于制成板材、线材和棒材等。加工时,可以抽真空,利用渗透压使得熔融的金属浸透到纤维的间隙中,也可以在熔融的金属一侧用惰性气体或外载荷施加压力的方法实现渗透。纤维束连续熔浸装置和几种不同种类的制品如图 5.7 所示。

制造过程中因纤维与熔融的金属直接接触,它们之间容易发生化学反应,影响制品性能,故该方法更适用于高温下稳定性好的纤维与基体金属。此外,由于金属液对纤维的润湿性不好,接触角大,金属液不能浸入到纤维的窄缝和交叉纤维的间隙,因此,用此方法制备的铸造复合材料预成型体,其内部 40%～80% 范围内不可避免地存在大量空洞。即使对纤维进行了表面处理,对金属液也进行一定处理,改善了金属液与纤维的润湿性,也避免不

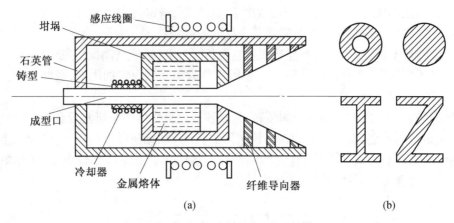

图 5.7　纤维束连续熔浸装置及制品种类

了内部孔洞的生成。

熔融金属浸渗法要求其增强纤维的热力学稳定或者经表面处理后稳定,并且与金属液的润湿性要良好,主要有大气压下熔浸、真空熔浸、加压熔浸和组合熔浸几种。一般大气压下连续熔浸用得较多,它是纤维束通过金属液后由出口模具成型,此工艺可以通过改变出口模具的形状,进而制备出不同形状的制品,如棒材、管材、板材以及复杂形状的型材等。

3. 真空压力浸渍法

真空压力浸渍法是在真空和高压惰性气体的共同条件下,使熔融金属浸渗入预制件中制造金属基复合材料的方法。它是综合了真空吸铸法和压力铸造法的优点,经过不断改进,现在已经发展成为能够控制熔体温度、预制件温度、冷却速度、压力等工艺参数的工业制造方法。真空压力浸渍法主要是在真空压力浸渍炉中进行,根据金属熔体进入预制件的方式,主要分为底部压入式、顶部注入式。典型的底部压入式真空压力浸渍炉结构如图 5.8 所示。

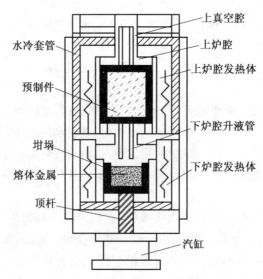

图 5.8　底部压入式真空压力浸渍炉结构

浸渍炉是由耐高温的壳体、熔化金属的加热炉、预制件预热炉、坩埚升降装置、真空系统、控温系统、气体加压系统和冷却系统组成。金属熔化过程和预制件预热过程是在真空或惰性气氛下进行,以防止金属氧化和增强材料损伤。

真空压力浸渍法制备金属基复合材料的工艺过程是:先将增强材料预制件放入模具,基体金属装入坩埚,然后将装有预制件的模具和装有基体金属的坩埚分别放入浸渍炉和融化炉内,密封和紧固炉体,将预制件模具和炉腔抽真空;当炉腔内达到预定真空度时,开始通电加热预制件和融化金属基体;通过控制加热过程使预制件和熔融基体金属达到预定温度,保温一定时间,提升坩埚,使模具升液管插入金属熔体,再通入高压惰性气体,由于在真空和惰性气体高压的共同作用下,液态金属浸入预制件中形成复合材料;降下坩埚,接通冷却系统,待完全凝固,即可从模具中取出复合材料零件或坯料,且凝固在压力条件下进行,无一般的铸造缺陷。

在真空压力浸渍法制备金属基复合材料过程中,预制件制备和工艺参数控制是制得高性能复合材料的关键。预制件应有一定的抗压缩变形能力,防止浸渍时增强材料发生位移,形成增强材料密集区和富金属基体区,使复合材料的性能下降。

真空压力浸渍过程中外压是浸渍的直接驱动力,压力越高,浸渍能力越强。浸渍所需压力与预制件中增强材料的尺寸和体积分数密切相关,增强材料尺寸越小,体积分数越大,则所需外加浸渍压力越大。浸渍压力也与液态金属对增强材料的润湿性及黏度有关,润湿性好,黏度小,则所需浸渍压力也小。浸渍压力过大,可能使得增强材料偏聚变形,造成复合材料内部组织的不均匀性,一般采取短时逐步升压,在 30~60 s 内升到最高压力,使金属熔体平稳地浸渍到增强材料之间的空隙中。加压速度过快,易造成增强材料偏聚变形,影响复合材料组织的均匀性。

该工艺制造方法的优点是:适用面广,可以用于多种金属基复合材料和连续纤维、短纤维、晶须和颗粒增强的复合材料的制备,增强材料的形状、尺寸、含量基本上不受限制;该工艺可以直接制备出复合材料零件,特别是形状复杂的零件,基本上无需进行后续加工;由于浸渍是在真空下进行,压力下凝固,无气孔、疏松、缩孔等铸造缺陷,组织致密,材料性能好;该制备方法工艺简单,参数容易控制,可以根据增强材料和基体金属的物理化学特性,严格控制温度、压力等参数,避免严重的界面反应。但是,此真空压力浸渍法的设备比较复杂,工艺周期长,成本较高,制备大尺寸的零件投资更大。

4. 喷射沉积法

喷射沉积法(又称喷射铸造成型法)是一种将金属熔体与增强颗粒在惰性气体的推动下,通过快速凝固制备颗粒增强金属基复合材料的方法。其基本原理是:在高速惰性气体流的作用下,将液态合金雾化,分散成极细小的金属液滴,同时通过一个或几个喷嘴向雾化的金属液滴流中喷入增强颗粒,使金属液滴和增强颗粒同时沉积在水冷基板上形成复合材料。

喷射沉积工艺过程包括基体金属熔化、液态金属雾化、颗粒加入及其与金属雾化流的混合、沉积和凝固等。喷射沉积的主要工艺参数有:熔融金属温度、惰性气体压力、流量和速度、颗粒加入速率、沉积底板温度等。这些参数都将不同程度地影响复合材料的质量,因此,需要根据不同的金属基体和增强相进行调整组合,从而获得最佳工艺参数组合,必需严格地加以控制。

喷射沉积法主要是用于制造颗粒增强的金属基复合材料,在其工艺过程中,其中液态金属雾化是关键工艺过程,因为液态金属雾化液滴的大小及尺寸分布、液滴的冷却速度都将直接影响到复合材料的最后性能。一般雾化后金属液滴的尺寸为 $10\sim30~\mu m$,使到达沉积表面时金属液滴仍保持液态或半固态,从而在沉积表面形成厚度适当的液态金属薄层,便于能够充分填充颗粒之间的孔隙,获得均匀致密的复合材料。

此方法在制备颗粒增强金属基复合材料过程中,金属雾化液滴和颗粒的混合、沉积和凝固是最终复合成型的关键工艺过程之一。沉积是与凝固同步而交替进行,为了使得沉积与凝固顺利进行,沉积表面应该始终保持一薄层液态金属膜,直至制备工艺过程结束。因此,为了能够达到这两个过程的动态平衡,主要是通过控制液态金属的雾化工艺参数和稳定衬底温度来实现。喷射沉积工艺过程如图5.9所示。

利用喷射沉积技术制备金属基复合材料具有以下优点:制造方法使用面广,可以用于铝、铜、镍、钴、铁、金属间化合物等基体,可加入氧化铝(Al_2O_3)、碳化硅(SiC)、碳化钛(TiC)、石墨等多种颗粒,产品可以是圆棒、圆锭、板带、管材等。所获得的基体组织属于快速凝固范畴,增强颗粒与金属液滴接触时间极短,使界面化学反应得到了有效的抑制,控制工艺气氛可以最大限度地减少氧化,冷却速度可高达 $10^3\sim10^6$ ℃/s,这可以使增强颗粒均匀分布,细化组织。此外,该工艺生产工艺简单,效率高。与粉末冶金法相比,不必先制成金属粉末,然后再依次经过与颗粒混合、压制成型、烧结等工序,而是快速一次复合成坯料,雾化速率可达到 $25\sim200$ kg/min,沉积凝固迅速。但此方法制备的金属基复合材料存在一定的孔隙率,一般需要进行热等静压(HIP)或挤压等二次加工,其制备成本也高于搅拌铸造法。

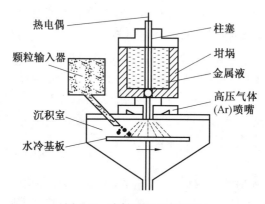

图 5.9 喷射沉积工艺过程

5.2.3 其他制备法

随着人们研究的深入和对各方面技术问题不断地解决,同时也适应现实应用与制造技术的发展,研发了更新的制造技术,主要包括原位自生成法、物理气相沉积法、化学气相沉积法、热喷涂法、化学镀和电镀法、复合镀法等。

1. 原位自生成法

金属基复合材料原位反应合成技术的基本原理是:在一定的条件下,通过元素与化合物之间的化学反应,在金属基体内原位生成一种或几种高硬度、高弹性模量的陶瓷增强相,从而达到强化金属基体的目的。增强材料可以共晶的形式从基体凝固析出,也可由加入的相应的元素之间的反应、合成熔体中的某种组分与加入的元素或化合物之间的反应生成。前者得到定向凝固共晶复合材料,后者得到反应自生成复合材料。

与传统的金属基复合材料制备工艺相比,该工艺具有以下特点:增强体是从金属基体中原位形核和长大的,具有稳定的热力学特性,而且增强体表面无污染,避免了与基体相容性不良的问题,可以提高界面的结合强度;通过合理地选择反应元素或化合物的类型、成分及其反应性,可有效地控制原位生成增强体的种类、大小、分布和数量;由于增强相是从液态金属基体中原位生成,因此可以用铸造方法制备形状复杂、尺寸较大的近净构件;在保证材料具有较好的韧性和高温性能的同时,可较大幅度地提高复合材料的强度和弹性模量。不足之处是:在大多数的原位反应合成过程中,都伴随有强烈的氧化或放出气体,而当难于逸出的气体滞留在材料中时,将在复合材料中形成微气孔,还可能形成氧化夹杂或生成某些并不需要的金属间化合物及其他相,从而影响复合材料的组织与性能。原位反应合成所产生的增强相主要为氧化物、氮化物、碳化物和硼化物等陶瓷相,常见的几种为 Al_2O_3、MgO、TiC、AlN、TiB_2、ZrC、ZrB_2 等陶瓷颗粒,这些颗粒的主要性能见表 5.3。

表 5.3 陶瓷颗粒相的性能

陶瓷相	密度/($g \cdot cm^{-3}$)	热膨胀系数/($\times 10^{-6} ℃^{-1}$)	强度/MPa	温度/℃	弹性模量/MPa	温度/℃
Al_2O_3	3.98	7.92	221	1 090	379	1 090
MgO	3.58	11.61	41	4 090	317	1 090
AlN	3.26	4.84	2 069	24	310	1 090
TiC	4.93	7.6	55	1 090	269	24
ZrC	6.73	6.66	90	1 090	359	24
TiB_2	4.50	8.82	—		414	1 090
ZrB_2	6.90	8.82			503	24

由于此方法制备的复合材料一个明显的特点是所制备的复合材料为疏松开裂状态,因此自蔓延高温合成法 SHS(Self-propagation high-temperature synthesis)致密一体化是该复合材料的一个研究方向。常将反应烧结、热挤压、熔铸和离心铸造等致密化工艺过程与SHS 技术相配合,其中对于 SHS-熔铸法和 SHS-热压反应烧结法是目前用 SHS 技术制备致密复合材料的研究热点。原位自生金属基复合材料的制备方法包括定向凝固法和反应自生成法。

(1)定向凝固法。

定向凝固法是将某种共晶成分的合金原料在真空或惰性气氛中通过感应加热熔化,控制冷却方向(例如,均匀地以一定速率将感应线圈向一个方向移动),进行定向凝固工艺。在定向凝固反应过程中,析出的共晶相沿着凝固方向整齐排列,其中连续相为基体,条状或片状的分散相为增强体。

在满足平面凝固生长的条件下,增加定向凝固时的温度梯度,可以加快定向组织的生长速度,同时可以降低条状或层片间距,有利于提高定向凝固共晶复合材料的性能。定向凝固法的特点是:在定向凝固共晶复合材料中,纤维、基体界面具有最低的能量,即使在高温下也不会发生反应,因此,适于高温结构用材料(如发动机的叶片和涡轮叶片),例如 TaC/Ni(TaC 为增强体)具有良好的力学性能与环境抗力。研究较多的是金属间化合物增强镍基和钴基合金。此外,定向凝固共晶复合材料也可作为功能复合材料,主要应用于磁、电和热相互作用或叠加效应的压电、电磁和热磁等功能器件,如 InSb/NiSb 定向凝固共晶复合材料可以制作磁阻无接触电开关、不接触位置和位移传感器等。存在的主要问题是:定向凝固速率非常低,可选择的共晶材料体系有限,共晶增强材料的体积分数无法调整。

(2)反应自生成法。

反应自生成法包括 VLS 法、Lanxide 法、放热合成法(XD)等。

① VLS 法。这种方法是由 M. J. Koczak 等人发明的,并申请了美国专利。其具体的工艺是:将含有 C 或 N 的气体通入高温合金液中,使气体中的 C 或 N 与合金液中的个别组分发生反应,在合金基体中形成稳定的高硬度、高模量的碳化物或氮化物,经冷却凝固后即可获得这种陶瓷颗粒增强的金属基复合材料。该工艺一般包括如下两个过程:

气体分解,如

$$CH_4 \longrightarrow C(s) + 2H_2(g)$$
$$2NH_3(g) \longrightarrow N_2 + 3H_2(g)$$

气体与合金之间的发生化学反应及增强颗粒的形成,如

$$C(s) + Al-Ti(l) \longrightarrow Al(s) + TiC(s)$$
$$N_2(g) + Al-Ti(l) \longrightarrow Al(s) + TiC(s) + AlN(s)$$

为了保证上述两个反应过程的顺利进行,一般要求较高的合金熔体温度和尽可能大的气-液两接触面积,并应采用一定措施抑制不利反应的发生,如避免反应中 Al_4Ti 和 Al_4C_3 等有害化合物的产生。为此,有人研究了原位 TiC/Al-Cu 复合材料的气-液反应合成工艺,其工艺操作是将混合气体 $CH_4(Ar)$ 通过一个特制的多孔的气泡分散器,导入到含 Ti 的 Al-4.5Cu 合金液中。结果表明,这种工艺能保证上述两个过程充分进行,并且 CH_4 的分解、C 与 Ti 的反应时间和温度取决于气体的分压、合金的成分,以及所需的 TiC 颗粒的大小、分布和数量。当反应时间为 20~120 min、反应温度为 1 200~1 300 ℃时,原位形成的 TiC 尺寸为 0.1~3 μm,其体积分数可达 11%,从而使所得的复合材料具有优良的性能。尽管如此,该工艺仍然存在一些不足:合成处理温度为 1 200~1 300 ℃,这对于含有易挥发元素的铝合金烧损很大;反应产物中有 Al_4C_3 等有害相,且相组成较难控制;导入过量的气体可能形成凝固组织中的气孔等缺陷。因此,该工艺仍然是处于实验室阶段。

② Lanxide 法(即金属定向氧化法)。这种方法是由美国 Lanxide 公司开发的,也是利用了上述气-液反应原理,它由金属直接氧化法(DIMOX)和金属无压浸渗法(PRIMEX)两种组合而成。目前,此方法主要用于制造铝基复合材料或陶瓷基复合材料,其制品已在汽车和燃气涡轮机中得到一定的应用。

DIMOX 法是让高温金属液(如 Al、Ti、Zr 等)暴露于空气中,使其表面首先氧化产生一层氧化膜(如 Al_2O_3、TiO_2、ZrO_2 等),里面金属再通过氧化层逐渐向表面扩散,暴露空气中后又被氧化,如此反复,最终形成金属氧化物复合材料或金属增韧的陶瓷基复合材料。为了保证金属的氧化反应不断地进行下去,在 Al 中加入一定量的 Mg、Si 等合金元素,可破坏

表层 Al_2O_3 膜的连续性,并可降低液态 Al 合金的表面能,从而改善生产的 Al_2O_3 与铝液的相容性,这样使得氧化反应能不断地进行下去。目前,关于 DIMOX 的方法研究包括 Al_2O_3 形成的反应动力学、材料的显微组织结构分析等。

在 PRIMEX 工艺中同时发生两个过程:一是液态金属在环境气氛的作用下向陶瓷预制件中的渗透;二是液态金属与周围气体的反应而生成新的增强粒子。例如,将含有质量分数为 3%～10% Mg 的铝锭和 Al_2O_3 陶瓷预制件一起放入 N_2(Ar)混合气氛炉里,当加热到 900 ℃以上并保温一段时间后,上述两个过程同时发生,冷却后即获得原位自生的 AlN 粒子与预制件中原有 Al_2O_3 粒子复合增强的铝基复合材料。研究发现,原位自生的 AlN 的数量和大小主要取决于 Al 液的浸透速度,而 Al 液的浸透速度又与环境气氛中 N_2 的分压、熔体的温度和成分有关。因此,复合材料的组织与性能容易通过调整熔体的成分、N_2 的分压和处理温度而得到有效的控制。

③ 放热合成法(XD)。这种方法是由美国 Martin Marietta 实验室发明的。该工艺制备的金属基复合材料可以再通过传统金属加工方法,如挤压和轧制进行二次加工,且该工艺可以生成颗粒、晶须单独或共同增强的金属基或金属间化合物基复合材料。XD 法制备复合材料的原理如图 5.10 所示。

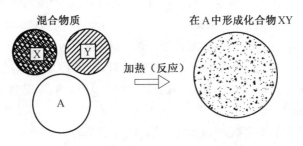

图 5.10　XD 法制备复合材料的原理

它是将两个固态的反应元素粉末与金属基体粉末混合均匀,并压实除气,再将压坯迅速加热到金属基体熔点以上温度或自蔓延反应发生的温度,这样,在金属熔体的介质中,两固态反应元素相互扩散、接触,并不断反应析出稳定的微观增强颗粒、晶须和片晶等增强相,然后再将熔体进行铸造、挤压成型。另外,也可以用 XD 方法制备出增强体含量很高的母体复合材料,然后在重熔的同时加入适量的基体金属进行稀释,铸造成型后即得到所需增强体含量的金属基复合材料。

XD 工艺的特点是:增强相原位生成,具有热稳定性;增强相的类型、形态可以选择和设计;各种金属或金属间化合物均可以作为基体;复合材料可以采用传统金属加工进行二次加工。XD 材料包括 Al、Ti、Fe、Cu、Pb 和 Ni 基复合材料。增强相包括硼化物、氮化物和碳化物等,其形状可以是颗粒、晶须和杆状。目前,已经利用该方法制备出 TiC/Al、TiB_2/Al 和 TiB_2/Al-Ti 等复合材料,具有很高的使用价值。

④ 接触反应法。该方法是由哈尔滨工业大学铸造教研室开发研制,并申请国家专利的技术。该技术是在综合 SHS 法和 XD 法的优点的基础上发展起来的一种制备原位自生金属基复合材料的方法。其工艺过程是:先将反应元素粉末按一定的比例混合均匀,并压实成预制块,然后用钟罩等工具将预制块压入一定温度的金属液中,在金属液的高温作用

下,预制块中的反应元素将发生化学反应,生成所需增强相,搅拌后浇筑成型。

2. 物理气相沉积法

物理气相沉积的实质是材料源的不断气化和在基材上的冷凝沉积,最终获得涂层。传统的物理气相沉积在过程中不发生化学反应,但经过改进后有时也通入反应气体,在基材上生成化合物。物理气相沉积分为真空蒸发、溅射和离子涂覆三种,是成熟的材料表面处理的方法,后两种也曾在实验室中用来制备金属基复合材料的预制片(丝)。

溅射是靠高能粒子(正离子、电子)轰击作为靶的基材金属,使其原子飞溅出来,然后沉积在增强材料(纤维)上,得到复合丝,用扩散粘接法最终制得复合材料或零件,纤维的体积分数可高达80%。电子束由电子枪产生,离子束可使惰性气体(如氩气)在辉光放电中产生,沉积速度为 $5 \sim 10$ μm/min。溅射的优点是适用面较广,如用于钛合金、铝合金等,且基体成分范围较宽,合金成分中不同元素的溅射速率的差异可通过靶材成分的调整得到弥补。对于溅射速率差别大的元素,可先不将其加入基体金属中,而作为单独的靶同时进行溅射,使在最终的沉积物中得到需要的成分。

离子涂覆的实质是使气化了的基体在氩气的辉光放电中发生电离,在外加电场的加速下沉积到作为阴极的纤维上形成复合材料。在日本曾用离子涂覆法制备碳纤维-铝复合材料预制片。具体过程是,将铝合金制成直径为 2 mm 的丝,清洗后送入涂覆室的坩埚内熔化蒸发,铝合金蒸气在氩气的辉光放电中发生电离,沉积到作为阴极的碳纤维上。碳纤维产品都是一束多丝,因此在送入涂覆室前必须将其分开,使其厚度不超过 $4 \sim 5$ 根纤维直径,在涂覆前纤维先经离子刻蚀。调节纤维的运送速度可以控制铝涂层的厚度,得到的无纬带的宽度为 $50 \sim 75$ mm。

物理气相沉积法尽管不存在界面反应问题,但其设备相对比较复杂,生产效率低,只能制造长纤维复合材料的预制丝或片,如果是一束多丝的纤维,则涂覆前必须先将纤维分开,而这是目前尚未能很好解决的问题。因此,物理气相沉积法目前并未正式用来制造金属基复合材料,但有时用来对纤维作表面处理,如涂覆金属或化合物涂层。

3. 化学气相沉积法

化学气相沉积法是化合物以气态在一定的温度条件下发生分解或化学反应,分解或反应产物以固态沉积在工件上得到涂层的一种方法。最基本的化学气相沉积装置有两个加热区:第一个加热区的温度较低,维持材料源的蒸发并保持其蒸气压不变;第二个加热区温度较高,使气相中(往往以惰性气体作载气)的化合物发生分解反应。

作为化学气相沉积用的原材料应是在较低温度下容易挥发的物质,这种物质在一定温度下比较稳定,但能在较高温度下分解或被还原,作为涂层的分解或还原产物在作业温度下是不易挥发的固相物质。常用的化合物是卤化物,其中以氯化物为主,以及金属的有机化合物。

用化学气相沉积法只能得到长纤维复合材料预制丝,大多数的基体金属只能用它们的有机化合物作材料源,这些化合物有铝的有机化合物三异丁基铝,价格昂贵,在沉积过程中的利用率低,因此在早期曾用来作对比试验,并无实用价值。但这种方法可用来对纤维进行表面处理,涂覆金属镀层、化合物涂层和梯度涂层,以改善纤维与金属基体的润湿性和相容性。

4. 热喷涂法

按照热源热喷涂可分为等离子弧喷涂和氧乙炔焰喷涂。尽管等离子弧喷涂的设备比氧乙炔焰喷涂设备复杂，但由于工艺参数和气氛容易控制，因此在复合材料制造上主要采用等离子弧喷涂。

①等离子弧喷涂过程。等离子弧喷涂是利用等离子弧的高温将基体熔化后喷射到工件（增强材料）上，冷却并沉积下来的一种复合方法。具体过程是先将纤维缠绕在包有基体金属箔的圆筒上，纤维之间保持一定的间隔，然后放在喷涂室中进行喷涂，喷涂用基体为粉末，过程结束后剪开取下，便得到复合材料预制片，再经热压或热等静压等二次处理，最终得到型材或零件。

②关键技术。喷涂过程中的关键是得到致密的与纤维粘结良好的基体涂层和避免基体的氧化。喷涂用的基体原料为粉末状，减小粉末的粒度能提高涂层的致密性，但粒度太小，粉末流动不易，难以保证供给速度。因此，粉末直径一般不小于 2 μm，通常为 10～45 μm。在较高的温度下进行喷涂可以提高涂层的致密性和与纤维的粘接强度。但等离子体流离开喷枪后温度急剧下降，并且距离越远温度下降越大，这就需要增加功率来提高等离子体发生区域的温度。向产生等离子弧的氩气中添加5%～10%的电离电压比氩高的氦气可以达到提高功率的目的。等离子体发生区的温度提高后，等离子体的热膨胀变大，也有利于提高流速。涂层的状态也与喷枪离纤维的距离、粉末供给速度、气氛等有关。喷枪离纤维近，附着效率高，但涂层表面粗糙，纤维容易受等离子体焰流的热损伤和机械损伤。喷枪离纤维远，则纤维损伤小，但附着效率低，涂层质量不均匀性大。粉末供给速度小，涂层均匀性好，但涂覆时间长。为了提高涂层的致密性，减少氧化物含量，喷涂必须在真空中或保护性气氛中进行。

③工艺适用性。等离子弧喷涂法适用于直径较粗的纤维单丝，例如用化学气相沉积法得到的硼纤维和碳化硅纤维，它是制造这两种纤维增强铝、钛基复合材料预制片的大规模生产方法。美国和苏联在航天飞机上使用的，也是最早使用的金属基复合材料-硼/铝复合材料，以及美国的碳化硅/钛复合材料，就是用等离子弧喷涂法制得预制片，然后用热压或热等静压法加工而成的。

对于一束多丝的纤维束，为得到每根纤维上都均匀涂有基体的预制片，在喷涂前需先将纤维铺开成几根纤维直径厚的层，可用压缩空气将一束多丝的纤维吹开。

等离子弧喷涂法不能直接制成复合材料零件，只能制造预制片，且组织不够致密，必须进行二次加工。用该法可以制造耐热和耐磨的复合涂层，例如在铁基、镍基合金中加入 SiC、Al_2O_3 等陶瓷颗粒，可以显著提高它们的耐热性和耐磨性。

5. 电镀、化学镀和复合镀法

①电镀是利用电化学原理，在直流电场作用下将金属从含有其离子的电解液中分解后沉积在工件（增强材料，一般为纤维）上。通常将要涂覆的金属作为阳极，使其不断溶解于电解液中。随着金属离子不断向阴极（工件）迁移，沉积在工件上。对电镀的两个基本要求是作为阴极的增强材料（纤维）必须导电，基体金属必须形成稳定的电解液。但是，能用作金属基复合材料增强材料的纤维中只有碳（石墨）纤维能导电，且其电阻率也较大。铝、镁、

钛等金属的电负性大，不能用水溶液电镀，只能用无水电解液；只有铜、镍、铅等金属可用水溶液电镀，因此电镀法还没有在金属基复合材料制造中正式应用，只用来对碳纤维作镀铜、镀镍表面处理。

②化学镀是在水溶液中进行的氧化还原过程，溶液中的金属离子被还原剂还原后沉积在工件上，形成镀层。这个过程不需电流，因此化学镀有时也称为无电镀。由于无需电流，工件可以由任何材料制成。

金属离子的还原和沉积只有在催化剂存在的情况下才能有效进行。因此工件在化学镀前必须先用 $SnCl_2$ 溶液进行敏化处理，然后用 $PdCl_2$ 溶液进行活化处理，使在工件表面上生成金属钯的催化中心。铜、镍一旦沉积下来，由于它们的自催化作用（除铜、镍外具有自催化作用的金属还有铂属元素、钴、铬、钒等），还原沉积过程可自动进行，直到溶液中的金属离子或还原剂消耗尽。化学镀镍用次亚磷酸钠作还原剂，用柠檬酸钠、乙醇酸钠等作络合剂；化学镀铜用甲醛作还原剂，用酒石酸钾钠作络合剂；此外还需添加促进剂、稳定剂、pH 值调整剂等试剂。除了用还原剂从溶液中将铜、镍还原沉积外，也可用电负性较大的金属，如镁、铝、锌等直接从溶液中将铜、镍置换出来，沉积在工件上。化学镀法常用来在碳纤维或石墨粉上镀铜。

③复合镀是通过电沉积或化学液相沉积，将一种或多种不溶固体颗粒与基体金属一起均匀沉积在工件表面上，形成复合镀层的方法。这种方法在水溶液中进行，温度一般不超过 90 ℃，因此可选用的颗粒范围很广，除陶瓷颗粒（如 SiC、Al_2O_3、TiC、ZrO_2、B_4C、Si_3N_4、BN、$MoSi_2$、TiB_2）、金刚石和石墨等外，还可选用易受热分解的有机物颗粒，如聚四氟乙烯、聚氯乙烯、尼龙。复合镀法还可同时沉积两种以上不同颗粒制成的混杂复合镀层。例如同时沉积耐磨的陶瓷颗粒和减磨的聚四氟乙烯颗粒，使镀层具有优异的摩擦性能。复合镀法主要用来制造耐磨复合镀层和耐电弧烧蚀复合镀层，常用的基体金属有镍、铜、银、金等，金属用常规电镀法沉积，加入的颗粒被带到工件上与金属一起沉积。通过金属镀层中加入陶瓷颗粒，可以使工件表面形成有坚硬质点的耐磨复合镀层；将陶瓷颗粒和 $MoSi_2$、聚四氟乙烯等同时沉积在金属镀层中制成有自润滑性能的耐磨镀层。金、银的导电性能好、接触电阻小，但硬度不高、不耐磨和抗电弧烧蚀能力差，加入 SiC、La_2O、WC、$MoSi_2$ 等颗粒可明显提高它们的耐磨和耐电弧烧蚀能力，成为很好的触头材料。复合镀法具有设备、工艺简单，成本低，过程温度低，镀层能设计选择，组合上有较大的灵活性，但主要用于制作复合镀层，难以得到整体复合材料，同时还存在速度慢、镀层厚度不均匀等问题。

5.2.4 金属基复合材料制造技术的发展趋势

金属基复合材料的应用开发，在很大程度上取决于材料制造技术的难度和成本，因此，研究发展有应用意义的制造技术一直是最重要的课题。表 5.4 列出了金属基复合材料的主要制造方法及适用范围。当前，金属基复合材料的应用正从航空、航天领域大量进入一般工业和民用领域，如能源、石油、化工、汽车、工程机械、电子等。计算机技术、现代测试技术、新材料技术的完善，使复合材料的制备技术、工艺不断推出，这些工艺本身也在不断交叉融合。金属基复合材料制备技术的发展趋势必将是多学科、多种技术相"复合"的综合过程。

表 5.4 金属基复合材料主要制造方法及适用范围

类别	制备方法	适用金属基复合材料体系		典型的复合材料及产品
		增强材料	金属基体	
固态法	粉末冶金	SiC_p,Al_2O_3,$SiCw$,B_4C_p 等颗粒、晶须及短纤维	Al,Cu,Ti 等金属	SiC_p/Al,SiC/Al,Al_2O_3/Al,TiB_2/Ti 等金属基复合材料零件板、锭、坯等
	热压固结法	B,SiC,C(Gr),W	Al,Ti,Cu 耐热合金	B/Al,SiC/Al,SiC/TiC/Al,Cl,Mg 等零件、管、板等
	热等静压法	B,SiC,W	Al,Ti,超合金	B/Al,SiC/Ti 管
	挤压、拉拔轧制法		Al	C/Al,Al_2O_3 棒、管
液态法	挤压铸造法	各种类增强材料、纤维、晶须、短纤维 C,Al_2O_3,SiC_p,Al_2O_3,SiO_2	Al,Zn,Mg,Cu 等	SiC_p/Al,C/Al,C/Mg,Al_2O_3/Al 等零件、板、锭、坯等
	真空压力浸渍法	各种纤维、晶须、颗粒增强材料	Al,Mg,Cu,Ni 基合金等	C/Al,C/Cu,C/Mg,SiC_p/Mg,SiC_p/Al 等零件板、锭、坯等铸件、铸坯
	搅拌铸造法	颗粒、短纤维及 Al_2O_3,SiC_p	Al,Mg,Zn	SiC_p/Al,Al_2O_3/Al 等铸板坯、管坯、锭坯零件
	反应喷射沉积法	SiC_p,Al_2O_3,B_4C,TiC 等颗粒	Al,Ni,Fe 等金属	零件 铸件
	真空铸造法	C,Al_2O 连续纤维	Mg,Al	
	原位自生成法	陶瓷等反应产物	Al,Ti,Cu	
表面复合法	电镀及化学镀法	SiC_p,B_4C,Al_2O_3,颗粒,C 纤维	Ni,Cu 等	表面复合层
	热喷镀法	颗粒增强材料,SiC_p,TiC	Ni,Fe	管、棒等

金属基复合材料作为新兴的材料,具有特殊的优异性能,更由于其可设计性,被认为是具有很大实用价值的先进材料。金属基复合材料要在未来取得进一步的发展,并列入规模生产品种的行列,还有一段艰难的路程。就当前的实际情况来看,颗粒和短纤维增强的复合材料是有生命力的,并已在汽车工业等方面初步获得应用。随着涂层技术的发展,利用先进的涂层制作方法,以金属基复合材料作为涂层材料,在钢或其他金属表面制成涂层,用以提高材料的表面强度,已越来越受到重视,它在提高性能与节材方面达到很好的结合,具有广阔的应用前景。

5.3 铝基复合材料

铝合金复合材料是综合性能比较优异的材料,它既具有高强度又具有质量轻,因此它被广泛地应用在飞机上,尤其是碳纤维增强铝合金复合材料。铝基复合材料主要有颗粒(晶须)增强铝基复合材料和纤维增强铝基复合材料。

5.3.1 颗粒(晶须)增强铝基复合材料

颗粒(晶须)增强铝基复合材料的制备方法既可用固态法也可用液态法。用固态法制备颗粒(晶须)增强铝基复合材料的有:粉末冶金法制备SiC颗粒和晶须增强铝基复合材料、热等静压法制备SiC颗粒和晶须增强铝基复合材料、挤压法制备SiC和Al_2O_3颗粒增强铝基复合材料。由于铝的熔点低,因而用液态法比较多。用液态法的有:挤压铸造法制SiC、Al_2O_3、SiO_2颗粒(晶须)铝基复合材料,真空压力浸渍法和搅拌法制SiC、Al_2O_3、B_4C颗粒(晶须)增强铝基复合材料,共喷沉积法制SiC、Al_2O_3、B_4C、TiC颗粒(晶须)增强铝基复合材料。

颗粒(晶须)增强铝基复合材料的性能优异,可用常规方法制造和加工。增强用的颗粒价格低廉,某些晶须(如SiC)由于找到了便宜的原料和较为简单的生产方法,成本大幅度下降,因此,这些复合材料具有广阔的应用前景。目前主要使用的有SiC、Al_2O_3颗粒(晶须)增强铝基复合材料。

SiC颗粒(晶须)增强铝基复合材料具有良好的力学性能和耐磨性能。随着SiC含量的增加,其热膨胀系数降低,并低于基体。这些复合材料的韧性低于基体,但高于连续纤维增强铝基复合材料,而且其刚度比基体提高很多。由于SiC的硬度很高,使得这种复合材料的硬度大大提高,其耐磨性也相应大大提高。

表5.5是SiC晶须增强铝基复合材料的力学性能,从该表可知:复合材料的拉伸强度和弹性模量比基体高,且随着SiC晶须含量的增加,其拉伸强度和弹性模量均有较大升高。

表5.5 SiC晶须增强铝基复合材料的力学性能

V_w/%	室温			250 ℃		300 ℃		350 ℃	
	拉伸强度/MPa	屈服强度/MPa	弹性模量/GPa	拉伸强度/MPa	屈服强度/MPa	拉伸强度/MPa	屈服强度/MPa	拉伸强度/MPa	屈服强度/MPa
0	297	210	71.9	115	70	70	—	55	35
12	359	266.5	95.3	226	197	180	153	124	94
16	374	264.5	90.0	—	—	—	—	147	120
20	383.6	298	111.0	284	268	235	207	184	163

颗粒增强铝基复合材料的拉伸强度和弹性模量也比基体高,且随着SiC颗粒含量的增加,其拉伸强度和弹性模量均有较大升高,见表5.6。一般来说,增强颗粒越小,复合材料的强度越高。相同含量的颗粒增强铝基复合材料的强度比同含量的晶须增强铝基复合材料要高,见表5.7。从表5.8可知,在铝合金中加入脆性的SiC颗粒或晶须,其断裂韧性下降

很多。表5.9显示,在铝合金中加入脆性的 SiC 颗粒,其耐磨性增加很多,甚至比铸铁还高。

表5.6 SiC 颗粒增强铝基复合材料的力学性能

合金和颗粒含量/%	弹性模量/GPa	屈服强度/MPa	拉伸强度/MPa	断裂伸长/%
6061				
锻压	68.9	275.8	310.3	12
15	96.5	400.0	455.1	7.5
20	103.4	413.7	496.4	5.5
25	113.8	427.5	517.1	4.5
30	120.7	434.3	551.6	3.0
35	134.5	455.1	551.6	2.7
40	144.8	448.2	586.1	2.0
2124				
锻压	71.0	420.6	455.1	9
20	103.4	400.0	551.6	7.0
25	113.8	413.7	565.4	5.6
30	120.7	441.3	593.0	4.5
40	151.7	517.1	689.5	1.1

表5.7 SiC 颗粒和晶须增强铝合金基体复合材料的力学性能

基体	增强物	体积分数/%	热处理状态	弹性模量/GPa	屈服强度/MPa	拉伸强度/MPa	断裂伸长/%
PM 5456	—	—	淬火态	71	259	433	23
5456	SiCw	8	淬火态	88	275	503	7
5456	SiCw	20	淬火态	119	380	635	2
5456	SiCp	8	淬火态	81	253	459	15
5456	SiCp	20	淬火态	106	324	552	7
PM 2124	—	—	固溶处理自然时效(T4)	73	—	587	18
2124	SiCw	8	T4	97	—	669	9
2124	SiCw	20	T4	130	—	890	3
2124	SiCp	8	T4	91	368	—	—
2124	SiCp	20	T4	110	435	—	—

表 5.8 材料的断裂韧性

材 料	$K_{Ic}/(MN \cdot m^{-3/2})$	材 料	$K_{Ic}/(MN \cdot m^{-3/2})$
20%SiCw/6061(T6)	7.1	15%SiCw/2024(T6)压延方向	64
25%SiCp/6061(T6)	15.8	垂直压延方向	59
Al6061(T6)	37.0	15%SiCp/2014(铸造法)	18.8

表 5.9 材料的耐磨性比较

磨痕宽度/mm	稀土铝硅合金 66-12	Al_2O_3 纤维-铝	SiC 颗粒-铝	高镍奥氏体铸铁
最大	1.947 5	1.500	0.942 5	1.167 0
最小	1.847 6	1.325	0..865	1.127 5
平均	1.897	1.412	0.903 7	1.147 2

5.3.2 纤维增强铝基复合材料

纤维增强铝基复合材料包括长纤维增强铝基复合材料和短纤维增强铝基复合材料。一般情况下,短纤维增强铝基复合材料的力学性能不如长纤维增强铝基复合材料,但其价格便宜。纤维增强铝基复合材料既可用固态法,也可用液态法来制备。固态法中主要用热压法和热等静压法。液态法中可用挤压铸造、真空铸造、液态金属浸渍法、真空压力浸渍等方法。

1. 长纤维增强铝基复合材料

长纤维对铝基体的增强方式可以以单向纤维、二维织物和三维织物存在。长纤维增强铝基复合材料主要有:B_f/Al、C_f/Al、SiC_f/Al、Al_2O_{3f}/Al 和不锈钢丝/Al 等。

(1)B_f/Al 复合材料。

硼纤维是在钨或碳丝化学气相沉积而形成的单丝,直径较粗(100～140 μm),因而在工艺上较易制造。硼纤维增强铝基复合材料是长纤维复合材料中最早研究成功和应用的金属基复合材料。

表 5.10 为硼-铝复合材料的室温拉伸性能,表 5.11 为硼-铝复合材料的纵向拉伸性能与温度的关系。由表可见,硼-铝复合材料的拉伸强度和弹性模量均明显高于基体,且纤维含量越高,其拉伸强度越大。该复合材料性能的优越性在高温时尤其突出,在高达 500 ℃的高温,其纵向拉伸强度还有 500 MPa。硼-铝复合材料中纤维直径、纤维方向和铺层方式对材料的性能有很大影响。硼-铝复合材料的热膨胀系数主要取决于硼纤维的热膨胀性。由于纤维的纵向热膨胀系数与基体的热膨胀系数差别较大,因此在界面会产生较高的残余应力,见表 5.12。

表 5.10 硼-铝复合材料的室温拉伸性能

基体	纤维体积分数/%	纵向		横向	
		拉伸强度/MPa	弹性模量/GPa	拉伸强度/MPa	弹性模量/GPa
1100 铝合金	20	540	136.7	117	77.9
	25	837	146.9	117	83.7
	30	890	163.4	117	94.8
	35	1 020	191.5	117	118.8
	40	1 130	199.3	108	127.6
	47	1 230	226.6	108	134.5
	54	1 270	245.0	79	139.1

表 5.11 硼-铝复合材料的纵向拉伸性能与温度的关系(基体为 1 100,纤维体积占 40%)

温度/℃	拉伸强度/MPa	弹性模量/GPa	温度/℃	拉伸强度/MPa	弹性模量/GPa
20	100~1 200	250	400	700	228
300	900	235	500	500	220

表 5.12 硼-铝复合材料纤维中与基体中的残余应力

复合材料的状态	20 ℃时的残余应力/MPa	
	基体中	纤维中
热变形后	+86~+103	−200~−240
加热到 550 ℃后	+66~+90	−153~−210
液氮中冷却后	−90~−117	+210~+272
施加 600 MPa 的拉伸应力后	−134~−150	+313~+350
进行弹性拉伸(600 MPa)和加热到 150 ℃后	+76~+82	−178~−191

(2)C_f/Al 复合材料。

碳纤维密度小,具有非常优异的力学性能,是目前可作金属基复合材料增强物的高性能纤维中价格最便宜的一种,因此引起了人们广泛的注意,它们与很多种金属基体复合,制成了高性能的金属基复合材料,其中工作做得最多的便是铝基体。但是由于碳(石墨)纤维与液态铝的浸润性差,高温下相互之间又容易发生化学反应,生成严重影响复合材料性能的化合物。人们采取了多种纤维表面处理方法来解决这个问题,比如在碳纤维表面镀铬、铜或镍等。

碳纤维增强铝合金的制造方法主要有 3 种:

①扩散结合。在扩散结合法中,通过纤维前处理首先制作中间原料,中间原料有两种,一种是排列好的长纤维上充分粘附基体金属,制成箔状的预浸料;另一种是使长纤维束连续浸透熔融基体金属,成为一根线,将这些中间原料重叠起来,在真空中热压,可得纤维增

强金属。该方法利用了金属的塑性变形和自身扩散作用,可得质量较好的碳纤维增强铝合金复合材料。

②挤压铸造法。在挤压铸造时,将纤维的预成型体放入金属模中,适当加热、加压浸入熔化的基体金属,在加高压下令其凝固,从而得到形状复杂的复合材料。此法周期短,能制造纤维增强金属的机械零件,生产效率很高。在此法中,金属熔化,如工艺温度选择不妥,熔化的基体铝合金有时会损伤纤维。

③液态金属浸渍法。该法先需将碳纤维预制成型,再将铝合金加热熔化,再将碳纤维预制体浸入铝液,再凝固,从而得到复合材料。该法如工艺温度过高,熔化的基体铝合金也会损伤碳纤维,从而降低材料的性能。

在目前所采用的制造方法中,由于制造工艺复杂,成本昂贵,影响了纤维增强金属基复合材料的应用。但压力铸造在一定意义上是一种最具有发展潜力的工艺方法,这种方法工艺简单、成本低、通用性强。

碳纤维对复合材料的力学性能影响很大。不同来源的碳纤维,其性能有所不同,表5.13是液态金属浸渍法制备的碳纤维增强铝合金的拉伸强度,最后一项是碳与铝反应产物的数量。表中前4种纤维都是经高温石墨化处理的石墨纤维,它们与铝的反应产物 Al_4C_3 的量较少,拉伸强度较高。最后一种纤维是未经高温石墨化处理的碳纤维,它与铝的反应产物 Al_4C_3 的量很高,其拉伸强度大大下降。因此,未经高温石墨化处理的碳纤维是不适宜作铝基体的增强物,除非经过表面处理。

表5.13 液态金属浸渍法制备的碳纤维增强铝合金的拉伸强度

纤维类型	纤维体积分数/%	拉伸强度/MPa	% ROM	Al_4C_3 含量/ppm
人造丝基 Thornel 50	32	798	91	250
人造丝基 Thornel 75	27	812	94	—
沥青基	35	406	78	100
聚丙烯腈基 I	43	805	82	123
聚丙烯腈基 II	29	245	28	>6 000

注:1 ppm = 10^{-6}

(3)SiC_f/Al 复合材料。

碳化硅纤维除了具有优异的力学性能外,在高温具有良好的抗氧化性能;与硼纤维和碳纤维相比,在较高温度下与铝的相容性较好。因此,它成为铝或铝合金比较好的增强物。目前碳化硅纤维分有芯和无芯两种。有芯碳化硅纤维以钨丝或碳丝作芯经化学气相沉积制得,是直径较粗的单丝,纤维上残留的游离碳少、含氧量低,与铝不易反应,在工艺上制造复合材料相对较容易,是铝基复合材料较好的一种增强物。无芯碳化硅纤维由聚碳硅烷有机物热处理而得,一束多丝,单丝直径细,且纤维中残留有较多的游离碳和氧,因此与化学气相沉积法得到的碳化硅纤维相比,较易与铝反应,生成有害的反应产物,制作复合材料直径较粗的单丝困难。碳化硅纤维/铝复合材料是发展较快的金属基复合材料,具有高的抗拉强度、抗弯强度和优异的耐磨性。碳化硅纤维/铝复合材料通常采用熔融浸润法、加压铸造法和热压扩散粘接法制造。基体铝经碳化硅纤维增强后，纤维方向抗拉强度非常高，弹性模量也显著提高，在400 ℃以下随温度升高强度降低不太大，如图5.11所示。碳化硅纤维/铝复合材料中碳化硅纤维含量（质量分数）即使只有30%，其抗弯强度和抗拉强度也比特超硬铝高80%和30%。

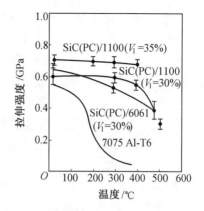

图 5.11 Nicalon SiC 纤维增强铝基复合材料的强度与温度关系

2. 短纤维增强铝基复合材料

与长纤维相比，短纤维增强铝基复合材料具有增强体来源广、价格低、成形性好等优点，可采用传统的金属成形工艺如铸、锻、挤、轧等，而且材料的性能是各向同性的，可用作铝基复合材料增强物的短纤维有氧化铝、硅酸铝和碳化硅等。氧化铝纤维是晶态的，成分为Al_2O_3，并可根据需要添加其他氧化物。硅酸铝纤维有晶态和非晶态两种。莫来石纤维属晶态硅酸铝纤维，其中 Al_2O_3 和 SiO_2 按化学计量，分子式为 $3Al_2O_3 \cdot 2SiO_2$。非晶态硅酸铝纤维中 SiO_2 的含量超过化学计量。

氧化铝和硅酸铝短纤维增强铝基复合材料的室温拉伸强度并不比基体合金高，但它们的高温强度明显优于基体，弹性模量在室温和高温都有较大的提高，热膨胀系数减小，耐磨性能得到改善。表5.14为氧化铝短纤维增强铝基复合材料的性能。表5.15为硅酸铝短纤维增强6061铝复合材料的性能。

表 5.14 氧化铝短纤维增强铝基复合材料的性能

V_f/%	屈服强度/MPa				拉伸强度/MPa				弹性模量（室温）/GPa
	室温	250 ℃	300 ℃	350 ℃	室温	250 ℃	300 ℃	350 ℃	
0	210	70	—	35	297	115	70	55	71.9
5	232	112	79	54	282	134	88	63	78.4
12	251.5	—	—	68	273	—	—	74	83.0
20	282.5	186	154	110	312	198	155	112	95.2

表 5.15 硅酸铝短纤维增强 6061 铝复合材料的性能

V_f/%	拉伸强度/MPa		屈服强度/MPa	
	22 ℃	260 ℃	22 ℃	260 ℃
0	221	104	173	62
18	250	184	228	120
23	223	174	—	124

5.3.3 铝基复合材料的应用

纤维增强铝基复合材料具有比强度和比模量高、尺寸稳定性好等一系列优异性能，但价格昂贵,目前主要用于航天领域作为航天飞机、人造卫星、空间站等的结构材料。

硼纤维增强铝基复合材料是实际应用最早的金属基复合材料,美国和前苏联的航天飞机中机身框架及支柱和起落架拉杆等都用该材料制成。硼-铝复合材料还用作多层半导体芯片的支座的散热冷却板材料,硼-铝复合材料的导热好,热膨胀系数与半导体芯片非常接近,能大大减少接头处的疲劳。硼-铝复合材料的应用前景宽广,可用作中子屏蔽材料,还可用来制造废核燃料的运输容器和储存容器、可移动防护罩、控制杆、喷气发动机风扇叶片、飞机机翼蒙皮、结构支承件、飞机垂直尾翼、导弹构件、飞机起落架部件、自行车架、高尔夫球杆等。

碳(石墨)纤维增强铝基复合材料具有比强度高和比刚度高,导电、导热性好,密度低和尺寸稳定等特点。用这种材料制成的卫星抛物面天线骨架,热膨胀系较低,导热性好,可在较大温度范围内保持尺寸稳定。石墨纤维增强铝基复合材料还被制成卫星上的波导管,其波导管不但轴向刚度高、膨胀系数小、导电性能好,而且质量轻。碳纤维增强铝基复合材料用在飞机上,如它使用在 F-15 战斗机上,使其质量减轻 20%～30%。用碳纤维增强铝合金管材还可制作网球拍架。

碳化硅-铝复合材料主要用作飞机、导弹、发动机的高性能结构件,如飞机的 Z 形加强板、喷气战斗机垂直尾翼平衡器和尾翼梁、导弹弹体及垂直尾翼和汽车空调器箱。

氧化铝纤维增强铝基复合材料最成功的应用是用来制造柴油发动机的活塞。非连续增强铝基复合材料有碳化硅晶须和颗粒、氧化铝短纤维以及硅酸铝纤维增强铝基复合材料。碳化硅晶须增强铝基复合材料用于制造导弹平衡翼和制导元件,航天器的结构部件和发动机部件,战术坦克反射镜部件,轻型坦克履带,汽车零件,如活塞、连杆、汽缸、气门挺杆、推杆、活塞销、凸轮随动机等,飞机的机身地板和新型战斗机尾翼平衡器,星光敏感光学系统的反射镜基板,超轻高性能太空望远镜的管、棒桁架。

碳化硅颗粒增强铝基复合材料可用来制造卫星及航天用结构材料,如卫星支架、结构连接件、管材,各种型材,导弹翼、遥控飞机翼、制导元件;飞机零部件,如起落架支柱龙骨、纵梁管、液压歧管、直升机阀零件;汽车零部件,如驱动轴、刹车盘、发动机缸套、衬套和活塞、连杆、活塞镶圈等;制造微波电路插件、惯性导航系统的精密零件、涡轮增压推进器、自行车框架接头等。氧化铝短纤维和硅酸铝纤维增强铝复合材料目前主要用于制造汽车发动机零件,如活塞镶圈、传动齿轮。铝基复合材料性能优异,可以用于多种部门,只要价格能够接受,将有广阔的应用前景。

5.4 镁基复合材料

镁、镁合金及镁基复合材料的密度一般小于 1.8×10^3 kg/m³,仅为铝或铝基复合材料的 66% 左右,是密度最小的金属基复合材料之一,而且具有更高的比强度和比刚度以及优良的力学和物理性能,它在新兴高新技术领域的应用潜力比传统金属材料和铝基复合材料更大。

5.4.1 镁基复合材料常用的基体合金

因纯镁强度较低,性能不高,不适于作为镁基复合材料的基体合金,一般需要添加合金元素以合金化,主要合金元素有 Al、Zn、Li、Ag、Zr、Th、Mn、Ni 和稀土金属等。这些合金元素在镁合金中具有固溶强化、沉淀强化、细晶强化等作用,添加少量 Al、Mn、Zn、Zr、Be 等可以提高强度;Mn 可提高耐蚀性;Zr 可细化晶粒和提高抗热裂倾向;稀土金属除具有类似 Zr 的作用外,还可以改善铸造性能、焊接性能、耐热性以及消除应力腐蚀倾向;Li 除可在很大程度上降低复合材料的密度外,还可以大大改善基体镁合金的塑性。

5.4.2 镁基复合材料常用增强体

镁基复合材料选择增强体要求物理、化学相容性好,尽量避免增强体与基体合金之间的界面反应,润湿性良好。常用的增强体主要有 C 纤维、Ti 纤维、B 纤维、Al_2O_3 短纤维、SiC 晶须、B_4C 颗粒、SiC 颗粒和 Al_2O_3 颗粒等。但镁及镁合金较铝和铝合金化学性质更活泼,考虑到增强体与基体之间的润湿性、界面反应等情况,镁基复合材料所用的增强体与铝基复合材料不太相同。如 Al_2O_3 是铝基复合材料常用的增强体,但它与 Mg 会发生反应($3Mg+Al_2O_3 \longrightarrow 2Al+3MgO$),降低其与基体之间的结合强度;而且常用的 Al_2O_3 常含有少量的 SiO_2,SiO_2 与 Mg 发生强烈反应:$2Mg+SiO_2 \longrightarrow Si+2MgO$,剩余的 Mg 与反应产物 Si 会发生反应($2Mg+Si \longrightarrow Mg_2Si$)生成危害界面结合强度的 Mg_2Si 沉淀。所以镁基复合材料中较少采用 Al_2O_3 短纤维、晶须或颗粒作为增强体。C 纤维强度高、低密度的特性使其理应是镁基复合材料最理想的增强体之一。虽然 C 与纯镁不反应,但却与镁合金中的 Al、Li 等反应,可生成 Al_4C_3、Li_2C_2 等化合物,严重损伤碳纤维。因此,要制造出超轻质的 C_f 增强的镁基复合材料需在碳纤维表面进行涂层。

C 纤维表面经 C-Si-O 梯度涂层处理后,真空铸造方法制备出的碳纤维增强镁基复合材料,在 C 纤维体积分数占 35% 时,复合材料的抗拉强度达到了 1 000 MPa。

B_4C 与纯镁也不反应,但 B_4C 颗粒表面的玻璃态 B_2O_3 与 Mg 能够发生界面反应:$4Mg(l)+B_2O_3(l) \longrightarrow MgB_2(s)+3MgO(s)$,$MgB_2$ 的产生使得液态 Mg 对 B_4C 颗粒的润湿性增加,所以这种反应不但不降低界面结合强度,反而可使复合材料具有优异的力学性能。

研究表明,SiC 与镁基体合金之间的界面反应,在复合材料的制造过程及高温固溶处理(500 ℃,12 h)中都没有发现界面化学反应。由此可见,SiC 和 B_4C 纤维、晶须或颗粒是镁基复合材料合适的增强体。为进一步提高增强体与基体合金的润湿性,增加界面结合强度,保护增强体免受基体合金液侵蚀,有必要寻找合适的增强体涂层,或采用原位反应合成方法产生增强体,这对于特别活泼的 Mg-Li 基复合材料显得尤为重要。

5.4.3 镁基材料的制备方法

镁基复合材料的制备方法主要有挤压铸造法、粉末冶金法、搅拌铸造法、喷射沉积法、真空浸渍法以及目前仅用于 Mg-Li 基复合材料的薄膜冶金法等。挤压铸造的工艺为先制备预制块,再压力浸渗,即将镁合金液在压力下渗入预制块中凝固形成复合材料。预制块制备的过程是首先将增强体分散均匀(多用湿法抽滤),然后模压成型,最后经烘干或烧结处理使之具有一定的耐压强度。大部分晶须或短纤维增强体的预制块中需要添加粘结剂(含量 3% ~5%,大多为含 SiO_2 的硅胶黏结剂或硅胶黏结剂+有机胶混合黏结剂),以承受预制块压制过程中的较大应力而不开裂。压力浸渗前模具和预制块需预热(约 500 ℃),Mg 合金液浇铸前也需加热到一定温度(约 800 ℃)。基体合金浇铸到模具中的预制块上时,需施加一定压力并保压一段时间以便合金液充分浸渗到预制块中。

搅拌铸造法是根据铸造时金属形态不同可分为全液态搅拌铸造(即在液态金属中加入增强体搅拌一定时间后冷却)、半固态搅拌铸造(在半固态金属熔体中加入增强体搅拌一定时间后冷却)和搅熔铸造(在半固态金属中加入增强体,搅拌一定时间后升温至基体合金液相线温度以上,并搅拌一定时间后冷却)。

粉末冶金法首先需要将镁合金制粉,然后与增强体(颗粒、晶须或短纤维)混合均匀,放入模具中压制成型,最后热压烧结,使增强体与基体合金复合为一体。喷射沉积法是将高压非活泼性气体与镁合金液一起经喷嘴射出雾化,同时将增强体喷入雾化的镁合金液中,沉积到底板上迅速凝固,还可以经压力加工制成块状复合材料。真空浸渗法是先将预制块处于真空状态,再使基体合金液在真空造成的负压下渗入预制块中,然后凝固成复合材料。上述这些镁合金材料的制备方法总结见表5.16。

表5.16 几种主要镁合金复合材料制备方法

制备工艺	增强体类型	优 点	缺 点
挤压铸造	短纤维、晶须、颗粒	工艺简单,成本低,易于批量生产;铸造缺陷少;界面结合良好;复合材料力学性能较高	难以直接制备形状复杂的零件;增强体体积分数有一定限制
粉末冶金	颗粒	增强体分布均匀;体积分数任意可调	工艺设备复杂;小批量成本高,不安全
搅拌铸造	晶须、颗粒	设备简单;生产效率高	铸造气孔较多;颗粒分布不均匀,易偏聚
喷射沉积	短纤维、晶须、颗粒	基体合金晶粒度小;近无界面反应	复合材料致密度不高;界面金属机械结合,强度不高

5.4.4 镁基复合材料的组织特征和性能

增强体与基体镁合金之间热膨胀系数一般差别较大,例如 SiC 为 4.3×10^{-6}/K,ZM5 镁合金为 28.7×10^{-6}/K。由于增强体与基体合金之间热膨胀系数不匹配,在复合材料制备的冷却过程中,将会在界面及近界面处产生残余应力,引起基体发生塑性应变,产生高密度位错。高密度位错的存在将引起位错强化,提高复合材料的拉伸强度和刚度,也是高阻尼性能(位错钉扎与脱扎)的基础。增强体的引入还有细化晶粒的作用。加入增强体后,镁基合金得到强化,其性能有所改善,其硬度提高,弹性模量也提高,但延伸率降低,随增强体含量的增加,复合材料拉伸时的延伸率下降很大。表5.17为 SiC(晶须、颗粒)增强镁合金复合材料的力学性能。对于颗粒增强镁合金复合材料,其抗拉强度与基体差不多。而增强体为晶须时,材料的抗拉强度有所提高,但比不上纤维作为增强体,尤其是长纤维。表5.18为硼的长纤维增强镁合金基复合材料的力学性能,从表中知,长纤维大大提高了镁合金的拉伸强度和弯曲强度,且随着纤维含量的增加,复合材料的强度显著提高。

表5.17 SiC(晶须、颗粒)增强镁合金复合材料的力学性能

基体合金	SiC形态	状态	体积分数/%	拉伸强度/MPa	弹性模量/GPa	延伸率/%
AZ91	晶须	压铸态	20	439		
		挤压态	20	623		
ZK51A	晶须	铸态	10	237.3	54.6	1.49
			20	308.7	6.1	0.91
		挤压态	10	280.5	62.3	1.86
			20	379.5	81.6	1.18
MB2	颗粒(2 μm)	挤压态	10	316		6.5
	颗粒(5 μm)	挤压态	10	282		4.2

表5.18 硼的长纤维增强镁合金基复合材料的力学性能

V_f/%	强度/MPa		V_f/%	强度/MPa	
	拉伸	弯曲		拉伸	弯曲
25	880~920	1 140	50	1 250	—
30	960	—	75	1 330	1 600
45	1 200				

5.4.5 镁基复合材料的应用

镁基复合材料具有密度小、比强度和比刚度高、良好的尺寸稳定性和优良的铸造性能,正成为现代高新技术领域中最有希望采用的一种复合材料,其综合性能优于铝基复合材料。此外,这种材料还具有优良的阻尼减振、电磁屏蔽等性能,在汽车制造工业中用作方向盘减震轴、活塞环、支架、变速箱外壳等,在通讯电子产品中的手机、便携计算机等也用作外壳材料。SiC晶须增强镁基复合材料可用于制造齿轮,SiC和Al_2O_3颗粒增强镁基复合材料由于耐磨性好,可用于制造油泵的泵壳体、止推板、安全阀等零部件。

5.5 钛基复合材料

众所周知,钛及其合金以其优良的耐高温性能及耐蚀性能、低的密度已成为高性能结构件的首选材料,并且具有极为广阔的应用前景。近二十年来,钛基复合材料(TMCs)以更优异的性能脱颖而出。钛基复合材料具有比钛合金更高的比强度和比模量、极佳的耐疲劳和抗蠕变性能以及优异的高温性能和耐蚀性能,它克服了原钛合金耐磨性和弹性模量低等缺点。它可成型形状复杂的零部件,减少了废料和机加工损耗;可用作高温、高压、酸、碱、盐等条件下的结构材料,并降低了成本,故被认为是一种很有希望的新材料。近年来,人们对钛基复合材料的制备与成型工艺,组织与性能等方面进行了大量的研究,有些产品已开始产业化生产,并已应用到航空、航天、电子及运输等高新技术领域,应用效果很好。

钛基复合材料主要分为颗粒增强钛基复合材料和连续纤维增强钛基复合材料两大类。

TMCs 的力学性能主要取决于钛基体、增强体的性能及增强体与基体界面的特性。一般强化体在 TMCs 中的体积分数为 30%~40%,而颗粒增强体为 5%~20%,因此按混合定律计算基材对 TMCs 力学性能的贡献仍然不容忽视。钛及钛合金在 900 ℃ 下抗氧化性最好的是 TiAl(γ)基合金,随后依次为 α 钛合金(MI834)、Ti_3Al($\alpha2$)、工业纯钛,因此要制备耐高温的 TMCs,就需要选择前面这几种钛合金作基体。此外,具有良好塑性抗氧化性的 Ti_2NbAl 基合金也是纤维增强 TMCs 基材的最佳选材。适于颗粒增强 TMCs 的基材比纤维增强 TMCs 基材有更广泛的选择,这主要取决于颗粒增强 TMCs 性能和制造工艺的要求。此外,TMCs 基体成分对界面反应产物有很大影响,以致影响 TMCs 最终的性能。一般来说,工业纯钛不宜作纤维增强 TMCs 的基体,因为它与增强剂特别是 SiC 纤维有强烈的反应,如在 Ti-Ni-X 三元系中,随着合金中钛浓度的增加,钛基体与 SiC 纤维的反应愈加强烈。在某些颗粒增强的 TMCs 中,增强剂与基体之间的反应对基体的化学成分十分敏感,TMCs 基材化学成分的设计对于保持强化剂与基体间界面的稳定性和复合材料力学性能的优化至关重要。

几乎所有的强化剂与钛基体的界面都可认为是属于第三类不稳定界面,即所有的强化剂与活性的钛基体都发生界面反应而形成一种或多种化合物。因为所有 TMCs 在制造和热机械加工过程中,都要经历 800~1 200 ℃ 的高温暴露,因此所有 TMCs 要发生界面反应。这就使 TMCs 在制造和热机械加工过程中要尽量避免界面发生反应而引起力学性能的"退化"。对于纤维增强钛基复合材料,要预先对增强纤维涂层以避免在材料的制备过程对纤维造成损伤。如何获得具有清洁表面无污染的颗粒增强剂对改善颗粒增强钛基复合材料性能十分关键。一般在重熔铸造和粉末冶金工艺过程中采用原位反应技术在钛基体中原位生成具有清洁界面、均匀分布及化学成分和尺寸得到控制的颗粒增强剂。此外采用等离子旋转电极制粉(PREP)、机械合金化(MA)及自蔓延工艺预先制成均匀、细小的复合粉末也是制取高性能颗粒增强 TMCs 的一个重要途径。

5.5.1 颗粒增强钛基复合材料

相对于 SiC 纤维增强 TMCs,颗粒增强 TMCs 的加工制造工艺比较经济、简便。许多常规工艺如真空电弧炉熔炼、精密铸造、粉末冶金、锻造、挤压、轧制等都可用来制造加工颗粒增强 TMCs。早期颗粒增强 TMCs 的发展多以高温应用为主要目标,因此发展了 TiAl(γ)基、Ti_3Al($\alpha2$)基、Ti6Al4V 基等一系列用 TiB_2 或 TiB 颗粒增强的 TMCs。比较典型实用的有 Ti-47Al-2V+7% TiB_2(体积分数) TMCs,以及用 TiC、TiB 等陶瓷颗粒增强的金属陶瓷系列。这些颗粒增强 TMCs 大都采用精密铸造或粉末冶金工艺并应用原位反应技术在高温凝固和固结时在基体中原位生成弥散、热稳定的强化粒子 TiB、TiC、TiAl 等。用粉末冶金制造颗粒增强 TMCs 时,要采用真空高温活化烧结、真空热压及热等静压等特殊工艺。如有人采用冷和热等静压工艺配合锻、挤、轧等常规加工工艺制备了一系列用 TiC 和 TiB 颗粒增强的 TMCs。西北有色金属研究院采用特有的预处理熔炼法试制出 10% TiC/Ti-15Si 的颗粒增强 TMCs,它在 650 ℃ 高温下仍能保持较高的刚度和高温性能,并能进行锻造、轧制、挤压加工成形。

与 SiC 纤维增强 TMCs 相反,颗粒增强 TMCs 是各向同性的。在钛及钛合金基体中加入颗粒增强剂后,这种 TMCs 的硬度和耐磨性能、刚度都得到明显改善,塑性、断裂韧性和耐疲劳性能有所降低,而其室温拉伸强度与基体相近,有的甚至还不如基体,但高温强度比基体好。表 5.19 为粉末冶金法制 TiC 和 SiC 颗粒增强 TMCs,可知,TiC 颗粒增强 TMCs 的室温拉伸强度与钛合金基体相近,而 SiC 颗粒增强 TMCs 的室温拉伸强度还比基体低,但它们的高温强度均比基体 Ti-6Al-4V 合金高。又如用粉末冶金方法制造的含 10% TiC 颗粒增强的 TMCs,其耐磨性能比单质钛基材高 3 倍,硬度从 HRC15 提高到 HRC 50～52。

表 5.19 TiC 和 SiC 颗粒增强钛基复合材料的力学性能

材料		温 度/℃			
		25	370	565	760
Ti-6Al-4V/TiC$_p$ 10%,<44 μm	屈服强度/MPa	944	551	475	158
	拉伸强度/MPa	999	648	496	227
	断裂伸长率/%	2.0	4.0	2.0	8.0
Ti-6Al-4V/SiC$_p$ 10%,约 23 μm	屈服强度/MPa	—	—	—	317
	拉伸强度/MPa	655	537	517	330
	断裂伸长率/%	0.16	—	0.07	2.0
Ti-6Al-4V	屈服强度/MPa	868	—	400	172
	拉伸强度/MPa	950	—	468	200
	断裂伸长率/%	9.4	—	15.6	15.6

5.5.2 连续纤维增强钛基复合材料

制备连续纤维增强钛基体复合材料,要求增强纤维与基体的热膨胀系数的差别要小,以减少由于热膨胀系数的不匹配造成的应力而形成显微裂纹,而且相对于基体要稳定。用于高温的 TMCs 要求增强纤维的高温性能要好,在 1 000 ℃ 以上仍具有高的弹性模量和拉伸强度。增强纤维主要采用与钛不易反应的 SiC、TiC 系或 SiC 包覆硼纤维,还有用耐高温的金属纤维。

可用于纤维增强的钛基体主要有近 α、α+β、β、TiAl(γ) 及 Ti$_3$Al 等,根据不同的要求选用不同的基体。复合材料的强度与界面有很大关系,若界面的剪切强度比基体大,则断裂发生在基体或纤维内,在大多数情况下,相互作用生成的相间化合物的剪切强度低是断裂的原因。

连续纤维增强 TMCs 的复合难度较大,只能用固相法合成,然后用热等静压(HIP)、真空热压(VHP)锻造等方法压实成形。连续纤维增强 TMCs 的主要制备方法见表 5.20。表中交替叠轧法最简单,但纤维分布难以均匀,经高温高压成型或热处理后,容易产生疲劳显微裂纹。后面几种方法都是在单根纤维上涂一层均匀的基体粉末,然后将涂钛层的纤维分布均匀,无纤维聚集,纤维体积含量可达 80%。

表 5.20 连续纤维增强 TMCs 的制备方法

复合方法	工艺及制备方法	特点
交替叠轧法(FFF)	将纤维-基体-纤维交替排列,加热加压后使其密实,然后叠轧	纤维易聚集,易产生显微裂纹

续表 5.20

复合方法	工艺及制备方法	特点
等离子喷涂法(MCM)	①用等离子体将金属粉末注入高速旋转的编织纤维上,堆垛压实 ②制备粉末布,然后堆垛压实	纤维分布均匀,界面反应小,利于成形
高速物理气相沉积(PVD)	在单根纤维上均匀地涂一层基体粉末,然后将涂钛纤维叠起来,热压或热等静压成形	纤维分布均匀,无聚集,纤维体积含量高
电子束蒸涂(EBEI)	在单根纤维上蒸涂钛基体粉末,然后同上法成形	涂层速度高,金属利用率低
三极管溅射(Ts)	用三极管溅射基体粉末于单根纤维上,然后同上法成形	沉积速度低,金属利用率高
磁控溅射	用三极管溅射基体粉末于单根纤维上,然后同上法成形	沉积速度低,金属利用率高

  近年来的研究表明,用锻造代替热等静压或真空热压法,生产出的 TMCs 的室温力学性能与热等静压法制备的相当,从而降低了成本。钛的化学活性很强,制备过程中容易与基体发生界面反应,使材料性能降低,因此控制界面反应是改善力学性能的关键。如真空热压法制取的 TMCs,其纤维表面总有 $2\sim5~\mu m$ 厚的脆性层。连续纤维增强型 TMCs 的各向异性很强,横向拉伸强度仅为纵向的 30%~45%,纵向拉伸性能比基体高得多。

  SiC 纤维增强 TMCs 的使用温度实际上只能达 600~800 ℃,其高温承荷能力主要取决于 SiC 纤维。一般 SiC 纤维强化 TMCs 纵向的弹性模量、拉伸、蠕变强度都得到明显改善,但其横向性能大大低于其基体材料,因横向负载主要靠基材和基材与强化剂界面来承担。含 35% SiC 纤维的 TMCs 其横向拉伸和蠕变强度只有单质基体材料的 1/3~1/2。弱界面连接有利于阻止疲劳裂纹生长,而牢固的界面对提高横向强度有利。因此为了获得横向强度和疲劳裂纹扩展抗力的最佳匹配,必须优化界面连接模式,使纤维与基体的界面结合适中,这也有利于材料保持较高的断裂韧性。表 5.21 为 SiC 纤维增强 TMCs 的力学性能,从表中知该材料比其基体钛合金的拉伸强度和弹性模量有较大提高,而且由于 SiC 的密度比基体钛合金小,实际上复合材料的比强度和比模量都有提高。除用陶瓷纤维增强 TMCs 外,还有用金属纤维(丝)。表 5.22 为金属钼和铍纤维增强 TTMCs 的合成工艺条件和性能,从表中可看出,用钼和铍纤维增强 TMCs 的拉伸强度比其基体均有提高。

表 5.21 SiC 纤维增强钛基复合材料的力学性能

材料	拉伸强度/MPa	弹性模量/GPa	断裂伸长率/%
SiC/Ti—6Al—4V(35%)制造态	1 690	186.2	0.96
905 ℃,7 h 热处理	1 434	190.3	0.86
SiC/Ti-15 V-3Sn-3Cr-3Al(38%)制造态	1 572	197.9	—
480 ℃,16 h 热处理	1 951	213.0	—

表 5.22　金属纤维增强 TMCs 的合成工艺条件和性能

基体	金属丝	金属丝体积分数 /%	热压温度 /℃	压力 /MPa	时间	拉伸强度 /MPa
Ti-6Al-4V	Mo	30	870	42	6	1 400
Ti	Be	30	792	96.5	60	1 050

5.5.3　钛基复合材料的应用

SiC 纤维增强 TMCs 的发展最初是以超高音速宇航器和先进航空发动机为主要应用目标。因为用它制造的波纹芯体呈蜂窝结构,在高温下具有很高的承载能力和刚度及低的密度,使其成为航天飞机发动机理想的候选材料。但是由于制作工艺复杂、成型工艺困难和原材料昂贵使得它的推广应用很困难。美国建立了 SiC 纤维增强 TMCs 生产线,已为直接进入轨道的航天飞机提供机翼、机身的蒙皮、支撑梁及加强筋等构件。美国还将钛基复合材料成功地应用于导弹尾翼、汽车发动机气门阀、连杆、高尔夫夹头等。日本丰田汽车公司制备了 TiB/Ti-4.3Fe-7.0Mo-1.4Al-1.4V 复合材料,用于汽车工业。欧洲的汽车生产厂家正在探索用 TMCs 来代替原来的金属复合材料延长气门连杆等部件的寿命。

最初颗粒增强 TMCs 的发展也是瞄准超高音速宇航飞行器和先进航空发动机的应用。典型的应用实例是将钛铝基复合材料 Ti-47Al-2V-7% TiB_2 用作导弹翼片。因为它在 600 ℃ 以上的强度和 750 ℃ 以上的弹性模量均高于 17-4PH 钢,从而大大改善了导弹机翼的工作温度。近年来另一个重要趋势是人们正在将颗粒增强 TMCs 转向民用。钛基复合材料在汽车工业上有较好的应用前景。此外,为了降低 TMCs 的成本,日本发展了一系列用 TiC 和 TiB 颗粒增强的 β 钛合金复合材料,其成本可与普通钢抗衡,而耐磨性也很高,可望在汽车和许多民用工程上应用推广。

5.6　镍基复合材料

5.6.1　镍基复合材料常用基体和增强体

金属基复合材料最有前途的应用之一是作燃气涡轮发动机的叶片。对于像燃气轮机零件这类用途,需要耐较高的温度,需采用像镍基复合材料这样很耐热的材料。由于制造和使用温度较高,制造复合材料的难度和纤维与基体之间反应的可能性都增加。同时,对这类用途还要求有在高温下具有足够强度和稳定性的增强体,符合这些要求的有氧化物、碳化物、硼化物和难熔金属。

用于镍基复合材料的基体主要有:纯镍、镍铬合金、镍铝合金等。Ni_3Al 合金常作为镍基复合材料的基体,因为它的屈服强度具有反常的温度关系,在 600 ℃ 左右达到峰值;用 B 微合金化后大大地改进了其塑性;密度也低于传统的镍基高温合金。NiAl 合金也被用为镍基复合材料的基体,因为它具有高熔点(1 640 ℃)、低密度(5.869 g/cm^3)及极佳的抗氧化性能。而增强体主要有:Al_2O_3 和 SiC 颗粒、晶须、纤维、TiC 和 TiB_2 颗粒及 W 丝等。

5.6.2　镍基复合材料的制备方法

在复合材料系统中,一个合适的增强材料除了具有良好的高温强度外,其热膨胀系数必须与基体相匹配,同时必须与基体润湿及化学相容。金属基体与增强材料化学相容包括:基体与增强材料不发生化学反应及增强材料不溶于基体中。

复合材料界面性质对复合材料的性能影响很大,界面反应过量将影响复合材料的性能,屈服、断裂、疲劳强度以及裂纹扩展行为等均受界面反应区厚度的影响,尤其是界面反应会降低增强纤维的强度。为了改善增强体与镍基体的润湿性及避免界面发生反应损伤增强纤维或晶须,需对增强物进行金属涂层。同时涂层也能提供过渡层以缓和因增强物与基体的热膨胀系数不同而产生的应力。对于晶须,涂层必须很薄,以便涂层在复合材料中不占太大体积比。Al_2O_3 纤维或晶须和镍及其合金在材料制备时会发生一定程度的反应,可用钨作为其表面涂层。SiC 纤维和 B_4C/B 纤维与镍基体易发生反应,用它们作为镍基复合材料的增强体,也须对其进行涂层。

镍的熔点很高(约 1 453 ℃),制备镍基复合材料较少用液态法,而主要是用固态法,包括:粉末冶金法、热压法、热等静压法、热挤压法和扩散结合等。颗粒增强镍基复合材料大都可用以上方法,而纤维尤其是长纤维不能用粉末冶金法,但可用热压法。比如,Al_2O_3 颗粒、纤维增强镍基复合材料就能用粉末冶金法、扩散结合制备;SiC 颗粒、纤维增强 Ni_3Al 是用热压和扩散结合来制备;TiB_2 颗粒增强 NiAl 或 Ni_3Al 可用热压和热挤压法;B_4C/B 纤维增强可用热压法。制造镍基复合氧化铝纤维复合材料的主要方法是扩散结合,即将纤维夹在金属板之间进行加热。该法成功地制造了 Al_2O_3/Ni_3Al 和 $Al_2O_3/NiCr$ 复合材料,其工艺过程是先在纤维上涂一层 Y_2O_3(约 1 μm 厚),随后再涂一层钨(约 0.5 μm 厚),然后再电镀镍层。这层镍可以防止在复合材料叠层和加压过程中纤维与纤维的接触和最大限度地减少对涂层可能造成的损伤。经过这种电镀的纤维放在镍铬合金薄板之间,进行加压。加压在真空中进行,典型条件是温度 1 200 ℃,压力 41.4 MPa。

5.6.3 镍基复合材料的性能

Ni_3Al 与 Al_2O_3 反应程度很小,因此很适合用 Al_2O_3 纤维来增强 Ni_3Al,形成的复合材料的屈服强度与基体相当或有所提高,而延伸率几乎均比基体小。比如用 B 微合金化的 Ni_3Al 的屈服强度为 314 MPa,延伸率为 21.9%,而用热压法加 5%(体积)Al_2O_3 纤维后复合材料的屈服强度增加为 396 MPa,延伸率则下降为 4.6%。

用 25%(体积)Al_2O_3 颗粒增强 Ni_3Al 基体复合材料 600 ℃ 以上高温屈服强度大大提高。若考虑密度下降因素(下降 12%),则此复合材料 800 ℃ 比屈服强度比基体提高 40% 以上,如图 5.12 所示。

到目前为止,对 Ni_3Al 基体合金强化效果最好的增强剂是 TiC 颗粒。Fuchs 采用真空热压、热等静压再热挤压的工艺生产了 25%(体积)TiC 颗粒增强的 Ni_3Al 基复合材料。此复合材料在所有测试温度下屈服强度和弹性模量都优于基体合金,且屈服强度具有反常温度关系,但复合材料的延伸率下降,其塑性降低,见表 5.23。Alman 用热压法合成了 TiB_2 颗粒增强的 NiAl 基复合材料,其室温和高温强度都大幅度提高,而且其强度值超过了用复合材料混合定律计算的强度上限值,因为 TiB_2 颗粒使基体晶粒尺寸大幅度下降。此外,TiB_2 颗粒加进 NiAl 合金中,会使其刚度大幅度提高。

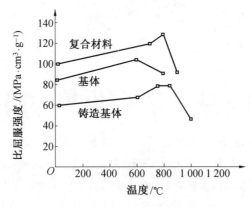

图 5.12 Al$_2$O$_3$/Ni$_3$Al、Ni$_3$Al 基体(真空热压+热挤压)以及铸造 Ni$_3$Al 的比屈服强度和温度的关系

表 5.23 TiC/Ni$_3$Al 复合材料及其基体的拉伸性能

材料	温度/℃	屈服强度/MPa	延伸率/%	弹性模量/GPa
Ni$_3$Al 合金	27	690	9.2	221
	600	724	10.0	163
	760	539	10.4	102
	850	345	10.3	61
	1 000	31	89.0	15
TiC/Ni$_3$Al 复合材料	27	777	0.4	248
	600	817	0.4	194
	760	599	1.0	135
	850	425	1.5	90
	1 000	83	22.4	67

5.6.4 镍基复合材料的应用前景

制造镍基复合材料的技术工艺还处于发展的初期阶段。虽然大部分用来制造金属基复合材料的加工方法基本上都适于制造镍基复合材料,但由于该材料所需工艺温度高,因而应该在改进现有制造低温金属基复合材料的工艺基础上发明新的加工方法,并集中在一个所选择的加工方法上优化工艺条件,把复合材料性能与界面和微观组织联系起来。

第6章 陶瓷基复合材料

陶瓷基复合材料(ceramic matrix composite,CMC)是在陶瓷基体中引入第二相材料,使之增强、增韧的多相材料,又称为多相复合陶瓷(multiphase composite ceramic)或复相陶瓷。在多相复合陶瓷的研究中,首先必须考虑的问题是两个或两个以上的相之间在化学上的相容性及物理上的相容性。化学相容性是指在制造和使用温度下纤维与基体两者不发生化学反应及不引起性能退化。物理相容性是指两者的热膨胀和弹性匹配,通常希望使纤维的热膨胀系数和弹性模量高于基体,使基体的制造残余应力为压缩应力。除了通过热力学计算粗略估计,还必须通过实验来加以验证、确认或调整;其次需考虑相间物理上的匹配,即相间在热膨胀系数和弹性模量上的匹配。

6.1 陶瓷基复合材料的种类

现代陶瓷材料具有耐高温、硬度高、耐磨损、耐腐蚀及相对密度轻等许多优良的性能;但同时它也具有致命的弱点:脆性,这是陶瓷材料的使用受到限制的主要原因。因此,陶瓷材料的强韧化问题便成为研究的一个重点问题。通过研究已探索出若干种韧化陶瓷的途径,其中往陶瓷中加入增韧、增强作用的第二相而制成陶瓷基复合材料是一种重要的方法。陶瓷基复合材料强韧化的途径有:颗粒弥散、纤维增强等,具体分类如下。

6.1.1 纤维或晶须增强(或增韧)陶瓷基复合材料

我国从20世纪70年代初期开始碳纤维增强陶瓷的研究。由于在碳纤维增强石英复合材料中,两相在化学上的相容性好,而且在物理上的匹配也适当,因而取得很好的增强、增韧效果。这一材料已经在我国的空间技术上得到应用。在碳纤维增强氮化硅复合材料的研究中发现:碳纤维与氮化硅的两相组合在化学上的相容和物理上的匹配都不甚理想。尽管可以通过低温烧结的途径来改善其化学相容性,通过ZrO_2的相变来缓和由于热膨胀不匹配而引起的应力,但是两相之间弹性模量的不匹配所产生的影响仍然无法消除。因此,这种复合材料虽然在韧性上可以得到改进,但在增强上并没有什么显著效果。碳化硅纤维增强锂铝硅(LAS)复合材料也比较符合前述原则,它在1 200 ℃以下仍不失为一种好的高温结构材料。由于LAS微晶玻璃可以通过添加MgO调整其热膨胀系数,使之与碳化硅纤维得到更佳的匹配。碳纤维/LAS复合材料具有高达20.1 MPa·$m^{1/2}$的断裂韧性。

SiC晶须/Si_3N_4复合材料有极好的高温强度和断裂韧性,在1 370 ℃分别为880 MPa和8.5 MPa·$m^{1/2}$,且表现出低的残余应力和高的抗蠕变性能。用气压烧结得到的SiC晶须/Si_3N_4复合材料,除具有高的强度和断裂韧性外,还具有高达91~93HRA的硬度。在SiC晶须增强氧化物基的陶瓷复合材料中,效果最显著的是SiC晶须/莫来石陶瓷。它的强度与断裂韧性较之未增强的莫来石陶瓷高1倍左右,此值一直可以保持到800 ℃的高温,如图6.1所示。

如果采用压滤成型-热压工艺,则可使材料的结构均匀性大为改善,且缺陷尺寸减小。在SiC晶须增强氧化钇稳定四方氧化锆多晶体(Y-TZP)中,尽管由于SiC晶须的加入影响了Y-TZP基体的室温强度,但是,此强度可以一直保持到800 ℃左右。用溶胶-凝胶方法在SiC晶须表面涂覆莫来石层,可以改进SiCw与Y-TZP两相的界面结构,使复合材料的强度和断裂韧性均有大幅度提高,室温断裂韧性可达17 MPa·m$^{1/2}$。但

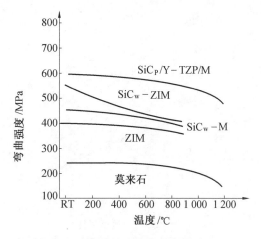

图6.1 多相陶瓷强度与温度的关系

是较难将具有一定长径比的晶须与几乎是等轴状的基体粉末这两种几何形态差异悬殊的物料混合均匀。在SiC晶须/Al$_2$O$_3$系统中,物料混合过程中加入Al(OH)$_3$质量5% ~ 10%的分散剂,可以大大改进SiC晶须在介质中的沉积密度(可提高2倍左右),最终获得的SiC晶须/Al$_2$O$_3$的强度和断裂韧性可分别达到800 MPa和8.0 MPa·m$^{1/2}$,适于作为切削工具材料。

6.1.2 异相颗粒弥散强化复相陶瓷

异相(在主晶相基体相中引入的第二相)颗粒分为刚性(硬质)颗粒和延性颗粒两种,它们均匀弥散于陶瓷基体中,起到增加强度和韧性的作用。

刚性颗粒又称刚性颗粒增强体,它是高强度、高硬度、高热稳定性和化学稳定性的陶瓷颗粒。刚性颗粒弥散强化陶瓷的增韧机制有裂纹分叉、裂纹偏转等,它可以有效提高断裂韧性。刚性颗粒增强的陶瓷基复合材料有很好的高温力学性能,是制造切削刀具、高速轴承和陶瓷发动机部件的理想材料。

延性颗粒是金属颗粒,由于金属的高温性能低于陶瓷基体材料,因此延性颗粒增强的陶瓷基复合材料的高温力学性能不好,但可以显著改善中低温时的韧性。延性颗粒的增韧机制有:裂纹桥联、颗粒塑性变形、颗粒拔出、裂纹偏转和裂纹在颗粒处终止等,其中桥联机制的增韧效果较显著。延性颗粒增韧陶瓷基复合材料可用于耐磨部件。

以第二相颗粒弥散于陶瓷基体中来组成复相陶瓷是陶瓷强化与韧化的一条在工艺上较易实现的途径。利用ZrO$_2$从四方相到单斜相转变效应的氧化锆多晶体(TZP)陶瓷材料,虽然可以获得在室温下较高的强度和断裂韧性,但遗憾的是,当温度上升使相变效应消失时,强度和断裂韧性随之急剧下降。而利用SiC颗粒弥散于Y-TZP材料中,则可使复相陶瓷的高温性能保持相当高的水平(尽管室温性能稍有下降),如图6.2所示。

因为性能良好,这种颗粒增强氧化锆的复相陶瓷可以用作发动机活塞顶材料。莫来石虽然具有良好的高温稳定性,但由于它的基础性能值较低,限制了它作为结构陶瓷的应用。通过两相颗粒弥散增韧,可使它的强度和韧性提高到原来的3倍,成为发动机活塞顶的另一种候选材料。用SiC颗粒弥散于Si$_3$N$_4$基体中,可以在一定程度上抑制Si$_3$N$_4$晶粒的长大,从而获得细晶粒的显微结构。同时由于第二相的存在,提供了促使裂纹偏转和分叉的增韧机制,

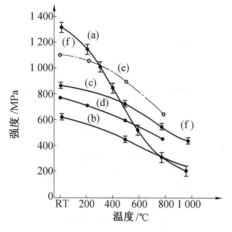

图 6.2 各种 ZrO_2 基多相陶瓷强度与温度的关系

(a)Y-TZP;(b)20% SiC(晶片)/Y-TZP;
(c)20% SiC(晶片)/Al_2O_3-Y-TZP;
(d)SiC_w/Y-TZP;(e)SiC_p/Y-TZP;
(f)15 vol%SiSw(莫来石涂层)/Y-TZP

因而可以获得较高的强度和断裂韧性。为了获得更均匀的两相分布,首先合成 $SiC-Si_3N_4$ 的复相粉末原料;采用炭黑和气凝氧化硅,在氮气氛下进行碳还原氮化,得到组分可调节的纳米 $SiC-Si_3N_4$ 复合粉体。另外,也可以用热化学气相反应法来制备这类复合粉体。

6.1.3 自增强复相陶瓷

自增强复相陶瓷也称原生长陶瓷复合材料,与前两种不同,此种陶瓷复合材料的第二相不是预先单独制备的,而是在原料中加入可生成第二相的元素(或化合物),控制其生成条件,使在陶瓷基体致密化过程中,直接通过高温化学反应或相变过程,在主晶相基体中同时原位生长出均匀分布的晶须或高长径比的晶粒或晶片,即增强相,形成陶瓷复合材料。由于第二相是原位生成的,不存在与主晶相相容性不良的缺点,因此这种特殊结构的陶瓷复合材料的室温和高温力学性能均优于同组分的其他类型复合材料。

调整陶瓷工艺或其热处理过程,使陶瓷的晶粒生长成具有一定长径比的柱状和板状形态,即原位生长,使其产生类似于晶须增强的效果。原位生长可以避免出现等轴状晶粒与外加的晶须状物料不易均匀混合的问题。现已发现,在 Si-Al-O-N 系统中,在合适的工艺条件,富(N)区的一些 AlN 多型体、$\beta\text{-}Si_3N_4$ 和 β-sialon 均能生长为具有一定长径比的柱状晶粒。

用 TiO_2、BN、B_4C 和 Al 混合再进行热压,在热压过程中也能产生原位反应,最后得到 $Al_2O_3\text{-}TiB_2\text{-}TiC_{0.5}N_{0.5}$ 陶瓷复合材料,显微观察发现,在 Al_2O_3 晶粒中分布着亚微米至微米级、近圆球形 Ti(C,N) 颗粒,而在 TiB_2 晶粒中分布着纳米级片状 Ti(C,N) 晶体。这种工艺可视为自蔓延高温合成技术的一种改进。

6.1.4 梯度功能复合陶瓷

梯度功能复合陶瓷又称倾斜功能陶瓷。初期的这种材料不全部是陶瓷,而是陶瓷与金属材料的梯度复合,以后又发展了两类陶瓷梯度复合。梯度是指从材料的一侧至另一侧,一类组分的含量渐次由 100% 减少至零,而另一类则从零渐次增加至 100%,以适应部件两侧的不同工作条件与环境要求,并减少可能发生的热应力。通过控制构成材料的要素(组成、结构等)由一侧向另一侧基本上呈连续梯度变化,从而获得性质与功能相应于组成和结构的变化而呈现梯度变化的非均质材料,以减小和克服结合部位的性能不匹配。利用"梯度"概念,可以构思出一系列新材料。这类复合材料融合了材料-结构、微观-宏观及基体-第二相的界限,是传统复合材料概念的新推广。

用陶瓷涂覆金属一般都使涂层的组分作梯度变化,以消除由于陶瓷与金属热膨胀系数的巨大差异而产生的热应力,从而保证涂层对金属基底的结合和使用可靠性。近年来,利用这一概念对陶瓷表面进行改性,通过陶瓷涂层对陶瓷本体形成表面压力愈合表面缺陷,从而达到改进整体性能。这种陶瓷称为梯度陶瓷复合材料或梯度复相陶瓷。例如,碳化物在一定温度和一定氮气压力下,由于热力学不稳定状态而转化为氮化物。依据这一原理,通过热等静压氮化后处理工艺,可以在碳化物基体中生长出柱状和针状 β-Si_3N_4 晶体,在 SiC 陶瓷材料的表面形成 β-Si_3N_4 层,构成具有梯度结构的、高强度(900 MPa)和较高断裂韧性(8 MPa·$m^{1/2}$)的陶瓷基复合材料。用这种工艺同样可以制备出 SiC-TiC-TiN 或 SiC-Si_3N_4-TiC-TiN 陶瓷基复合材料。它使用质量比 1∶1 的 TiC 和 SiC 粉混合后热压烧结,再在氮气压下进行热等静压得到的梯度陶瓷材料,强度可达 760 MPa,断裂韧性为 9 MPa·$m^{1/2}$。

6.1.5 纳米陶瓷基复合材料

纳米陶瓷基复合材料是指陶瓷基体中含有纳米粒子第二相的复合材料,一般可分为三类:①基体晶粒内弥散纳米粒子第二相;②基体晶粒间弥散纳米粒子第二相;③基体和第二相均为纳米晶粒。其中①、②不仅可改善室温力学性能,而且能改善高温力学性能;而③则可产生某些新功能,如可加工性和超塑性。

我国开始纳米陶瓷的研究与国际上几乎是同时起步,目前我国已能用各种方法制备纳米粉体,如用共沉淀法、共沸蒸馏法、水热法、热喷射法等制备无团聚的、均匀的纳米 Y-TZP 粉;用溶胶-凝胶法合成莫来石粉;用沉淀水解法合成 ZrO_2-Al_2O_3 复合粉;用水热法制备超细铝粉;用溶剂萃取法制备 ZrO_2 粉;用自蔓延高温合成法(SHS)合成 Si_3N_4 基复合粉;用碳热还原法制备 SiC-Si_3N_4 复合粉;用激光诱导化学气相沉积(LICVD)法制备 Si_3N_4 粉;用热等离子法合成颗粒尺寸为 50~80 nm 的 SiC 纳米粉等。用 13 nm 的 Y-TZP 陶瓷粉快速烧结,在 1 200 ℃保温 1 min,即可达到 98% 以上的理论密度。纳米陶瓷基复合材料性能非常优异,表 6.1 示出某些纳米陶瓷基复合材料体系的典型性能。

表 6.1 纳米陶瓷基复合材料的典型性能

材料	σ_f	K_{Ic}/(MPa·$m^{1/2}$)	材料	σ_f	K_{Ic}/(MPa·$m^{1/2}$)
Al_2O_3	350	3.5	Al_2O_3/15%(体积)SiC	1 200	5.1
Al_2O_3/5%(体积)SiC	1 100	4.8	Al_2O_3+annealing	560	2.9
Al_2O_3/5%(体积)SiC(退火)	1 520	—	Al_2O_3/5%(体积)SiC	760	3.6
Al_2O_3/16%(体积)Si_3N_4	850	4.7	Al_2O_3/5%(体积)SiC+退火	1 000	3.3
MgO	340	1.2	Si_3N_4	740	5.5
MgO/30%(体积)SiC	700	4.5	Si_3N_4/5%(体积)SiC	970	7.4
Si_3N_4	850	4.5	Si_3N_4	690	9.9
Si_3N_4/25%(体积)SiC	1 550	7.5	Si_3N_4/20%(质量)SiCw	805	11.2
Al_2O_3	380	3.9	Si_3N_4/10%(质量)SiCN	780	—
Al_2O_3/15%(体积)Si_3N_4	820	6.0	Si_3N_4/20%(质量)SiCN	880	12.0

陶瓷基体中的纳米级第二相对纳米陶瓷基复合材料的力学性能和高温性能的提高产生明显作用,如改善抗弯强度,改善断裂韧性,提高使用温度,改善抗蠕变性能等,见表6.2。SiC[17%(体积)]$_n$纳米/Al$_2$O$_3$复合材料1 200 ℃,50 MPa条件下的拉伸蠕变曲线与单组分Al$_2$O$_3$在1 200 ℃,50 MPa条件下的拉伸蠕变曲线比较如图6.3所示,由图可见,纳米复合材料的蠕变率明显低于单组分Al$_2$O$_3$的。

表6.2 CNC力学性能的改善(→左侧表示基体性能,右侧表示CNC性能)

复合材料体系 (纳米相/基体)	断裂韧性K_{Ic} /(MPa·m$^{1/2}$)	抗变强度 /MPa	最高使用温度 /℃
SiC/Al$_2$O$_3$	3.5→4.8	350→1 520	800→1 200
Si$_3$N$_4$/Al$_2$O$_3$	3.5→4.7	350→850	800→1 300
SiC/MgO	1.2→4.5	340→700	600→1 400
SiC/Si$_3$N$_4$	4.5→7.5	850→1 550	1 200→1 400

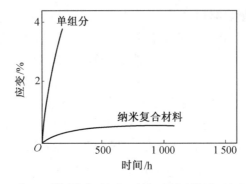

图6.3 SiC[17%(体积)]$_n$纳米/Al$_2$O$_3$复合材料与Al$_2$O$_3$单组分在
1 200 ℃,50 MPa条件下的拉伸蠕变曲线比较

6.2 陶瓷基复合材料的制备工艺

陶瓷基复合材料体系有多种不同的制备工艺。纤维增强陶瓷基复合材料的成型是将纤维从陶瓷浆料中浸渍并在拖过的过程中粘挂上浆料,再通过缠绕、剪裁,得到无纬布,然后通过铺排叠层与装模,经冷压成坯料,或者将浸过浆料的纤维直接装模成型。烧结多采用热压方法;晶须增强陶瓷基复合材料的工艺是首先把晶须放入分散介质中用机械方法使其分散,然后加入陶瓷粉料,通过搅拌使晶须与陶瓷粉均匀混合,烘干后进行热压或热等静压烧结;颗粒弥散强化陶瓷基复合材料常用机械混合或化学混合的方法得到均匀的混合料,将预成型后的坯料通过热压烧结、无压烧结、真空烧结或热等静压烧结得到致密的复合材料。

6.2.1 纤维增强(或增韧)陶瓷基复合材料的制造技术

纤维在陶瓷基复合材料中的排列和分布必须符合材料设计要求。热压烧结是最普遍、也是最昂贵的用于纤维增强陶瓷基复合材料的烧结技术之一。热压烧结工艺所制造的陶

第6章 陶瓷基复合材料

瓷基复合材料具有非常优良的质量,纤维与陶瓷基体间所产生的热失配也很低。这种工艺曾用于碳纤维、氧化铝纤维、碳化硅纤维和金属纤维增强玻璃、玻璃陶瓷和氧化物陶瓷。20世纪70年代末,采用 SiC、Si_3N_4、Al_2O_3 等高性能纤维和晶须增强陶瓷,在航空航天等领域的应用中取得较大进展。

连续纤维增强陶瓷基复合材料的制备方法主要包括:料浆浸渍-热压烧结法、化学气相渗透法(CVI 法)、有机先驱体热解法、熔融浸渗法、直接氧化沉积法和反应烧结法等。

1. 料浆浸渍-热压烧结法

料浆浸渍-热压烧结法是最早用于制备连续纤维增强陶瓷基复合材料的方法,其基本原理是将具有可烧结性的基体原料粉末与连续纤维用浸渍工艺制成坯件,然后在高温下加压烧结,使基体与纤维结合制成复合材料。

料浆浸渍也称为泥浆浸渍。让纤维通过盛有料浆的容器浸挂料浆后缠绕在卷筒上,烘干,沿卷筒母线切断,取下后得到无纬布,剪裁后在模具中叠排成一定结构的坯体,经干燥、排胶和热压烧结得到陶瓷基复合材料制品。工艺如图6.4所示。

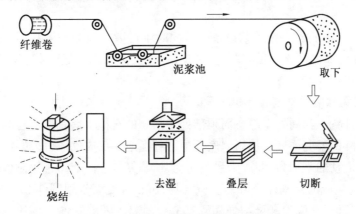

图6.4 料浆浸渍-热压烧结工艺示意图

为了使浆料能够均匀地粘附于纤维表面,浆料中有时还加入某些促进剂和基体润湿剂。浆料中的陶瓷粉末粒径应小于纤维直径并能悬浮于载液中;纤维应选用容易分散的、捻数低的束丝,纤维表面要清洁。在浸渍稀浆的过程中,应尽可能避免纤维损伤,并要保证在工艺结束前完全去除复合材料中的载液、粘结剂和润湿剂、促进剂等残余的液体组分。

热压烧结过程中往往没有直接发生化学反应,而依靠系统表面能减少,使疏松的陶瓷粉体熔接达到致密化。基体粉末的尺寸分布、温度和压力是控制基体疏松、纤维损伤和纤维与基体结合强度的关键参数。

料浆浸渍-热压烧结工艺的特点为:与常压烧结相比,烧结温度低且烧结时间短;所得制品致密度高(接近理论值)。缺点为:生产效率较低,只适应于单件和小规模生产,工艺成本较高;制品垂直于加压方向的性能与平行于加压方向的性能有显著差别;纤维与基体的比例较难控制,成品中纤维不易均匀分布。料浆浸渍-热压烧结工艺主要应用于纤维单向或双向增强陶瓷基复合材料的制造。

2. 化学气相渗透法

用化学气相渗透(chemical vapor infiltration,CVI)制备陶瓷基复合材料是将含有挥发性金属化合物的气体在高温反应形成陶瓷固体沉积在增强剂预制体的空隙中,使预制体逐渐致密而形成陶瓷基复合材料。其增强体通常是由纤维编织成的多缝隙体(预制坯件),使按一定比例配制的反应气体进入反应沉积炉,随主气流流经纤维预制坯件的缝隙,借助扩散或对流等传质过程向坯件内部渗透,并在坯件的表面缝隙内壁附着。在一定条件下,吸附在壁面上的反应气体发生表面化学反应生成陶瓷固体产物并放出气态副产物,气态副产物从壁面上解附,借助传质过程进入主气流由沉积炉内排出。在坯体的孔壁上沉积的固相基体随着过程的进行而不断增密,最终得到纤维增强陶瓷基复合材料。CVI方法是制备碳化硅陶瓷基复合材料的最理想的制造方法。

化学气相渗透是低温低压成型工艺,可分为等温等压化学气相渗透工艺(ICVI)和温度-压力梯度化学气相渗透工艺(FCVI)。

(1)等温等压化学气相渗透工艺。

等温等压化学气相渗透工艺(ICVI)的特点是:坯件和沉积层内既无温度梯度,也无压力梯度,仅依靠沿着孔隙的扩散过程进行反应气体和产物的质量传递来形成陶瓷基复合材料。

ICVI工艺的优点为:在一个工艺设备内可同时生产数个尺寸和形状不同的制件;适于制备较薄的、任意形状的制件。ICVI工艺的缺点为:致密化速度低(因为仅靠扩散);不易生产尺寸较厚的工件。

(2)温度-压力梯度化学气相渗透工艺。

将纤维预制件置于四周处于冷态而顶部处于热态的石墨坩埚底部,使预制件的上部与下部之间形成很陡的温度梯度。从坩埚底部中心管道通入反应气体(即源气),压力梯度的作用是造成源气流动的驱动力,即产生强制流动,使源气自下而上渗透预制件,到达上部的高温区发生反应,生成陶瓷基体成分的反应产物,沉积和凝聚于预制件上部纤维周围形成基体,预制件的上部逐渐成为纤维增强陶瓷基复合材料。随着制件上部的致密度增加,热导率增加,高温区随之下移。陶瓷基体的形成与沉积区也随之下移,直至整个预制坯体中的空穴被完全填满,最终获得高致密的纤维增强陶瓷基复合材料。

压力梯度必须保持源气进口处的高压和出口处的低压,使源气被强制渗过预制坯件。FCVI方法采用温度梯度和压力梯度,克服了ICVI法易于填塞气孔且难于制备大尺寸、高致密材料的缺点。采用FCVI工艺,即使在源气流量较大时,也能保持进气侧开口气孔的畅通,获得较高的沉积率和高致密的复合材料。用FCVI法沉积一个$\phi 50$ mm×13 mm样品(NICALON SiC_f/SiC,沉积温度1 200~1 400 ℃)仅需30 h左右,SiC预制件中的孔隙能完全被SiC陶瓷所填充。应用FCVI法可获得高强度、高韧性和高临界应变的陶瓷基复合材料。

FCVI工艺的优点为:缩短了工艺时间(比ICVI工艺时间减少一个数量级);可用于制备厚尺寸制件;可同时适应大量预制件;低温(900~1 100 ℃);陶瓷纤维在工艺过程中不受损伤;近净成型(near net shape forming);复合材料可以保持纤维的排布形状与方向,工艺过程中预制件的形状和尺寸几乎不变化;不需施加外压;先驱体是气态,便于控制与调节;适合于制造化学成分简单的陶瓷基复合材料。但FCVI工艺制品的孔隙率较高,一般为

10%~15%,必要时需用其他一些气态或液态工艺技术进行弥补。

(3)CVI 工艺的应用。

为使复合材料制品的横向性能不致过差,预制坯件常采用多向纤维编织体,先进行界面涂层,再进行化学气相渗透,经机械加工后的制品还要进行涂层保护。CVI 制品的致密度可达 93%~94%,其纤维体积分数可达 40%~50%。

目前,只有碳化硅基的复合材料能以化学气相渗透技术进行工业规模生产,其制品用于航空和航天领域。利用 CVI 技术制备的碳化硅陶瓷基复合材料具有高抗氧化性、高耐温性和较低的密度,主要复合材料体系有 C_f/SiC 和 SiC_f/SiC。它们应用于航空和航天工业液体推进剂火箭发动机部件和喷气发动机部件;空间飞船可重复使用的大尺寸结构(例如欧洲 Hermes 航天飞机的部件)等。

利用 CVI 技术可以制备其他非氧化物基体的复合材料。利用合适的气态先驱体来获得陶瓷基体,在反应动力学的速率下完成沉积。在沉积温度下,基体与纤维(常用碳纤维)的化学相容性要好,可避免导致纤维强度降级的纤维/基体之间的过量反应。这些非氧化物基体包括:TiC 基–源气用 $TiCl_4$–CH_4–H_2;B_4C 基–源气用 BCl_3–CH_4–H_2 等。

利用 CVI 技术制备的氧化物基 CVI 复合材料包括:Al_2O_3 基–源气用 $AlCl_3$–H_2–CO_2、ZrO_2 基–源气用 $ZrCl_4$–H_2–CO_2。

3. 有机先驱体热解法

(1)有机先驱体热解法工艺。

通过对高聚先驱体进行热解制备无机陶瓷的方法,称为先驱体热解法,又称先驱体转化法或聚合物浸渍裂解法,它可用于形成陶瓷基体而制备颗粒和纤维(含纤维编织物)增强陶瓷基复合材料。应用高聚物先驱体热解方法制备纤维增强陶瓷基复合材料的工艺过程是:先将纤维编织成所需形状,然后浸渍高聚物先驱体,将浸有高聚物先驱体的工件在惰性气体保护下升温,使所浸含的高聚物先驱体发生裂解反应,所生成的固态产物存留于纤维编织物缝隙中,形成陶瓷基体。为提高热解产物密度,可反复浸渍–热解–再浸渍–再热解,如此循环直至达到要求的基体含量。先驱体热解法的优点是:成型性好、加工性好、可对产物结构进行设计等。先驱体转化法还可用于制备陶瓷纤维、陶瓷涂层和超细陶瓷粉末等。

有机先驱体转化法的工艺过程为:以纤维预制件为骨架,抽真空排除预制件中的空气,浸渍熔融的聚合物先驱体或其溶液,在惰性气体保护下晾干,使先驱体交联固化,然后在惰性气氛中进行高温裂解,重复浸渍(交联)裂解过程,使材料致密化。图 6.5 示出有机先驱体转化法制备三向编织碳纤维增强碳化硅陶瓷基复合材料的工艺路线。

也有人将化学气相渗透 CVD 工艺归属于先驱体转化法一类,不同点是它采用的有机先驱体是气态小分子有机物,如聚甲基硅烷、聚甲基乙烯基硅烷、聚钛碳硅烷、聚硼硅氮烷等。

(2)有机先驱体热解法的特点。

①可通过有机先驱体分子设计和工艺来控制复合材料基体的组成和结构。

②可沿用纤维增强聚合物基复合材料(FRPMC)和碳/碳(C/C)复合材料的成型方法制备纤维增强陶瓷基复合材料(FRCMC)的坯体或预成型体,并可在预成型体中加入填料

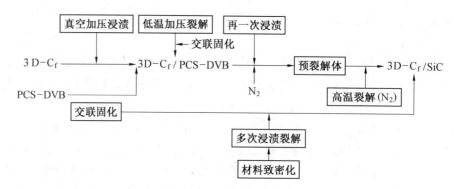

图 6.5　有机先驱体热解法工艺制备 3D-C_f/SiC 的工艺路线

或添加剂制备多相组分的陶瓷基复合材料。

③可在常压和较低的温度下烧成。如由聚碳硅烷(PCS)转化为 SiC 时,在 850 ℃左右就可完成 PCS 的陶瓷转化。

④能够制造形状比较复杂的构件,且可在工艺过程中对工件进行机械加工,得到精确尺寸的构件(near-net-shape)。

⑤陶瓷化过程中不需添加烧结助剂,在很大程度上避免了因显微结构不均匀而导致强度数据分散和可靠性不高。

⑥便于基体与纤维的复合。常规方法难于实现纤维特别是其编织物与陶瓷基体的均匀复合,先驱体法能有效地实现这一过程。

⑦所需设备简单、工艺简便、制造成本较低。

有机先驱体工艺适合于制备用碳纤维和碳化硅纤维增强 SiC 陶瓷、Si_3N_4 陶瓷和 Al_2O_3 陶瓷基复合材料。表 6.3 示出用有机先驱体法制备的各种陶瓷基复合材料的性能。

表 6.3　有机先驱体热解法工艺复合材料的性能

复合材料体系	制备工艺	弯曲强度(室温)/MPa	弯曲强度(1 200 ℃)/MPa	断裂韧性/(MPa·m$^{1/2}$)
C_f/SiC	聚合物裂解	500	—	10
C_f/Si_3N_4	聚合物裂解	481	443	29
SiC_f/SiC	聚合物裂解	110	—	5
SiC_f/SiC	CVI	300	280	33
C_f/SiC	CVI	700	700	36
C_f/SiC	聚合物裂解	481	—	17.5
C_f/SiC	聚合物裂解	740	—	18
C_f/Al_2O_3-SiC	聚合物裂解	428	—	—
C_f/Si_3N_4	聚合物裂解	425	—	11.6

有机聚合物先驱体选用的原则是:单体容易获得、合成工艺简单且价格低廉;聚合物可以溶解于有机溶剂或熔融成为低黏度液体;聚合物在室温下可以稳定保存;裂解过程中逸

出气体少,陶瓷产率高。

陶瓷先驱体需具备的结构特征是:先驱体结构近似最终陶瓷组成,不含有害杂质;具有一定的活性基团,如 Si—H、双键等,适宜先驱体的交联;分子质量适中且分布集中,含较多的支链或环;先驱体结构中无其他有害元素,除氢外,无或只有少量其他取代基团。

先驱体转化法的不足是:先驱体裂解过程中有大量的气体逸出,在产物内部留下气孔;先驱体裂解过程中伴有失重和密度增大,导致较大的体积收缩,且裂解产物中富碳。

在先驱体中加入惰性填料(即在先驱体裂解过程中质量和体积都不发生变化的填加料)在一定程度上可以抑制烧成产物的收缩,常见的惰性填料有 SiC、Si_3N_4、BN、AlN、Al_2O_3 等。

在先驱体中还可以加入活性填料,它的特点是:可以与先驱体裂解气体反应;可以与保护气氛反应;可以与先驱体转化过程中所生成的游离碳反应。以加入活性填料 Ti 为例的反应为

$$Ti(s) + CH_4 \longrightarrow TiC(s) + 2H_2(g)$$
$$2Ti(s) + N_2(g) \longrightarrow 2TiN(s)$$
$$Ti(s) + C(s) \longrightarrow TiC(s)$$

这三种反应形成的固态沉积物将作为陶瓷基体的组成部分留在制品之中,除可减少制品收缩率、减少游离碳含量,还可有效提高制品的性能(如改善增强相与基体的界面结合、提高基体的强度和断裂韧性、提高高温抗氧化性能等)。

Al、B、Cr、$CrSi_2$、Mo、Si、Ta、Ti、TiB_2、TiH_2、W、Zr 12 种活性填料对聚碳硅烷先驱体裂解陶瓷的反应活性、线收缩、陶瓷产率、力学性能等的影响各不相同。在先驱体裂解过程中,经对比裂解前后的质量及 XRD 检验证实,在 1 000 ℃ N_2 中裂解后,除 B、$CrSi_2$、Si、TiB_2 外,其余活性填料与先驱体气态裂解产物、游离碳、N_2 的反应活性都较高;Al、Cr 能有效控制先驱体裂解产生的收缩。当 Al/PCS 和 Cr/PCS 体积比分别为 56%(体积)和 46%(体积)时,体系的线收缩为零。其余活性填料含量越高,先驱体裂解后的线收缩越大;除 Cr、Ti、TiH_2 外,在先驱体中加入活性填料越多,陶瓷烧成体的三点弯曲强度越高。其中,当 Al/PCS 体积比为 60%时,陶瓷烧成体的强度达 212 MPa,产物的高温性能(如抗热震性、高温强度)均有所提高。

6.2.2 晶须增强陶瓷基复合材料的制备技术

用晶须增强陶瓷基复合材料的原因是:晶须增强陶瓷具有适宜的断裂韧性(5~15 $MPa \cdot m^{1/2}$);晶须增强陶瓷具有较高的强度;晶须增强陶瓷具有高的耐热性(如晶须增强 SiC 陶瓷,其耐受温度达 1 600 ℃)。

晶须增强陶瓷基复合材料的制备方法可分为外加晶须(或短切纤维)和原位生长晶须两类,它们的复合工艺有显著区别。

1. 外加晶须(或短切纤维)制备陶瓷基复合材料的制造工艺

外加晶须(或短切纤维)增强陶瓷基复合材料的制备程序包括:分散晶须(或短切纤维)、与基体原料混合、成型坯件和烧结。主要工艺方法有烧结法、先驱体转化法和电泳沉积法等。

(1)晶须(或短切纤维)的净化与分散。

陶瓷基复合材料所用的晶须(或短切纤维)直径小,一般为 0.1~0.3 μm,长度为 50~200 μm,长径比大(通常为 7~30),具有高的比表面积,晶须之间相互纠结以及晶须之间的物理和化学吸附,导致晶须集聚(clustering)。晶须内的颗粒状杂质和大块晶体或集聚块团,可能造成复合材料制品的结构缺陷,导致复合材料的性能下降。

在制备陶瓷基复合材料前,首先要净化晶须,为了除去颗粒状杂质防止集聚成块。主要方法是采用沉降技术除去颗粒状杂质,或者采用沉降絮凝技术,既除去颗粒状杂质,又可在干燥时不致重新集聚。

晶须的分散方法主要有球磨、超声振动和溶胶-凝胶法。对于某些长径比较大,分枝较多的晶须,首先要通过球磨或高速捣碎的方式减少分枝和降低长径比。晶须分散的关键在于消除晶须的团聚或集聚。为使晶须与陶瓷粉体均匀混合,通常采用湿处理技术,用低黏性、高固体含量的介质使晶须分散。

球磨和超声分散主要借助外加机械力将纠结在一起的晶须集聚体"撕开",但还需要借助合适的分散介质和分散剂以及合适的 pH 值等,来改变晶须的表面状态,消除晶须之间的化学吸附,达到均匀分散的目的。溶胶-凝胶法是通过将各个复合体系先制成胶体,借助胶体这一特殊介质的电化学作用使晶须均匀分散,最终制得晶须均匀分散的成型体。

晶须分散的效果对复合材料的性能影响很大。晶须(或短切纤维)分散效果取决于分散方法和分散剂的选择,以及溶剂含量和分散时间。晶须经超声振动分散后需加高速搅拌,分散介质常采用有机溶剂、无水乙醇或去离子水。例如,采用超声振动分散和高速搅拌,使 β-SiC 晶须在分散介质中均匀分布,超声振动兼有表面处理的效果,这样就形成了晶须料浆。再将粒径为 0.5 μm 的 Si_3N_4 粉末、烧结助剂,湿法球磨混成基体料浆。将晶须料浆与基体料浆混合,经高速搅拌、干燥后置于石墨模具中,在 1 700~1 800 ℃,20~30 MPa 热压 0.5~1 h,得到的 SiC_w/Si_3N_4 复合材料具有良好的室温与高温抗弯性能。

(2)压力渗滤制坯工艺。

压力渗滤工艺过程是:首先将晶须(或短切纤维)预成型为增强体骨架。置于石膏模具中,在压力作用下使陶瓷基体浆料充满增强体骨架的缝隙,料浆中的液体经过滤器排入过滤腔,这样就形成了增强体骨架缝隙填充有陶瓷基体料浆的复合材料的坯件。经过在模具内加压烧结,得到晶须(或短切纤维)增强陶瓷基复合材料。压力渗滤工艺示意图如图 6.6 所示。

将晶须(或短切纤维)进行预处理,然后采用分散技术使其均匀分布于陶瓷基体料浆中,再利用图 6.6 所示的装置直接加压渗滤,也可以获得晶须(或短切纤维)增强陶瓷基复合材料的坯件。

(3)烧结法(热致密化工艺)。

烧结法的工艺流程为晶须分散→预成型坯件→烧结。烧结的方法主要有热压烧结、热等静压烧结、活化烧结和微波烧结。

①热压烧结。将分散有晶须(短切纤维)的陶瓷粉体在常温下压制成具有一定形状的预制坯件,在高温下通过外加压力使其变成致密的、具有一定形状的制件的过程称为热压

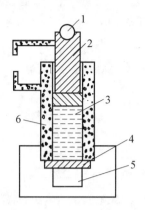

图 6.6 压力渗透工艺示意图

1—加压器；2—压头活塞；3—泥浆；4—过滤器；5—过滤腔；6—石膏模具

烧结。热压烧结的模具用石墨材料制作。

热压烧结工艺的优点是：加压有利于制品致密化；成型压力低（仅为冷成型时的1/10）；烧结时间短，因而能耗少且晶粒不致过分长大。热压烧结工艺的缺点是：制品性能有方向性；生产效率低，成本高；只适宜于制造形状较简单的制件，每次制备的件数较少。

②热等静压烧结。将分散有晶须（短切纤维）、陶瓷基体粉末的坯件或烧结体装入包套中，置于等静压炉中，使其在加热过程中经受各向均衡的压力，在高温和高压共同作用下烧结成陶瓷基复合材料的方法称为热等静压烧结（HIP）。热等静压烧结工艺的关键是采用金属包套，且使用惰性气体保护。

热等静压烧结工艺的优点是：在高压下可以降低烧结温度（如 Al_2O_3 常压烧结温度超过 1 800 ℃，而热等静压的压力为 20 MPa 时烧结温度为 1 500 ℃、100 MPa 时为 1 000 ℃）；烧结时间短；在无烧结添加剂的情况下能制备出不含气孔的、致密的制品。其缺点是设备昂贵、生产率低。

SiC 晶须增强氮化硅陶瓷一般采用热压烧结或热等静压烧结法制造。常压烧结时需要添加较多的烧结助剂，导致其复合材料高温性能下降。热压烧结的 SiC_w［10% ~ 30%（体积）］/Si_3N_4 的断裂韧性可提高 30% ~ 100%。如果制造工艺适当，抗弯强度也可以提高 20% ~ 50%。

图 6.7 示出外加 SiC 晶须增强氮化硅陶瓷基复合材料的制造工艺流程。

SiC 晶须增强碳化硅陶瓷通常采用将 SiC 晶须与碳化硅颗粒与烧结助剂混合成型和烧结工艺制造；SiC 晶须增强赛隆（sialon）陶瓷需要采用热压烧结、热等静压烧结或气氛压力烧结。热压烧结的 SiC_w/sialon 复合材料的抗弯强度为 800 ~ 1 100 MPa，断裂韧性达 9 ~ 12 $MPa \cdot m^{1/2}$，高温（1 300 ℃）下强度保留值为 600 ~ 800 MPa；SiC 晶须增强氧化锆（ZTA）陶瓷也采用热压烧结法制造。其抗弯强度达 800 ~ 1 000 MPa，断裂韧性达 8 ~ 12 $MPa \cdot m^{1/2}$，高温（1 000 ℃）强度 400 MPa；莫来石增强氧化锆铝主要采用热压和热等静压方法制造，烧结温度超过 1 600 ℃

Si_3N_4 晶须增强氧化铝陶瓷采用热压烧结法制造，即将预分散好的晶须与氧化铝粉体

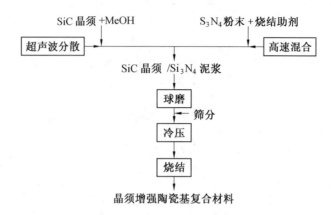

图 6.7 外加 SiC 晶须增强陶瓷基复合材料的工艺流程

均匀混合、成型和烧结。Si_3N_4[20%（质量）]晶须/氧化铝陶瓷复合材料的强度和断裂韧性均比基体提高约 50%。

③活化烧结。在活化烧结中，采用有利于烧结进行的物理或化学方法促进烧结过程或提高制品性能，又称为反应烧结或强化烧结，其原理是在烧结前或烧结过程中，采用某些物理方法（如超声波、电磁场、加压、热等静压）或化学方法（如氧化还原反应、氧化物、卤化物和氢化物离解为基础的化学反应及气氛烧结等），使反应物的原子或分子处于高能态，利用高能态容易释放能量变为低能态的不稳定性作为强化烧结的辅助驱动力。活化烧结具有降低烧结温度、缩短烧结时间、改善烧结效果等优点。与其他烧结工艺比较，活化烧结还可以使烧结过程中制品的密度增加，烧结件不收缩，不变形，因此可以制造尺寸精确的制品；活化烧结时物质迁移的过程发生在长距离范围内，因此制品质地均匀，质量改善；工艺简单、经济，适于大批量生产。

活化烧结的缺点是制品密度较低（仅为理论密度的 90% 左右），因此力学性能较低。活化烧结目前只限于少量陶瓷基体体系，如碳化硅基、氧氮化基和碳化硅基等。

④微波烧结。微波烧结是利用陶瓷及其复合材料在微波电磁场中因介质损耗加热至烧结温度而实现致密化的快速烧结技术，其本质是微波电磁场与物料直接相互作用。由高频交变电磁场引起陶瓷及其复合材料内部的自由与束缚电荷的反复极化和剧烈旋转振动，在分子之间产生碰撞、摩擦和内耗，使微波能转变为热能，从而产生高温，达到烧结的目的。微波烧结的升温速度快（可达 500 ℃/min 以上），而且可以做到从工件内部到外部同时均匀受热。由于烧结速度快，可以获得高强度、高韧性和均匀的超细结构，进而可以改进材料的宏观性能。微波烧结还具有高效节能的特点。

（4）先驱体转化法。

制备晶须增强陶瓷基复合材料的先驱体转化工艺是：晶须与陶瓷微粉和有机先驱物（或其溶剂）均匀混合→模压制成预成型坯件→在一定温度和气氛下使先驱物热解成为陶瓷基体。

例如，短切 C_f/SiC 复合材料的制备工艺流程为：短切碳纤维与微粉、聚碳硅烷及二甲苯溶剂混合→搅拌与加热→撕松与烘干→加压预制坯件→高温裂解→重复浸渍、裂解过程，最终得到短切 C_f/SiC 复合材料。

先驱体转化法具有成型容易、烧结温度低、工艺重复性高的优点，但制品气孔率高、收缩变形大。

(5)电泳沉积法。

电泳沉积工艺是：晶须与陶瓷粉末的悬浮溶液在直流电场作用下，由于质点离解和吸附使质点表面带电，带电质点(晶须和陶瓷粉末)向电极迁移并在电极上沉积成一定形状的坯件→干燥→烧结→陶瓷基复合材料制品。分散介质用水或溶剂；电极材料用金属或石墨。

电泳沉积法适宜于制造薄壁异形筒(管)状和棒状、板状制品；可用于制造层状复合材料和梯度功能复合材料。

2. 原位生长法制备晶须增强陶瓷基复合材料

(1)原位生长晶须增强陶瓷基复合材料的工艺原理。

原位生长工艺是通过化学反应在基体熔体中原位生成增强组元晶须或高长径比晶体，从而形成晶须增强陶瓷基复合材料的工艺。

由于陶瓷液相烧结时某些晶相能够形成高长径比晶体，利用这一性质并控制烧结工艺，使基体中生长出这种能起增强作用的晶体，形成自增强陶瓷基复合材料。例如，氮化硅陶瓷在高压氮气氛中烧结，其中生成强度高、长径比达10∶1的 β-Si_3N_4 晶体，可起自增强作用。其工艺过程是：将硅粉和高纯石墨粉、适量的晶须生长催化剂(氟化物和稀土氧化物)压制成型坯件，在抽真空后充氮(N_2)的氧化铝炉内加热至1 623 K并保温，在氮化硅陶瓷中原位生长 β-Si_3N_4 晶须，形成 β-Si_3N_4/Si_3N_4 自增强型陶瓷基复合材料。

已知 β'-Si_3N_4 是长柱状晶体，它的强度很高，可起自增强作用；α'-sialon 为均质状晶体，其强度、硬度均很高；纤维状的 12H 相(A1N 多型体)也是长柱状晶体，它的强度和硬度也很高。采用 Si_3N_4、Y_2O_3、La_2O_3、Al_2O_3(纯度为99%)、AlN(含 N 量不小于32%)，通过配料、球磨、干燥、制粒、成型坯件、烧成等工艺过程可制成具有良好力学性能的 α'-β'-Si_3N_4 复相陶瓷。其中，长柱状的 β' 相和纤维状的 12H 相起原位自增强作用，同时，长柱状晶体 β' 与等轴晶体 α' 紧密交织，使长柱晶体还具有断头拔出效应，增加了复相陶瓷的断裂韧性。

原位生长晶须增强陶瓷基复合材料的工艺特点是在烧结过程中晶须择优取向；不必考虑外加晶须存在的相容性和热膨胀匹配问题；不存在处理晶须过程对操作人员健康的威胁；具有制造复杂形状、大尺寸产品的潜力；在烧结中没有收缩。

(2)原位生长法制备晶须增强陶瓷基复合材料的性能。

表6.4给出 SiC_w/Al_2O_3 复合材料的晶须含量与弯曲强度和断裂韧性的关系。可见，晶须含量增加，复合材料的弯曲强度和断裂韧性也增加；高温(1 000 ℃和1 200 ℃)下的强度保留率和断裂韧性均较高。表6.5给出 SiC_w/ZrO_2、$MoSi_2$、莫来石、铝硼硅玻璃陶瓷的力学性能。表6.6给出 Si_3N_4 原位生长晶须体系(自增强体系)的力学性能。

表 6.4 SiC_w/Al_2O_3 复合材料拉伸强度、断裂韧性与晶须含量的关系
(晶须牌号为 α-silar-SC-9 晶须,ARCO 化学公司,Green SC.)

SiC 晶须/%(体积)	σ_f/MPa	K_{Ic}/(MPa·m$^{1/2}$)	使用温度/℃
5a	391	3.6	25
15a	652	4.6	25
0	150	4.3	25
30a	680	8.7	25
40a	850	6.2	25
40a	680	6.4	1 000
40a	610	8.7	1 200
0	—	4.5	25
10a	—	8.1	25
20a	—	7.6	25
30a	—	9.0	25
5a	475	4.0	25
10a	540	4.8	25
20a	670	6.1	25
30a	720	7.0	25
40a	640	7.9	25

表 6.5 SiC 晶须增强不同陶瓷基体复合材料的力学性能

SiC_w/%(体积)	基体	σ_f/MPa	K_{Ic}/(MPa·m$^{1/2}$)	使用温度/℃
0	莫来石	201	2.45	25
30a	莫来石	386	3.52	25
30c	莫来石	329	3.60	25
0	莫来石	—	2.2	25
20a	莫来石	440	4.6	25
0	ZrO_2	1 150	6.0	25
20c	ZrO_2	600	10.5	25
30c	ZrO_2	600	11.0	25
0	$MoSi_2$	150	5.3	25
20b	$MoSi_2$	310	8.2	25
0	AlBSi-玻璃	103	1.0	25
35a	AlBSi-玻璃	327	5.1	25

表 6.6 自增强 Si_3N_4 某些工艺和性能

烧结方法	添加剂	σ_f/MPa	K_{Ic}/(MPa·m$^{1/2}$)
Tani GPS	Y-Al	550~900	8~11
Pvzik HP	Y-Mg-Ca	1 250	8~14
Luo HP	Y-La	860~960	8.4~11.4
Wu GPS	Y-La	886	11.4(Si_3N_4 晶须)

(3)原位生长法制备晶须增强陶瓷基复合材料的工艺特点。

可以使用低价原料、对环境污染小、工艺简单;但难以制备完全致密的陶瓷基复合材料。采用预先在低温下热处理坯件,使其生成一定量的晶须,然后再热压烧结,可获得接近完全致密的复合材料。

6.2.3 颗粒弥散陶瓷基复合材料制造技术

由于颗粒弥散陶瓷基复合材料的增强体和基体原料均为粉料,因此混料方法多采用球磨制得混合料。制造颗粒弥散陶瓷基复合材料的一般工艺过程是:球磨混合料,混合料干燥,采用压制、粉浆浇法、注射、挤压、轧制等方法制成具有要求形状的预成型坯件,最后在适当气氛中加压烧结,得到颗粒弥散陶瓷基复合材料制品。在烧结过程,通过一系列物理、化学变化,改变粉末颗粒之间的结合状态,使制品的密度和强度增加,并使其他物理、化学性能也得到改善。颗粒增强陶瓷基复合材料的烧结方法为常压烧结和热压烧结,热压烧结又包括单向热压烧结和热等静压烧结。此外,还可用先驱体热解、化学气相沉积、溶胶-凝胶、直接氧化沉积工艺制备颗粒增强陶瓷基复合材料。

1. 原料处理

对原料粉末进行预处理,目的是改变粉末的平均粒度、粒度分布、颗粒形状、流动性和成型性;改变晶型,去除吸附气体和低挥发杂质;消除游离碳和各种外部夹杂。原料处理方法包括煅烧、混合、塑化和制粒。

煅烧的目的是去除原料中易挥发的杂质、水分、气体和有机物等,能提高原料的纯度并减少后续烧结工序中的体积收缩。原料粉末均匀混合的主要方法是湿法球磨,其介质为水、酒精或其他有机溶液。采用球磨混合还具有将粉料进一步磨细的功能,但粉末过细会造成对材料性能不利的簇聚。在磨成一定细度的原料粉末中加入塑化剂(包括粘结剂、增塑剂和溶剂),在制粒机上制出由粘结剂包裹的塑化颗粒。然后将经过上述预处理的颗粒制成要求形状的坯件。

2. 颗粒预成型坯件的制备方法

坯件预成型的方法有粉末压制成型、粉浆浇筑成型、可塑成型、注浆成型、注射成型和热致密化成型等。坯件的主要成型方法见表6.7。

表6.7 坯件的主要成型方法

成型方法	加压范围	加压温度	模具材料	适用范围及特点
金属模压成型	40~100 MPa	常温	高碳钢 工具钢 硬质合金	形状简单,尺寸小,批量大的制品
冷等静压成型	70~200 MPa	常温	乳胶 橡胶	形状复杂,尺寸不大、指少的制品和棒状制品
粉浆浇筑成型	常压	常温	石膏	形状很复杂,尺寸大的制品

续表 6.7

成型方法	加压范围	加压温度	模具材料	适用范围及特点
轧制成型	—	冷轧:常温 热轧:600~1 200 ℃	高硬度铸钢和铸铁轧辊	薄、宽的带状和片状制品
挤压成型	0.7~7 MPa	冷挤:40~200 ℃ 热挤:800~1 200 ℃	普通钢 高碳钢 工具钢	棒、管及截面积不规则的长条形制品
爆炸成型	压力极大	—	—	尺寸不限,制品密度高,批量小
注射成型	—	—	高碳钢 工具钢	高精度制品,结构复杂制品

压制成型包括金属模压成型(模具材料一般为钢)和冷等静压成型(模具材料为橡胶类),均在常温下进行,后者比前者的压力约高一倍,为 70~100 MPa;粉浆浇筑成型是以石膏为模具,在常温、常压下进行浇筑;注射成型是把熔化的含蜡料浆用注射机注入钢制的模具中,经冷却、脱模、排蜡,得到预成型坯件;轧制成型是利用轧机将塑化的原料泥团连续轧制成片状坯件(厚度在 1 mm 以下),一般采用热轧(800~1 200 ℃);挤压成型也称挤塑成型,它利用液压机推动活塞,将已塑化的泥团从挤压嘴挤出并成型,一般也采用热挤(800~1 200 ℃),热致密化成型与热压烧结相似。

3. 颗粒弥散陶瓷基复合材料的烧结技术

由于制备颗粒弥散陶瓷基复合材料的原料粉末比表面积大,表面自由能高,并在粉末内部存在各种晶格缺陷,因此处于高能介稳状态。通过烧结使系统总能量降低,达到稳定状态。在烧结过程中,需要添加烧结助剂(体积百分比约为 5%~10%)。烧结助剂在烧结过程中形成少量液相,由于液相的黏性流动使颗粒重新分布并排列得更加致密,随着烧结时间增长,细颗粒和粗颗粒表面凸出部分在液相中溶解,并在粗颗粒表面析出。剩余液相充填于颗粒结合成的骨架间隙中,并发生晶粒长大与颗粒熔合,促使制品进一步致密化。

颗粒弥散陶瓷基复合材料常用的烧结工艺有:加压烧结、常压烧结、反应烧结、真空烧结(如 TiB_{2P}/Al_2O_3)、自蔓延高温合成(如 TiB_{2P}/MgO、ZrB_{2P}/Al_2O_3)等。加压烧结技术包括热压烧结和热等静压烧结。热压烧结法烧结温度一般为熔点(单位为 K)的 0.5~0.8,烧结时间很短(连续烧结一般为 10~15 min),可以得到致密、均匀、晶粒尺寸细小(1~1.5 μm)的陶瓷基复合材料制品。图 6.8 示出热压烧结工艺流程。

图 6.8 颗粒弥散陶瓷基复合材料热压烧结工艺流程

热压烧结法的优点是:被烧结物料易产生黏性或塑性流动,可充满模腔、减少空隙;成型压力低(仅为冷压的 1/10);烧结时间短,使晶粒不至于过分长大;可以制得几乎接近理论密度的制品;不同粒度和不同硬度的粉末其热压烧结工艺无明显区别。热压烧结的主要缺点是需要有模具(一般采用高纯石墨),模具材料损耗大、寿命短;制品精度较低,需要对制品进行二次机械加工以增加尺寸精度;仅适用于制备形状较简单的制品,且不便于批量生产。

热等静压烧结由高压保护气体提供压力,将颗粒与粉末制成尺寸精确的预成型坯件后,在其表面涂覆氮化物包层,这一包层可起到热等静压烧结时包套的作用,因而在热等静压烧结时无需再另加包套。在热等静压炉内先在真空环境(压强为 1.33 Pa)、较低温度(1 200 ℃)下去除有机挥发物,再在较高温度(1 700 ℃)和压力(100~300 MPa)下进行烧结。

6.3 典型纤维增强陶瓷基复合材料

6.3.1 C_f/SiC 复合材料的工艺、性能及应用

1. C_f/SiC 复合材料的制备工艺

目前,制备 C_f/SiC 复合材料的工艺有化学气相渗透法、聚合物浸渍裂解法、泥浆浸渍热压法等。

(1)化学气相渗透法。

化学气相渗透法(CVI 法)制备 C_f/SiC 复合材料的典型的工艺过程是:将碳纤维预成型体置于 CVI 炉中,源气(即与载气混合的一种或数种气态先驱体)通过扩散或由压力差产生的定向流动输送至预成型体周围后向其内部扩散,此时气态先驱体在孔隙内发生化学反应,所生成的固体产物(SiC)沉积在孔隙壁上,使孔隙壁的表面逐渐增厚(即孔隙逐渐缩小)。控制适当的温度梯度和压力梯度及气态先驱体的流量和浓度,在 2~12 h 内可制备出密度为理论密度 70%~90% 的 C_f/SiC 复合材料制品。目前,CVI 工艺方法包括等温 CVI(ICVI)、温度梯度 CVI、温度-压力梯度 CVI(FCVI)、脉冲 CVI(即间歇式变化源气成分以获得不同成分混杂的陶瓷基体)等,一些更新的 CVI 方法也时有报道。

用 CVI 法制备 C_f/SiC 复合材料的主要优点有:

①可在远低于基体材料熔点的温度(约 1 000 ℃)下合成陶瓷基体,降低了纤维与基体间的高温化学反应带来的纤维性能劣化;

②便于制备大型薄壁复杂构件,并可实现近净成型;

③对纤维的机械损伤小;

④通过对基体和界面层进行微观尺度成分设计,可制备出成分及性能梯度变化的纤维增强陶瓷基复合材料。

CVI 是目前制造纤维多维编织体增强陶瓷基复合材料(主要是 C_f/SiC、SiC_f/SiC)的唯一商品化方法。CVI 的不足之处主要是制品孔隙率较高(约 15%~20%)。美国西北大学采用的微波化学气相渗透法(MCVI)利用微波加热在纤维预制体中产生由内自外的温度梯度,克服了沉积物优先在预制体表面沉积的缺点,避免了孔隙通道过早闭塞在制件中留下空洞,并且大大缩短了制备时间,提高了复合材料的质量,是目前很有前途的制备纤维增强

陶瓷基复合材料的方法。

(2)聚合物浸渍裂解法。

聚合物浸渍裂解法是近10年来发展迅速的一种制备C_f/SiC复合材料的工艺。它以纤维预制件为骨架,真空排除预制件中的空气,再使其浸渍聚合物先驱体(例如聚碳硅烷)的熔液或溶液,经交联固化后,再在惰性气体保护下高温裂解,重复浸渍裂解过程使材料致密化。

先驱体裂解法可制备形状比较复杂的异型构件,由于裂解时温度较低(1 000 ℃左右),材料制备过程中对纤维造成的热损伤和机械损伤比较小;但由于高温裂解过程中小分子溢出,材料的孔隙率高,很难制备出完全致密的材料。从有机先驱体转化为无机陶瓷过程中材料密度变化大(聚合物先驱体密度为1.0 g/cm^3,陶瓷化后密度为2.6 g/cm^3),导致材料体积收缩大(达50%~60%),收缩产生的内应力不利于提高材料的性能。

近几年来,为解决先驱体裂解法及CVI法的不足,研究者结合两者的优点来制备C_f/SiC复合材料,主要用于制备三维编织增强的C_f/SiC复合材料。

(3)泥浆浸渍热压法。

泥浆浸渍热压法的典型工艺是把SiC粉末、烧结助剂粉末和有机粘结剂配以溶剂制成泥浆,将碳纤维浸渍泥浆后制成无纬布,将无纬布切片模压成型最后热压烧结制成陶瓷基复合材料。

泥浆浸渍热压工艺早先用于玻璃陶瓷基体,例如LAS($Li_2O-Al_2O_3-SiO_2$)、MAS($MgO-Al_2O_3-SiO_2$)、BMAS($BaO-MgO-Al_2O_3-SiO_2$)等。20世纪90年代初,此工艺应用于制备高温高压条件下烧结的非氧化物陶瓷基复合材料,主要的体系为C_f/SiC、C_f/Si_3N_4。它的致密化主要通过液相烧结。一般情况下,SiC的烧结温度高于1 800 ℃,烧结助剂有TiB_2、TiC、B、B_4C等;Si_3N_4烧结温度在1 600 ℃,烧结助剂为$Y_2O_3-Al_2O_3$。从烧结的温度来看,能够经受此高温的只有碳纤维及Hi—Nicalon纤维。虽然用泥浆浸渍热压法制造的C_f/SiC复合材料致密度较高,缺陷较少,并且工艺简单,周期短,是制造C_f/SiC复合材料费用最低的制备方法。但是由于高温下纤维与基体可能发生的界面反应,高温高压对纤维有较大损伤,因此所得的C_f/SiC复合材料的强度不高。另外,泥浆浸渍热压法制备复杂构件也有较大困难。

在上述泥浆中加有聚合物先驱体而构成先驱体转化-热压烧结工艺是泥浆浸渍热压法的改进。在烧结过程中陶瓷先驱体可生成SiC颗粒,与SiC粉末共同烧结成陶瓷基体。可大大降低烧结温度,从而最大限度降低纤维的高温损伤,得到性能优良的C_f/SiC复合材料。先驱体转化-热压工艺可大大缩短复合材料的制备周期,降低生产成本,尤其适用于制备片状陶瓷基复合材料。

(4)反应烧结。

反应烧结通过硅与碳的反应来完成。有研究表明硅和碳在900 ℃下便可生成SiC,但是通常制备反应的温度在硅的熔点1 414 ℃以上,硅以液相或气相状态与碳反应,最终材料中可能会有少量未与碳反应的自由硅存在。如坂本昭(日)用SiC、Si、C粉末与丙烯酸类树脂制成泥浆浸渍碳纤维,干燥成型后加压烧结,得到碳纤维增强SiC材料。Fischedick等以沥青或树脂等碳的先驱体浸渍碳纤维预制体后裂解制得多孔C/C材料,在液相或气相条件下渗 Si。也可通过小分子烃的 CVI 工艺在制备碳/碳材料后渗 Si,得到混杂基体复合材料 C/C-SiC。Vogli 等将橡木加工成所要的形状后在惰性气体保护下 800 ℃ 碳化,随后在 1 550 ℃ 以上真空渗 Si 或 SiO_2,得到 C_f/SiC 复合材料,其室温弯曲强度达 330 MPa,1 300 ℃ 弯曲强度达 280 MPa。

2. C_f/SiC 复合材料的结构与界面

影响 C_f/SiC 复合材料性能的关键是纤维与基体的界面。界面结构直接关系到界面结合强度。而界面结合强度控制着复合材料断裂时的能量吸收机制:界面脱粘、裂纹转向、分叉以及纤维拔出。

界面反应将改变复合材料的界面强度,从而改变复合材料的性能。C_f/SiC 复合材料的界面反应主要是 Si 原子向纤维内部的扩散。Si 原子通过界面进入碳纤维内部的过程中,Si 的扩散系数为 $8.2 \times 10^{-17} \sim 6 \times 10^{-16}$ m^2/s,扩散自由能为 18.4 kcal/mol,温度为 900 ~ 1 300 ℃ 时,Si 原子为自由态或与 C 原子形成 SiC。Si 原子在沥青基碳纤维中的扩散速度远小于在 PAN 基碳纤维中的速度,这个结果表明沥青基碳纤维更适于制备 C_f/SiC 复合材料。

为改善 C_f/SiC 复合材料的界面,最简单最有效的方法是通过纤维的表面涂层来实现,可采用 CVD、聚合物裂解法等。目前 C_f/SiC 复合材料典型的纤维涂层为裂解碳涂层,可通过调节涂层的厚度和涂层的微观结构来实现界面强度的优化。对比有 B_4C 涂层的 C_f/SiC 复合材料和无涂层的 C_f/SiC 复合材料,当热处理温度相同时,Si 几乎不扩散入有 B_4C 涂层碳纤维内部。

3. C_f/SiC 复合材料的性能

(1) C_f/SiC 复合材料的力学性能。

不同的工艺制成的 C_f/SiC 复合材料,其性能有较大的差别,见表 6.8。其中,热压法的强度和断裂韧性最好,这可能与所获得的复合材料的致密度有关。

表 6.8 C_f/SiC 复合材料的性能

制备工艺	材料性能		
	σ/MPa	K_{Ic}/(MPa·$m^{1/2}$)	密度/(g·cm^{-3})
聚合物裂解法	530	—	<1.85
泥浆浸渍热压法(纤维单向增强)	950	30.0	—
泥浆浸渍热压法	360 ~ 450	13.4 ~ 21.4	—
CVI(纤维单向增强)	约 800	6.0 ~ 10.0	—
CVI	520	16.5	2.10
反应烧结	300	—	2.20

通过考察工艺过程对碳纤维的损伤及对材料性能的影响和纤维的性能对材料力学性能的影响,一般可以得到如下结论:

①纤维的弹性模量对复合材料的强度和断裂韧性有相当大的影响,纤维弹性模量在 440 ~ 640 GPa 为好。

② 纤维体积分数在 37% ~53% 变化时,复合材料的强度和断裂韧性随着纤维体积分数的增加而增加,纤维的体积分数在 30% ~70% 为好。

用聚合物裂解法制备单向和三向编织 C_f/SiC 复合材料,其特性见表 6.9。单向 C_f/SiC 复合材料力学性能见表 6.10,三向编织 C_f/SiC 复合材料的力学性能见表 6.11。表 6.12 示出高温不同应力下 C_f/SiC 复合材料的稳态蠕变速率。

表 6.9 单向和三向编织 C_f/SiC 复合材料的特性

纤维排列方式	密度/(g·cm⁻³)	V_f/%	V_m/%	V_p/%
单向	2.25	50	43	7
三向编织	1.82	45	41	14

表 6.10 单向 C_f/SiC 复合材料的力学性能

性能	室温	1 300 ℃	1 450 ℃	1 650 ℃
拉伸强度/MPa	372	374	338	—
弯曲强度/MPa	550	392	394	574
弯曲模量/GPa	157	148	132	83
断裂韧性/(MPa·m^{1/2})	17.9	—	12.5	—

表 6.11 不同方式三向编织 C_f/SiC 复合材料的力学性能

性能	数值	碳纤维类型	纤维 k 数	编织方式
弯曲强度/MPa	570.7	JC	1k	34
断裂韧性/(MPa·m^{1/2})	18.25	JC	1k	34
弯曲强度/MPa	522.4	JC	1k	811
断裂韧性/(MPa·m^{1/2})	17.0	JC	1k	811
弯曲强度/MPa	501.2	M40JB	6k	34
断裂韧性/(MPa·m^{1/2})	15.05	M40JB	6k	34
弯曲强度/MPa	401.2	M40JB	6k	811
断裂韧性/(MPa·m^{1/2})	15.3	M40JB	6k	811
弯曲强度/MPa	213.4	M40JB	6k	35
弯曲强度/MPa	367.1	M40JB	12k	34
断裂韧性/(MPa·m^{1/2})	10.7	M40JB	12k	34

表 6.12 高温不同应力下 C_f/SiC 复合材料的稳态蠕变速率

温度/℃	蠕变应力/MPa	稳态蠕变速率/(×10⁻² min)
1 300	124.5	2.05
1 300	93.9	1.27
1 350	109.2	1.76
1 400	112.8	2.09
1 450	94.2	2.52

通过 1 300 ℃ 高温风洞实验,C_f/SiC 复合材料在燃气条件下热震 50 次后弯曲强度为

296.05 MPa,强度保留率为89.9%。

(2) C_f/SiC 复合材料的抗氧化性能。

在不同温度下氧化5 h 后的氧化特征曲线如图6.9所示。由于碳纤维与SiC 基体热膨胀失配引起基体裂纹,使C_f/SiC 复合材料在700 ℃的低温下即产生严重氧化,而后在高温下抗氧化性能又提高。采用玻璃封填虽然可以提高低温抗氧化性能,但却恶化了高温抗氧化性能。采用玻璃封填和抗氧化陶瓷涂层相结合的方法可以大幅度降低C_f/SiC 抗氧化性能对温度梯度的敏感性,可同时改善其低温和高温下的抗氧化性能。

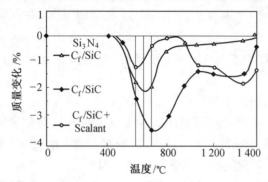

图6.9 在不同温度下氧化5 h 后 C_f/SiC 复合材料和涂层 C_f/SiC 的氧化特征曲线

陶瓷涂层的主要工艺有CVD法、溶胶-凝胶法、聚合物裂解法等。影响涂层抗氧化性能的因素主要包括:涂层的完整程度,热膨胀性能的差异而引起的开裂程度,基体与涂层之间、涂层与氧化环境之间所发生的化学反应等。

一般认为必须设计一个涂层系统来提高材料的抗氧化性能。这个系统的基本功能是把内部材料和氧化性的环境隔开,因此应满足以下要求:氧的扩散系数小;有自愈能力;能封闭从氧化性阈值(C_f/SiC 材料为400 ℃)到最大使用温度内产生的裂纹;涂层与基体之间能建立良好的粘附性及有较好的热匹配性。为达到这一要求,必须采用复合涂层系统。复合涂层系统自外向内由下列三部分构成:阻挡层、自封闭层、粘附层、C_f/SiC 基质。

阻挡层的主要功能是阻挡 O_2 渗入并吸收一部分 O_2,使材料能经受住氧化性环境的腐蚀。自封闭层的主要功能是弥补制备过程或应用过程中产生的微裂纹,吸收通过阻挡层的 O_2 以免使之到达基体。粘附层的功能是减少自封闭层和基体间的热膨胀系数的差异,阻止它们之间的化学反应及基体中的碳向外扩散。根据对不同层的功能要求,应选用不同的涂层材料。对于阻挡层,满足蒸气压小于 10^{-3} mmHg(1 650 ℃)要求的物质有 SiC、Si_3N_4、CaO、BeO 等,其中综合性能最好的是 SiC 和 Si_3N_4。对于自封闭层,一般采用玻璃相物质例如 B_2O_3、SiO_2、$MoSi_2$、P_2O_5、Al_2O_3、$10TiO_2-20SiO_2-70B_2O_3$ 等。通过 CVD 法在 SiC 外层下沉积 TiB_2 作为封闭层,它是在 700 ~ 1 100 ℃极有希望的裂纹封闭材料。粘附层的材料可采用 SiC、Si_3N_4。

复合涂层已开始用于保护 C_f/SiC 复合材料,据报道,具有复合涂层系统的抗氧化 C_f/SiC 复合材料用作空间飞行重返大气层时暴露于极高温度下的结构件。该复合涂层系统粘附层为 SiC,内封闭层可能为 TiB_2、AlN、HfN、ZrC、Pt 或 Ir,而阻挡层可能为 Al_2O_3、HfO_2 或 ZrO_2。

C_f/SiC 复合材料的氧化试验表明：

①低温(<800 ℃)时，氧化动力学为化学反应(C+O)，由于反应速度小于扩散速度，反应在试样的表面进行；

②中温(800～1 100 ℃)时，氧化反应加快，但不是均匀的，由试样表面向内部反应速度依次减小；

③高温(>1 100 ℃)时，反应速度远大于扩散速度，仅有试样表面的 C 被氧化。

值得一提的是，在不加复合涂层的情况下也可能制备出抗氧化较好的 C_f/SiC 复合材料。这就需要对碳纤维进行妥善的涂层保护，例如用经过 B_4C 涂层的碳纤维制备 C_f/SiC 复合材料。在纤维体积分数为 50% 时的抗弯强度为 551 MPa，断裂韧性为 19.1 MPa·m$^{1/2}$，在 1 450 ℃ 大气中进行 200 h 的氧化实验后，其室温弯曲强度为 559 MPa，与抗氧化试验前相比材料的强度没有什么变化。

（3）C_f/SiC 复合材料的应用性能。

①力学性能。C_f/SiC 复合材料耐酸碱腐蚀，但在未涂防氧化涂层时 400 ℃ 氧化环境下易氧化。原始强度为 554.9 MPa 的 C_f/SiC 复合材料，在涂 $30SiC-15B_2O_3-10Si-25SiO_2-10B_4C$（质量分数）的防氧化涂层后强度为(377.4 MPa)。经 1 100 ℃,1 h 空气中氧化实验后，试样剩余强度 326 MPa，强度保留率为 86.4%；1 300 ℃,1 h 空气中氧化实验后，试样剩余强度为 402.6 MPa，较氧化前有所增加。

表 6.13 列出了采用聚合物浸渍裂解法制备带抗氧化涂层的 C_f/SiC 复合材料的性能。C_f/SiC 复合材料的室温弯曲强度(500 MPa)和高温(1 600 ℃)弯曲强度(400 MPa)均较高，是当前较为理想的一种高温结构材料。

表 6.13 先驱体转化制备带有抗氧化涂层的 C_f/SiC 复合材料的性能

性能类型	室温(20 ℃)	高温(1 600 ℃)
拉伸强度/MPa	300±30	300±30
拉伸应变/MPa	1.0±0.1	0.8±0.1
弯曲强度/MPa	500±50	400±30
压缩强度/MPa	500±30	400±30
层间剪切强度 ILS/MPa	43±3	38±2
杨氏拉伸模量/GPa	75±6	66±3
平面热膨胀系数(100～1 200 ℃)/K^{-1}	3×10^{-6}	—
比热容/[J·(kg·K)$^{-1}$]	770	1 590
平面热导率/[W·(m·K)$^{-1}$]	3.1	6.8
横向热导率/[W·(m·K)$^{-1}$]	2.0	8.98

②抗高温疲劳和蠕变性能。目前对 C_f/SiC 疲劳性能的研究主要集中在以下几个方面：温度、应力、应力比、循环频率等对复合材料的疲劳性能的影响；在疲劳过程中，模量的变化及其影响因素；疲劳过程中各种损伤的出现及发展；复合材料疲劳机理、疲劳寿命的预测等。

目前，C_f/SiC 复合材料的蠕变性能研究已取得了一些初步的结果。例如对

第6章 陶瓷基复合材料

2.5D C_f/SiC 复合材料的蠕变行为及机理的研究表明,稳态蠕变速率为 2×10^{-9}(1 273 K, 110 MPa) ~ $3\times10^{-8} s^{-1}$(1 673 K, 220 MPa)。影响复合材料蠕变行为的有纤维、基体本身的蠕变性能、纤维在复合材料中的排列及纤维与基体的界面等。

对评价陶瓷基复合材料的性能测试方法的标准化研究还处于起始阶段,正在进行标准化工作主要有以下组织:ASTM(American Society for Testing and Materi-als)、JIS(Japan)、CEN(Committee for European Normalization)等。

表 6.14 列出了 ASTM、CEN、JIS、PEC-TS 制定的 FRCMCs 的测试标准号。

表 6.14 连续纤维增强陶瓷基复合材料的测试标准(ASTM、CEN、JIS、PEC-TS)

项目	ASTM	CEN	JIS	PEC-TS
拉伸强度	C1275—95,RT C1359—97,HT	ENV658-1:1993	—	CMC01,RT&HT
弯曲强度	C1341—96	ENV658-3:1992	—	CMC04,RT&HT
剪切强度	C1292—95	ENV658-4:1993 ENV658-5:1993	Rxxxx	CMC06,RT&HT
压缩强度	C1358—97	ENV658-2:1993	—	—
断裂韧性	—	—	—	CMC08,RT
断裂能	—	—	Rxxxx	CMC09,RT
拉伸疲劳	C1360—97	—	—	CMC10,RT&HT
拉伸蠕变	C1337—96	—	—	CMC11,HT
弹性模量	—	—	Rxxxx	CMC13,RT&HT
抗氧化性能	—	—	—	CMC14,HT

③抗烧蚀性能。复合材料的抗烧蚀性与其耐热性和抗氧化性能有关。碳纤维具有优异的耐热性能,而 SiC 具有优良的抗氧化性能,因此 C_f/SiC 具有优秀的抗烧蚀性能,甚至比碳/碳更优异(见图 6.10)。

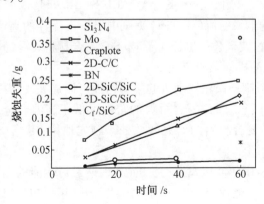

图 6.10 几种典型高温材料的氧-乙炔焰烧蚀失重对比

④抗热震性能。C_f/SiC 复合材料具有良好的抗热震性能,当发动机燃气在 100 ~ 1 300 ℃经 100 次循环后,其强度保留率大于 90%;在发动机燃气中 1 300 ℃暴露 20 h 或在空气中 1 500 ℃暴露 150 h,强度保留率均大于 85%。

⑤加工和连接性能。C_f/SiC 复合材料具有良好的力学加工性能,它适合于大部分机械加工工艺,并可以进行机械连接。

C_f/SiC 复合材料应用的关键问题是连接,这涉及 C_f/SiC 复合材料之间的连接和C_f/SiC 复合材料与金属的连接两个重要技术。目前,由 C_f/SiC 陶瓷制得的高温连接件已经能够满足热和力学性能的要求,这些材料由 CVI 法制得,能够在 $-100 \sim 1\,800$ ℃ 范围内使用,拉伸强度大于 230 MPa,目前可生产的连接件尺寸为 $8 \sim 12$ mm。另外,为了提高连接件的抗氧化性能,也需要对其进行抗氧化涂层保护。最近在 C_f/SiC 复合材料与金属的连接技术上也有很大的发展。如美国资源国际公司最近开发出名为 S-Bond 的粘接技术,可将 C_f/SiC 复合材料在低温下连接到金属材料上。

4. C_f/SiC 复合材料的应用

C_f/SiC 复合材料的优异性能决定了它在以下领域具有广阔的应用前景:国防领域,空间技术,热保护系统,燃烧壁、炉壁,光学和光机械结构基材,能源技术,化工,交通技术等领域。

在高温环境特别是发动机上的应用方面,C_f/SiC 复合材料作为耐高温的复合材料,一直受到各国政府和军方的高度重视。

(1)在热保护系统(Thermal Protection System,TPS)及热结构材料领域的应用

在航天领域,当飞行器进入大气层后,由于摩擦产生的大量热量,将导致飞行器(如航天飞机和导弹的鼻锥、导翼、机翼和盖板等)受到严重的烧蚀,为了减小飞行器的这种烧蚀,需要一个有效的防热体系。C_f/SiC 复合材料是制作抗烧蚀表面隔热板的较佳候选材料之一,它具有质轻耐用的特点。C_f/SiC 复合材料可以用作航空航天领域的热保护系统 TPS (Thermal Protection System)及热结构材料(例如航天飞机和导弹的鼻锥、导翼、机翼和盖板等,航空发动机浮壁,矢量喷管,火箭发动机推力室等)。在这些应用中,预期 C_f/SiC 复合材料的使用温度提高 500 ℃,质量减轻 20% ~ 30%。

目前,欧洲正集中研究载人飞船及可重复使用的发射器中使用的热结构及热保护材料,C_f/SiC 复合材料是其中的一种重要材料体系,已达到很高的生产水平。在美国,用 C_f/SiC 复合材料制成的 TPS 可用于航天飞行器,ACI'S(AlliedSlgnal-Composites Inc.)生产的 C_f/SiC 材料在 NASA 的电弧射流(arc-jet)测试中显示出优异的高温性能。通过测试热保护系统大平板隔热装置,波音公司也证实了 C_f/SiC 复合材料具有优异的热机械疲劳特性。

(2)在航空涡轮发动机领域的应用

用 C_f/SiC 复合材料制备涡轮发动机的某些构件可以提高发动机的燃烧温度从而提高发动机的效率,同时,由于 C_f/SiC 复合材料的密度远低于高温合金,可以大大减轻发动机的质量。法国在陶瓷基复合材料的研究领域处于领先地位,用 C_f/SiC 复合材料制成的喷嘴阀已用于 M88 发动机上。

将 C_f/SiC 复合材料用作冲压式发动机的喷管,通过对性能的测试,发现其具有足够的强度,但在氧化环境中,只能使用较短时间。20 世纪 90 年代初,SNECMA 公司与 SEP 公司相互合作,对 C_f/SiC 复合材料和 C_f/SiC 复合材料制成的结构部件进行了评估,评估主要从以下几个方面进行:结构件中,材料各项性能的比较和测试;材料在氧化环境中的行为;结构件与金属构件的连接;材料的耐磨损性能。

新型飞机 D228 的试验表明,用陶瓷基复合材料喷管代替金属合金能降低发动机的质

量的一半。美国宇航局认为 C_f/SiC 复合材料在先进火箭发动机中具有明显的应用优势。另外，C_f/SiC 材料也被应用在航天飞机刹车系统中。

（3）在超轻光学系统中的应用

C_f/SiC 复合材料可以用作恶劣环境下工作的超轻光学系统中遥测遥感卫星的光学和光机械结构（如轻质反射镜及支架）。在超轻光学系统中，可取得至少40%的减重效果。

C_f/SiC 复合材料是一种低质高强的工程材料，与传统的陶瓷相比，由于其较高的韧性和可忽略的体积收缩，以及它有着可调节的力学和热学性质，而具有较大的设计自由度。到目前为止，C_f/SiC 已经用作制造超轻镜面和反射镜、微波屏蔽镜面等光学结构。

C_f/SiC 复合材料要在高温（1 500 ℃）氧化条件下长期使用，还需要进一步解决抗氧化问题，进一步提高其可靠性，降低其制备周期和成本。

（4）C_f/SiC 复合材料的其他应用

C_f/SiC 复合材料的潜在应用还包括汽车、飞机、高速列车等交通运输刹车系统，核聚变反应堆抗辐射材料。

6.3.2 SiC$_f$/SiC 复合材料的工艺、性能及应用

1. SiC$_f$/SiC 复合材料的制备工艺

SiC$_f$/SiC 复合材料的制备工艺主要有泥浆浸渗/烧结法、反应烧结法（RS）、聚合物浸渍裂解（PIP）法和化学气相渗透法（CVI）等。

（1）泥浆浸渗/烧结法制备 SiC$_f$/SiC 复合材料。

泥浆浸渗/烧结是低成本制备工艺，除最后的烧结工序以外，它的制备过程与纤维增强树脂材料类似。即将 SiC 粉末、烧结助剂和有机粘结剂加入溶剂制成泥浆，用以浸渍 SiC 纤维或 SiC 纤维布，将浸有泥浆的 SiC 纤维或织物卷绕切片，叠片模压成型后烧结。这种工艺适于制备单向或叠层多向板形构件，成品的缺陷少、致密度高，但不宜制备复杂形状构件。常用的烧结助剂有 TiB_2、TiC、B、B_4C 等，SiC 的烧结温度在 1 800 ℃ 以上。烧结时的高温高压，会对 SiC 纤维造成损伤而影响材料性能。通过对 SiC 纤维进行 BN 涂层，可以保护纤维不受损伤。

（2）反应烧结法制备 SiC$_f$/SiC 复合材料。

反应烧结通过硅碳反应来完成。硅和碳在 900 ℃ 开始生成 SiC，但通常反应烧结温度在硅的熔点 1 414 ℃ 以上。硅以液相或气相与碳反应，产物中可能混有少量未与碳反应的自由硅。将含有碳粉末的 SiC 粉末泥浆低压浸渍 Tyranno SA SiC$_f$ 编织体，于 1 450 ℃ 烧结 2 h，得到的 SiC$_f$/SiC 材料弯曲强度达到 497.7 MPa。

（3）聚合物浸渍裂解（PIP）法制备 SiC$_f$/SiC 复合材料。

PIP 工艺是通过将硅烷聚合物溶液或熔融体浸渍 SiC 纤维预制件，干燥固化后在惰性气氛保护下使硅烷聚合物高温裂解，得到 SiC$_f$/SiC 材料。SiC 的聚合物先驱体有：聚碳硅烷（PCS）、聚乙烯基硅烷（PVS）、聚甲基硅烷（PMS）、聚烯丙羟基碳硅烷（AHPCS）、氢化聚碳硅烷（HPCS）等。聚合物先驱体的陶瓷产率通常低于70%（质量），转变过程中释出小分子使体积收缩或形成孔洞，因此需要循环浸渍-裂解多次（一般在10次以上）才能致密化。为了提高基体的致密度和改善微观结构与性能，在传统热裂解的基础上又发展了电子束辐照裂解、微波加热裂解等工艺。PIP 工艺能制备任何复杂形状的构件，但缺点是制备周期

长、成本高。

(4) 化学气相渗透(CVI)法制备 SiC_f/SiC 复合材料。

制备 SiC_f/SiC 材料的 CVI 工艺通常以卤代烷基硅烷(如三氯甲基硅烷(MTS))为原料,H_2 为载气,Ar 为稀释及保护气体。按一定比例配制的反应物气体流经多孔的碳化硅纤维预制坯件,在一定条件下发生化学反应生成碳化硅并在孔壁上产生固相沉积。以 MTS 为原料制备 SiC 陶瓷基体时,沉积温度一般在 1 100 ℃ 以下,控制沉积速度,可以得到致密度达到 90% 的 SiC_f/SiC 材料。

采用 CVI 法制备 SiC_f/SiC 复合材料的反应式为

$$CH_3SiCl_3(g) \longrightarrow SiC(s) + 3HCl(g)$$

以 MTS 为原料,H_2 为载气于 1 100 ℃、2~3 kPa 下 CVI 工艺制备的三维编织 SiC_f/SiC 材料,其 1 300 ℃ 弯曲强度达到 1.01 GPa。CVI 工艺不易损伤 SiC 纤维,制备的材料性能较好,可以制备复杂形状的构件,但随着渗透的进行孔隙变小,渗透速度必然变慢而制备周期延长,成本增高。为提高生产效率和降低成本,可以将 CVI 和 PIP、RS 和泥浆浸渗/烧结等结合使用。

2. SiC_f/SiC 复合材料的界面

界面层位于纤维与基体之间,它的特征决定了纤维与基体间相互作用的强弱,也决定增韧效果的优劣。近年来发展了裂解碳(PyC)、氮化硼(BN)、热解碳/碳化硅(纳米结构)[(Pyc/SiC)$_n$]、碳化硼(B_4C)等纤维涂层作为界面层。

传统的裂纹生长和增韧机理认为,在连续纤维增强陶瓷基复合材料中界面脱粘先于裂纹偏转,弱的界面相粘接有利于裂纹在界面内的偏转。但在 SiC_f/SiC 中,界面粘接强有时更有利于裂纹在界面内分叉而增加了耗能机制。

3. SiC_f/SiC 复合材料的损伤性能

(1) 化学损伤。

SiC 在高温有氧的干燥环境中,表面氧化形成的 SiO_2 薄膜能阻止氧化的进一步进展,因此具有良好的抗氧化性能。但当在发动机的燃气环境中时,因为有 H_2O 的参与,能加速对材料的化学损伤。

$$SiC + 3H_2O(g) \longrightarrow SiO_2 + 3H_2(g) + CO(g)$$
$$SiO_2 + H_2O(g) \longrightarrow Si-O_x-H_y(g)$$

当 SiC_f/SiC 材料的界面含有 PyC 等易被氧化的成分时,界面被氧化导致纤维脱粘也属于化学损伤。

(2) 物理损伤。

SiC_f/SiC 材料的物理损伤主要有热震损伤和机械损伤。SiC_f/SiC 材料在 $\Delta T > 300$ K 的温度骤变的环境下,基体孔隙有裂纹萌生,随着温度变化次数的增加,裂纹开始在孔隙间扩展,最终导致材料失效。减小热震损伤的关键是减少材料的孔隙率。

机械损伤有应力状态下的基体蠕变、基体产生裂纹、裂纹扩展、纤维与基体脱粘、纤维断裂和纤维拔出等。

4. SiC_f/SiC 复合材料的应用

SiC_f/SiC 用于瞬时寿命的固体火箭发动机、有限寿命的液体火箭发动机和长寿命的航空发动机的使用温度分别为 2 800~3 000 ℃、1 800~2 000 ℃ 和 1 600 ℃，但是，与 SiC$_f$/SiC 相比，C$_f$/SiC 的抗氧化性能较差，如果能将 SiC$_f$/SiC 的长期使用温度由目前的 1 450 ℃ 增加至 1 650 ℃，则 SiC$_f$/SiC 将在航空发动机获得应用。

(1) 在高性能发动机中的应用。

目前 SiC$_f$/SiC 陶瓷复合材料的发展目标主要为用于高性能发动机的热结构部件、核能反应堆壁等部位。因为 SiC$_f$/SiC 具有良好的高温力学性能、抗化学损伤性能、高的氧吸收能力和低活性，因此被研究用于核反应装置。将含 0.2 μm PVC 涂层和表面涂有 CVD-SiC 的 Nicalon CG^{TM}/SiC 复合材料 CERASEP N-31 于 800 ℃ 分别置于 Li$_4$SiO$_4$ 和 Li$_2$TiO$_3$ 中检验其稳定性，测试时间达 10 000 h 时，Li$_4$SiO$_4$ 中的材料力学性能几乎没有影响，Li$_2$TiO$_3$ 中的材料力学性能有所降低。在热核反应装置中从建造费用、安全性和可维护性等方面 SiC$_f$/SiC 都能满足要求。在汽车发动机方面，一个由美国 Solar Turbines 公司牵头的小组成功地制造了使用 SiC$_f$/SiC 材料作为燃烧室衬里的发动机，在 35 000 h 的试验运转中，其排出尾气的 NO$_x$、CO 比普通发动机低。

(2) 在航天领域的应用。

日本试验空间飞机 HOPE-X 的平面翼板及前沿曲面翼板等热保护系统(TPS)试验了 SiC$_f$/SiC 材料，其力学性能和热保护性能都得到了良好的结果；在航空发动机方面 SiC$_f$/SiC 材料是更大幅度提高推重比的希望所在，日本先进材料航空发动机(AMG)燃烧室的衬里、喷嘴挡板、叶盘等均采用 CVI-PIP 联用工艺生产的 SiC$_f$/SiC 材料。随着研究的深入，SiC$_f$/SiC 材料将在一些尖端技术领域有着广泛的应用。

第7章 水泥基复合材料

7.1 概 述

7.1.1 水泥定义及分类

凡细磨成粉末状,加入适量水后成为塑性浆体,既能在空气中硬化,又能在水中硬化,并能将砂石等散粒或纤维材料牢固地胶结在一起的水硬性胶凝材料,通称为水泥。

水泥的种类很多,按其性能和用途可以分为通用水泥、专用水泥和特性水泥三大类。通用水泥有硅酸盐水泥、火山灰硅酸盐水泥、矿渣硅酸盐水泥、粉煤灰硅酸盐水泥等,这类水泥用于建筑工程中。专用水泥有油井水泥、大坝水泥等。特性水泥有快硬硅酸盐水泥、膨胀水泥、自应力水泥等。目前水泥品种已达100余种。

7.1.2 水泥的制造方法和主要成分

以硅酸盐水泥为例来说明水泥的制造方法和主要成分。

硅酸盐水泥的生产分为三个阶段:石灰质原料、粘土原料与少量校正原料经破碎后,按一定的比例配合、磨细,并调配为成分合适、质量均匀的生料,称为生料制备;生料在水泥窑内(最高温度 1 400～1 500 ℃)煅烧至部分熔融所得以硅酸钙为主要成分的硅酸盐水泥熟料,称为水泥煅烧;熟料加适量石膏,有时还加适量混合材料共同磨细为水泥,称为水泥粉磨。图 7.1 为硅酸盐水泥生产流程示意图。

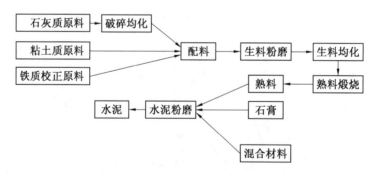

图 7.1 硅酸盐水泥生产流程示意图

由熟料磨细的水泥矿物组成的主要有硅酸三钙、硅酸二钙、铝酸三钙和铁铝酸四钙等,其化学式和含量见表 7.1,其显微形态如图 7.2 所示。

在显微镜下,C_3S 呈多角形,C_2S 呈圆形,填充在 C_3S 和 C_2S 之间的物质统称为中间相,包括 C_3A、C_4AF、组成不定的玻璃体和含碱化合物。

表7.1 水泥的主要矿物组成及含量

名称	化学式	化学简式	最高含量/%	最低含量/%
硅酸三钙	Ca_3SiO_2	C_3S	65.9	38.5
硅酸二钙	Ca_2SiO_2	C_2S	37.2	7.2
铝酸三钙	$Ca_2Al_2O_2$	C_3A	15.6	2.1
亚铁铝酸四钙	$Ca_4Al_2O_3 \cdot Fe_2O_3$	C_4AF	17.5	5.7

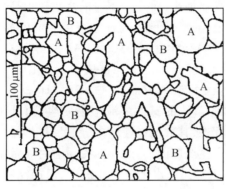

图7.2 熟料的显微形态
A—硅酸三钙($3CaO \cdot SiO_2$);B—硅酸二钙($2CaO \cdot SiO_2$)

7.1.3 硅酸盐水泥的水化硬化

水泥加适量的水拌和后,立即发生化学反应,水泥的各个部分溶解并产生复杂的物理、化学的变化,随后可塑浆体逐渐失去流动性能,转变为具有一定强度的石状体,这一过程称为水泥的凝结硬化。水泥的凝结硬化是以水泥的水化为前提的,而水化反应可以持续较长的时间,因此在一般的情况下水泥硬化浆体的强度和其他性质也是在不断变化的。由于水泥是多种矿物的集合体,水化作用比较复杂,不仅各种水泥水化产物相互干扰不易分辨,而各种水化又会相互影响,石膏和混合材料的存在将使水泥硬化更为复杂。

1. 熟料矿物的水化

(1)硅酸三钙和硅酸二钙的水化

硬化水泥浆体的性能在很大程度上取决于C_3S的水化作用、水化产物以及所形成的结构。C_3S在常温下水化反应,其水化产物为水化硅酸钙和氢氧化钙,水化反应式为

$$3CaO \cdot SiO_2 + nH_2O \longrightarrow xCaO \cdot SiO_2 \cdot yH_2O + (3-x)Ca(OH)_2 \quad (7.1)$$

式中 x、y——水化硅酸钙固相的CaO/SiO_2分子比和H_2O/SiO_2分子比。

研究表明,在不同浓度的氢氧化钙溶液中,水化硅酸钙的组成是不固定的,和水固比、温度、有无异离子参与等水化条件都有关系。

硅酸二钙的水化和C_3S极为相似,但水化速率慢很多,约为C_3S的1/20左右,其水化反应式为

$$2CaO \cdot SiO_2 + mH_2O \longrightarrow xCaO \cdot SiO_2 \cdot yH_2O + (2-x)Ca(OH)_2 \quad (7.2)$$

(2)铝酸三钙的水化

铝酸三钙与水迅速反应,水化产物的组成与结构受溶液中氧化钙、氧化铝离子浓度和温度的影响很大。常温下水化反应为

$$2(3CaO \cdot Al_2O_3) + 27H_2O \longrightarrow 4CaO \cdot Al_2O_3 \cdot 19H_2O + 2CaO \cdot Al_2O_3 \cdot 8H_2O \quad (7.3)$$

C_4AH_{19} 在低于 85% 的相对湿度时,将失去 6 mol 的结晶水而成为 C_4AH_{13}。C_4AH_{13} 和 C_2AH_8 均为六方片状晶体,在常温下处于介稳状态,有向 C_3AH_6 等轴晶体转化的趋势。

$$C_4AH_{13} + C_2AH_8 \longrightarrow 2C_3AH_6 + 9H \quad (7.4)$$

上述过程随温度的升高而加速,而 C_3A 本身的水化热很高,所以极易按式(7.4)转化,同时在温度较高(35 ℃以上)的情况下,甚至还会直接生成 C_3AH_6。

$$C_3A + 6H_2O \longrightarrow 3CaO \cdot Al_2O_3 \cdot 6H_2O \quad (7.5)$$

溶液的氧化钙浓度达到饱和时,C_3A 还可能依下式水化

$$C_3A + CH + 12H \longrightarrow 3C_4AH_{13} \quad (7.6)$$

这个反应在硅酸盐水泥浆体的碱性溶液中易发生;而处于碱性介质中的六方片状 C_4AH_{13} 在室温下又能稳定存在,其数量迅速增多,就足以阻碍粒子的相对移动。这是使水泥浆体产生瞬时凝结的一个主要原因,为此在水泥粉磨时通常都掺加石膏。在石膏、氧化钙同时存在的条件下,C_3A 开始迅速水化生成 C_4AH_{13},但接着就会与石膏发生下列反应

$$C_4AH_{13} + 3(CaSO_4 \cdot 2H_2O) + 14H \longrightarrow 3CaO \cdot Al_2O_3 \cdot 3CaSO_4 \cdot 32H_2O \quad (7.7)$$

所形成的三硫型水化硫铝酸钙,又称为钙矾石。由于其中的铝可以被铁置换成为含铝、铁的三硫酸盐相,故常以 AFt 表示。当 C_3A 尚未完全水化而石膏已经耗尽时,则 C_3A 水化所形成的 C_4AH_{13} 又能与先前形成的钙矾石反应,形成单硫型水化硫铝酸钙(AFm)。

$$3CaO \cdot Al_2O_3 \cdot 3CaSO_4 \cdot 32H_2O + 2C_4AH_{13} \longrightarrow 3CaO \cdot Al_2O_3 \cdot CaSO_4 \cdot 12H_2O + 2CH + 20H \quad (7.8)$$

当石膏掺量极少,在所有的钙矾石都转化为单硫型水化硫铝酸钙后,就可能还有未水化的 C_3A 剩余。在这种情况下,就会形成单硫型水化硫铝酸钙和 C_4AH_{13} 的固溶体。

(3)铁相固溶体的水化

铁铝酸钙的水化产物与 C_3A 极为相似,氧化铁基本上起着与氧化铝相同的作用,也就是在水化产物中铁置换部分铝,形成水化硫铝酸钙和水化硫铁酸钙的固溶体,或者水化铝酸钙和水化铁酸钙的固溶体。

2. 硅酸盐水泥的水化

由于硅酸盐水泥中多种矿物共同存在,有些矿物遇水的瞬间就开始溶解、水化。因此,填充在颗粒之间的液相实际上不是纯水,而是含有各种离子的溶液。硅酸盐水泥的水化如图 7.3 所示。

水泥加水后,C_3A 立即发生反应,C_3S 和 C_4AF 也很快水化,而 C_2S 则较慢。几分钟后在水泥颗粒表面生成钙矾石针状晶体、无定型的水化硅酸钙以及氢氧化钙或水化铝酸钙等六方板状晶体。由于钙矾石不断生成,使液相中 SO_4^{2-} 离子逐渐减少并在耗尽之后,就会有单硫型水化硫铝(铁)酸钙出现。如石膏不足,还有 C_3A 或 C_4AF 剩余,就会形成单硫型水化硫铝(铁)酸钙和 $C_4A(F)H_{13}$ 的固溶体,甚至单独的 $C_4A(F)H_{13}$。

水泥的水化速度是决定水泥性能的一个重要的指标。水化速度是指单位时间内水泥

的水化程度或水化深度。而水化程度是指某一时刻水泥发生水化作用的量和完全水化的量的比值,以百分率表示。影响水化速度的因素很多,如水泥熟料矿物组成与结构、水化温度、水泥细度和水灰比及外加剂的类型和作用。

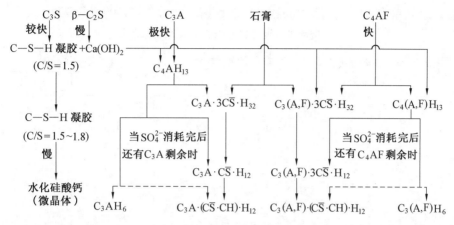

图 7.3 硅酸盐水泥的水化

3. 水泥的凝结、硬化

从总体看,凝结与硬化是同一过程的不同阶段,凝结标志着水泥浆失去流动性而具有一定塑性强度,硬化则表示水泥浆固化后所建立的结构具有一定的机械强度。

洛赫尔(F. W. Locher)等人从水化产物形成及其发展的角度,把水化硬化分为三个阶段,概括地表明了各主要水化产物形成及其发展的角度。水泥水化放热曲线如图 7.4 所示。

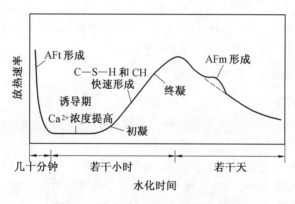

图 7.4 硅酸盐水泥的水化放热曲线

第一阶段,钙钒石形成期,C_3A 迅速水化,在石膏存在的条件下,迅速形成钙钒石,导致产生第一个放热峰。

第二阶段,C_3S 水化期,C_3S 迅速水化,放出大量的热,形成第二个放热峰。有时在第二个放热峰上出现一个"峰肩"或第三个放热峰,这是由于钙钒石转化成单硫型水化硫铝(铁)酸钙。当然 C_2S 和铁也不同程度参与了这两个阶段的反应,生成相应的水化物。

第三阶段,结构形成与发展期,随着各种水化产物的增多,放热速率降低并趋于稳定。水化产物填入原先由水所占据的空间,再逐渐相互交织,发展成硬化水泥浆体结构。

4. 水泥的强度及指标

水泥的强度是指水泥试体净浆在单位面积上所能承受的外力,它是水泥技术要求中最关键的主要技术指标,又是设计混凝土配合比的重要依据。

硅酸盐水泥和普通硅酸盐水泥的技术性能指标(GB 175—1999)见表7.2。

表7.2 硅酸盐水泥和普通硅酸盐水泥的技术性能

品种	强度等级 (水泥标号)	抗压强度/MPa		抗折强度/MPa	
		3 d	28 d	3 d	28 d
硅酸盐水泥	42.5	17.0	42.5	3.5	6.5
	45.5R	22.0	42.5	4.0	6.5
	52.5	23.0	52.5	4.0	7.0
	52.5R	27.0	52.5	5.0	7.0
	62.5	28.0	62.5	5.0	8.0
	62.5R	32.0	62.5	5.0	8.0
普通硅酸盐水泥	32.5	11.0	32.5	2.5	5.5
	32.5R	16.0	32.5	3.5	5.5
	42.5	16.0	42.5	3.5	6.5
	42.5R	21.0	42.5	4.0	6.5
	52.5	22.0	52.5	4.0	7.0
	52.5R	26.5	52.5	5.0	7.0
细度	硅酸盐水泥比表面积大于300 m^2/kg,普通硅酸盐水泥80 μm方孔筛筛余量不得大于10.0%				
凝结时间	硅酸盐水泥初凝时间不早于45 min,终凝时间不迟于6.5 h;普通硅酸盐水泥初凝时间不早于45 min,终凝时间不迟于10.0 h				
体积安定性	用沸水煮法检验必须合格				

5. 水泥强化的方法

水泥高强化的方法有改善水泥浆自身的强度,强化骨料与界面的结合力,选择强度大的骨料,如图7.5所示。

硬化浆体自身的强化是如何缩小空隙,可以采取缩小 W/C 比,但会使流动性降低,因此要加入添加剂改善流动性,一般是加入水泥质量的1.5%的高性能减水剂,可以缩小W/C比为25%,使抗压强度提高20%以上。

还可以采取积极的填补空隙的方法,这种方法在增加水泥浆硬化体自身强度的同时,也强化了骨料与水泥浆的界面。可以区分为两种类型:一是利用火山灰反应,火山灰是指虽然其本身没有水硬性,但是在常温下与混凝土中氢氧化钙慢慢反应后,生成不溶解于水的化合物的物质。代表性的火山灰是自榴火山灰、硅酸白土、烟灰等,硅烟等也与此接近。另外,被称为潜性物质的高炉渣与碱土类金属的氢氧化物反应后也可制造硬化体,所以也可看做类似物质。水泥混凝土的界面过渡区是多孔质、氢氧化钙多,加入硅烟(SiO_2 占90%),氢氧化钙与之反应生成含水化硅酸钙,多孔质的空隙被充填。

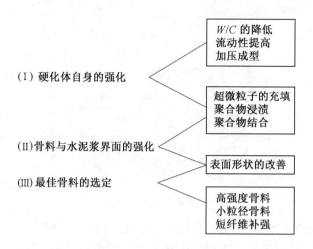

图 7.5 水泥的高强度化

另一种填充空隙的方法是把硬化了的水泥浸渍聚合物,向硬化前的水泥浆中混入水溶性聚合物等方法。图 7.5 中提出高强度化的最后一项最佳骨料的选定问题,希望其粒度分布是最密填充的状态。

如上所述,水泥浆的硬化体本身,如果用缩语表示则是 C–H–S、CH 和由钙矾石等组成复合材料(即水泥基复合材料),这些结晶究竟如何填充空隙,它决定着材料的特性。

7.2 水泥基复合材料的种类及基本性能

水泥基复合材料是指以水泥为基体与其他材料组合而得到的具有新性能的材料。按增强体的种类可分为混凝土、纤维增强水泥基复合材料、聚合物混凝土复合材料等。长期以来,由硅酸盐水泥、水、砂和石组成的普通混凝土是在建筑领域中最广泛使用的水泥基复合材料。随着现代科技的迅速发展,普通混凝土的性能已远不能满足现代建筑对它所提出的要求,使得水泥基复合材料取得重大发展。

7.2.1 混凝土

混凝土的发展是随着水泥发展而发展的,它是由水泥,水和粗、细集料按适当比例拌和均匀,经浇捣成型后硬化而成。按复合材料定义,它属于水泥基复合材料。如不用粗集料,即为砂浆。通常所说的混凝土,是指以水泥,水、砂和石子所组成的普通混凝土,是建筑工程中最主要的建筑材料之一,在工业与民用建筑、给排水工程、水利以及地下工程、国防建筑等方面都广泛应用。配制混凝土是各种水泥最主要的用途。

在混凝土中,水和水泥拌和成的水泥浆是起胶结作用的组成部分。硬化前的混凝土,也就是混凝土拌和物中,水泥浆填充砂、石空隙并包裹砂、石表面,起润滑作用,使混凝土获得施工时必要的和易性;硬化后,水泥硬化浆体则将砂石牢固地胶结成整体(如前面所述)。砂、石集料在混凝土中起着骨架作用,因此一般把它称为骨料,如图 7.6 所示。

混凝土具有很多性能,改变胶凝材料和集料的品种,可配成适用于不同用途的混凝土,如轻质混凝土、防水混凝土、耐热混凝土以及防辐射混凝土等;改变各组成材料的比例,则能使强度等性能得到适当的调节,以满足工程的不同需要;混凝土拌和物具有良好的塑性,

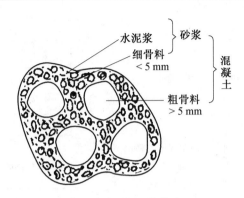

图 7.6 混凝土的构成

可浇制成各种形状的构件;与钢筋有良好的粘结力,能和钢筋协同工作,组成钢筋混凝土或预应力钢筋混凝土,从而使其广泛用于各种工程。但普通混凝土还存在着容积密度大,导热系数高,抗折强度偏低以及抗冲击韧性差等缺点,有待进一步发展研究。

配制混凝土时,必须满足施工所要求的和易性,硬化后则应具有足够的强度,以安全地承受设计荷载,同时还须保证经济耐久。值得注意的是,混凝土的质量主要是由组成材料的品质及其配合比例所决定的,而搅拌、成型、养护等工艺因素也有非常重要的作用。

按照在标准条件下所测得的 28 d 抗压强度值(MPa),混凝土可划分为不同的强度等级(C),如 C7.5,C10,C15,C20,C25,C30,C35,C40,C45,C50,C55,C60 等。现正向高强度混凝土发展,现场浇筑的近 C100 级混凝土已达实用阶段。

7.2.2 纤维增强水泥基复合材料

纤维增强水泥基复合材料(FRC)是由不连续的短纤维均匀分散于水泥混凝土基材中形成的复合材料,最常用的纤维有钢纤维、玻璃纤维、碳纤维。

普通混凝土是一种韧性很差的材料,这种性质造成普通混凝土的抗裂性差,拉伸度、抗弯强度、抗疲劳强度均很低,特别是抗冲击强度更低,这使普通混凝土的用途和使用环境受到了很大的限制。利用纤维复合改善混凝土性能是解决这些问题的有效手段。

纤维混凝土中,韧性及抗拉强度较高的短纤维均匀分布于混凝土中,纤维与水泥浆基材的粘结比较牢固,纤维间相互交叉和牵制,形成了遍布结构全体的纤维网。当纤维水泥混凝土受拉应力过高而使基体材料开裂时,材料内部所受的拉力就由基体逐步转移到跨裂缝的纤维上。这种转移一方面增大了混凝土结构的变形能力;另一方面由于纤维的拉伸强度较高也使混凝土结构的拉伸强度增大。此外,混凝土中的纤维网即能阻止混凝土的早期收缩开裂,还能阻止混凝土结构受疲劳应力或冲击力造成的裂缝扩展。因此纤维增强水泥基复合材料的抗拉、抗弯、抗裂、抗疲劳、抗振及抗冲击能力得以显著改善。

7.2.3 聚合物改性混凝土

长期以来,人们一直在寻找对水泥混凝土进行改良的途径,诸如通过改善水泥的性质,改变水泥混凝土的配比;添加纤维材料,掺加外加剂等措施来改良水泥混凝土的性能,或使得混凝土满足工程特殊需要,但是对混凝土最基本的力学性能(刚度大、柔性小,抗压强度远大于抗拉强度)的改善,降低混凝土的刚性,提高其柔性,降低抗压强度与抗折强度的比值则要借助于向混凝土中掺加外加剂,在大多数情况是掺加聚合物。

聚合物应用于水泥混凝土主要有聚合物浸渍混凝土和聚合物水泥混凝土。

聚合物浸渍混凝土由于其良好的力学性能、耐久性及抗侵蚀能力,主要用于受力的混凝土及钢筋混凝土结构构件和对耐久性及抗侵蚀有较高要求的地方,如混凝土船体、近海钻井混凝土平台等。虽然聚合物浸渍混凝土有良好的力学性能,但由于聚合物浸渍工艺复杂,成本较高,混凝土构件需预制并且构件尺寸受到限制,因而主要是特殊情况下使用。

聚合物水泥混凝土更确切地应称为聚合物改性水泥混凝土或高聚合物改性混凝土。与其他的水泥混凝土改性措施(如纤维水泥混凝土等)相比有明显的不同:①水泥混凝土的力学性能得到了改善,尤其是抗折强度提高,而抗压强度降低,抗压强度/抗折强度的比值减小;②混凝土的刚性或者说脆性降低,变形能力增大,这对许多工程很有利;③混凝土的耐久性与抗侵蚀能力也有一定程度的提高;④聚合物改性水泥混凝土具有良好的粘结性,特别适合于破损水泥混凝土的修补工程;⑤完全适应现有的水泥混凝土制造工艺过程;⑥成本相对较低。

7.3 纤维增强水泥基复合材料

7.3.1 钢纤维增强水泥基复合材料

1. 钢纤维混凝土

钢纤维混凝土是由水泥浆固化后的水泥石,砂、石集料和钢纤维组成的三相复合材料。其中砂、石集料主要起提高抗压强度和防止水泥固化过程中的收缩开裂,钢纤维则起到提高抗拉强度、抗弯强度和冲击韧性的作用。也可以把水泥浆和集料配制成的混凝土看做基体材料,把钢纤维看做增强材料,这样划分有利于钢纤维混凝土的材料设计和制造。钢纤维混凝土的主要性能见表7.3。

表7.3 钢纤维混凝土的主要性能

技术性能	性能指标
抗压强度	比未增强水泥混凝土提高50%左右
抗拉强度	比未增强水泥混凝土提高0.4~1倍,在允许范围内,增强钢纤含量可使抗拉强度提高2倍
抗弯强度	增大钢纤含量,减小钢纤直径,均能提高混凝土的抗弯强度
抗冲击强度	比未用钢纤增强的水泥混凝土提高8~30倍
弹性模量	无显著影响
韧性	比未增强混凝土提高10~50倍
耐疲劳性	经过10^5次反复加载和卸载作用,受弯时其残余强度仍可达到其静抗弯强度的2/3左右

续表7.3

技术性能	性能指标
干缩	当钢纤维掺加量为90 kg/m³时,在不加速凝剂条件下,减小20%~80%,当加速凝剂时,减小30%~50%
热传导性	增加10%~30%
徐变性能	无明显影响
热膨胀系数	无明显影响
耐磨性	提高30%
耐久性	由于钢纤维增强后,混凝土的强度和密实性提高,表面裂缝宽度小于0.08 mm,故可认为具有长期耐久性。在大气中,钢纤维混凝土的碳化深度约为2~4 mm,因此表层的钢纤维会产生锈斑

钢纤维混凝土根据施工方法的不同,其应用领域见表7.4。

表7.4 钢纤维混凝土的应用领域

施工方法		应用领域	特性	优点
喷射法		隧道衬砌,护坡加固,矿山地下巷道,水渠,某些建筑物或构筑物的修复	抗裂,抗渗,抗冲击,抗剪,抗冻融	省去挂网焊接等工序,加快施工速度,降低喷射层厚度,延长使用寿命
泵送灌注法		地下铁道壳体,下水道,建筑物抗震节点	抗裂,耐地面动载,耐疲劳,抗渗	加快掘进速度,减轻劳动强度
普通灌注法	道路工程	公路的砌筑,机场跑道,桥梁面板,铁路高床路床,厂房地面	抗裂,耐磨,耐疲劳,抗冲击,抗冻融	降低路面厚度,增大伸缩裂缝间距
	防爆防震工程	防爆构筑物,核试验构筑物,火箭发射场地,原子能反应堆压力容器,各种压力容器,重型机器基础,抗震,建筑物梁柱结合部位	抗裂,抗剪,抗爆炸荷载,抗冲击	提高安全度
	水利工程	海洋结构物,溢洪道,泄水道	抗裂,抗冲刷,抗气蚀,抗冲击	延长使用寿命
	窑炉工程	高温窑炉衬砌,炉门	抗热震性,不碎裂,耐磨,抗冲击	延长炉窑运转期
预制构件	建筑工程	外墙板,隔墙板,楼梯段	抗裂,抗震,抗冲击	简化制造工艺,提高安全度
	土工工程	离心管,涵洞,高速公路遮音壁板,破浪堤构件	抗裂,抗冲击	简化制造工艺,提高安全度

2.钢纤维混凝土原料

①水泥,一般采用通用水泥。

②钢纤维,用于钢纤维混凝土的钢纤维品种有多种,见表7.5。

表7.5 钢纤维混凝土用的钢纤维的品种

名称	外形	说明
长直形圆截面		制造方法:冷拔-切断 $\phi 0.25 \sim 0.75$ mm,长 $20 \sim 60$ mm
变截面		制造方法:冷拔-压形-切断
波形		制造方法:冷拔-压形-切断
哑铃形		制造方法:冷拔-压形-切断
带弯钩(单根)		制造方法:冷拔-压形-切断 $\phi 0.3 \sim 0.5$ mm,长度 $40 \sim 60$ mm
带弯钩(集束状)		制造方法:冷拔-粘结-压形-切断 $\phi 0.3 \sim 0.5$ mm,长度 $40 \sim 60$ mm 系用水溶性胶将二三十根粘结一起,粘结后束的长径比为 $20 \sim 30$。这种钢纤维束在搅拌过程中,遇水后可解离成单根,易均布于混凝土中
扁平形		制造方法:剪切薄钢板 厚 $0.15 \sim 0.4$ mm,宽 $0.25 \sim 0.9$ mm,长 $20 \sim 60$ mm

③石子,一般混凝土选用碎石或卵石,最大粒径应为钢纤维长度的 $1/2 \sim 2/3$,常选用粒径为 $15 \sim 20$ mm。用喷射法施工时,最大粒径不能大于 10 mm。

④砂子,河沙。

⑤水,采用自来水,不能用对钢纤维有腐蚀作用的水。

⑥减水剂,改善混凝土的性能,改善流动性,提高强度和致密性。常用减水剂为木质素磺酸钠减水剂,掺量一般为水泥质量的 $0.3\% \sim 2.0\%$。

⑦活性矿物外加料,常选用粉煤灰,因为粉煤灰是一种比较理想的微粉填充料,并且还具有一定的活性,能与水泥的水化产物发生二次水化。

3.钢纤维混凝土配比设计

钢纤维混凝土的配比设计,需要考虑已有的经验资料,经过试配后才能最后确定,因为影响钢纤维混凝土的因素很多,如水灰比、单位用水量、钢纤维体积率的计算等。

(1)水灰比(W/C)计算。

水泥属于脆性材料,其抗压强度大,抗折强度相对较低。为了提高其韧性加入钢纤维,钢纤维含量和纤维的长径比对钢纤维混凝土的抗折强度影响很大,但对其抗压强度的提高

则影响较小,而水灰比对抗压强度影响十分显著,水灰比与抗压强度的关系为

$$\sigma_c = AR_c\left(\frac{C}{W} - B\right) \tag{7.9}$$

式中　σ_c——钢纤维混凝土的抗压强度,MPa;
　　　R_c——水泥活性(即标号),MPa;
　　　A、B——设计常数。

当粗集料为碎石时,$A = 0.46$,$B = 0.52$,则

$$W/C = 0.48R_c/(R_c + 0.239R_c) \tag{7.10}$$

当粗集料为砾石时,$A = 0.48$,$B = 0.61$,则

$$W/C = 0.48R_c/(R_c + 0.293R_c) \tag{7.11}$$

(2)单位用水量的计算。

单位用水量的确定主要取决于钢纤维混凝土混合料的工作性、石子的品种及其最大粒径、砂子细度模数及钢纤维的体积(V_f)等。钢纤维混凝土混合料的工作性用维勃稠度 V_b 表示,它和坍落度的关系为 $V_b = 25 - 0.651T$,T 为坍落度。单位用水量可参照表 7.6 选择。

表 7.6　钢纤维混凝土单位用水量

混合料条件	维勃稠度/s	单位加水量/(kg·m⁻³)
$V_f = 4.0\%$	10	195
$D_{max} = 10 \sim 15$ mm	15	182
$W/C = 0.4 \sim 0.5$	20	175
	25	170
	30	166

注:碎石最大粒径为 20 mm 时,单位用水量相应减少 5 kg;$V_f \pm 0.5\%$ 时,单位用水量为 ±8 kg。

(3)水泥用量的确定。

当 W/C 及单位用水量确定之后,水泥用量的计算式为

$$C = \frac{W}{W/C} \tag{7.12}$$

(4)含砂量的选择。

钢纤维混凝土的含砂量要比普通混凝土高。含砂量对钢纤维混凝土混合料的工作性、密实性及增进钢纤维对混凝土基体界面粘结性等都有影响,可以按砂浆填满粗集料的孔隙、并少有余量来设计。根据经验,含砂率可参考表 7.7。

表 7.7　钢纤维混凝土含砂率的选用

混合料条件	粗集料(碎石)最大粒径20 mm	砾石粗集料最大粒径20 mm	混合料条件	粗集料(碎石)最大粒径20 mm	砾石粗集料最大粒径20 mm
$l_f/d_f = 50$			$l_f/d_f \pm 10$	±5%	±3%
$V_f = 1.0\%$			$V_f \pm 0.5\%$	±3%	±3%
$W/C = 0.5$	50%	45%	$W/C \pm 0.1$	±2%	±2%
砂细度模数约为3.0			砂细度模数±0.1	±1%	±1%

(5)钢纤维体积的计算。

钢纤维的作用主要提高混凝土的抗折、抗拉强度及韧性,一般是以抗折强度指标进行计算

$$V_f = [100\delta_{cb}/R_c - 3.020(C/W) - 2.470]/(9.030 l_f/d_f) \tag{7.13}$$

式中 δ_{cb}——钢纤维混凝土的抗弯强度,MPa。

上述计算结果需要经过试配调整,待全部满足钢纤维混凝土混合料的工作性、抗压强度、抗弯强度及耐久性的要求时,该配合比方可确定为生产钢纤维混凝土时的最终配合比。

4. 钢纤维混凝土的配制工艺

钢纤维混凝土的配制与普通混凝土不同。为了使钢纤维能均匀分布于混凝土中,钢纤维的长径比要不超过临界长径比值。当使用单根状的钢纤维时,其长径比不大于100,一般情况下为60~80。并且钢纤维存在着最大掺量的限制,体积最大掺量一般为0.1%~3%,超过最大掺量,钢纤维在搅拌的过程中会相互缠结,不易分散。常用搅拌设备是强制式搅拌机,强制式和自由落体式搅拌机使用情况对比见表7.8。

表7.8 强制式和自由落体式搅拌机使用情况

混合物料性能	强制式搅拌机	自由落体式搅拌机
混合料均匀性	均匀钢纤维未结团	易出现钢纤维结团
混合料的工作性	适中	涂料易离析
纤维掺入情况	便于掺入	不便于掺入
出料情况	顺利	不易出料,粘机壁

(1)纤维的分散。

为了使钢纤维在混凝土中均匀分布,加料时应采取通过摇筛或分散加料机,见表7.9。当选用集束钢纤维时,可不用这两种附加设备。

(2)钢纤维混凝土的拌制工艺。

为了使钢纤维混凝土混合料中的各组分布均匀,加料顺序和搅拌机的选择十分重要,常采用以下两种方案。

表7.9 纤维加料分散机类型

分散方法		摇摆式	圆盘摇动式	钢丝网滚筒旋转式	离心式	振动式	鼓筒旋转式	
机体尺寸/mm	长	1 200	920	880	550~1 050	ϕ650×高1 000 料斗部分为 ϕ650×ϕ400× 高400	650~800	分散机为 700×970×670 送料器为 2 800×500× 1 500
		3 250						
	宽	650	680	400	420~660		1 510~2 000	
		2 400						
	高	800	800	620	917~1 643		850~1 100	
		2 700						
				圆筒为 ϕ265×590				

续表7.9

分散方法		摇摆式	圆盘摇动式	钢丝网滚筒旋转式	离心式	振动式	鼓筒旋转式	
发动机	kW	0.75	0.75, 3.7	0.75	0.75	0.75~7.5	0.4	0.75~7.5	0.75~7.5
	r/min	1 200	300~1 200	无级变速 83~275	1 410		3 000		无级变速 30~200
分散能力/(kg/min)		20~60 (可变)	20~60 (可变)	10~70 (可变)	40	10~100	5~15	50~20 15~45 (可变)	15~70 (可变)
质量/kg		200	200	170	90	70~300	86	370~450	分散机200 送料器250
电源		AC200V 3相	AC200V 3相	AC200V 3相	AC200V 3相	AC200V 3相	AC200V 3相	AC200V 3相	AC200V 3相
备注			自动运走装钢纤维的硬纸箱						用于连续搅拌机

①采用自由落体式搅拌机工艺。

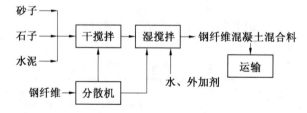

②采用强制搅拌机工艺。

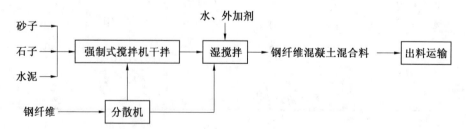

在加料过程中,各种组分要计量准确,钢纤维的加入方式要选用分散机。钢纤维的加入方式有两种,一种将钢纤维加入到砂、石、水泥中干搅拌均匀,然后再加水拌和;另一种是

先将砂、石、水泥、水及外加剂拌制成混合料,然后再将钢纤维均匀加入混合料中搅拌制成钢纤维混凝土混合料。

(3)钢纤维混凝土的浇筑工艺。

钢纤维混凝土的浇筑方法及振捣方式对混凝土的质量及钢纤维在混凝土中的取向有很大影响。

①采用混凝土泵浇灌大型钢纤维混凝土时(如大型基础及堤坝等),钢纤维在混凝土中呈三维随机分布。

②采用喷射法成型时,钢纤维在成型面上呈二维随机分布,喷射法成型适用于矿山井巷、交通隧道、地下洞室等工程。

③采用平板式振动器浇灌钢纤维混凝土时,大部分钢纤维在垂直振动器平板方向呈二维随机分布,少量钢纤维呈三维随机分布。

④采用插入式振动器浇筑钢纤维混凝土时,大部分钢纤维在混凝土中呈三维随机分布,少量钢纤维呈二维随机分布。

⑤挤压成型时利用螺旋挤压机,将混凝土混合料从一个模口挤出,采用这种工艺必须采用脱水措施。常采用的是化学或矿物外加剂,有时也加入高效速凝剂。

挤压成型的钢纤维混凝土,钢纤维大部分呈三维随机分布,但靠近模口的周边有可能出现纤维单向分布。

7.3.2 玻璃纤维增强水泥基复合材料

玻璃纤维增强水泥(GRC)是一种轻质高强、不燃的一类新型材料,它克服了水泥制品冲击韧性差的缺点,具有密度及热导率小的优点。

我国是最早研究玻璃纤维增强水泥基复合材料的国家之一。南京某建筑公司早在1957年用连续玻璃纤维作配筋材料,制作一些不用钢筋的混凝土楼板,短期效果很好,引起了各方面的重视。

1. 玻璃纤维增强水泥基复合材料的原材料

(1)玻璃纤维。

因为水泥水化会产生大量的碱性的氢氧化钙,所以选用的玻璃纤维必须是抗碱玻璃纤维,这种纤维中都含有一定量的氧化锆(ZrO_2)。在碱液作用下,纤维表面的 ZrO_2 会转化成含 $Zr(OH)_4$ 的胶状物,经脱水聚合在玻璃纤维表面,形成致密保护膜层,从而减缓了水泥水化产物 $Ca(OH)_2$ 对玻璃纤维的侵蚀。抗碱玻璃纤维的化学成分见表7.10。

(2)水泥基体。

由于普通硅酸盐水泥水化会产生大量的碱性的氢氧化钙,所以用于玻璃纤维增强水泥基复合材料的基体材料为硫铝酸盐水泥。

硫铝酸盐水泥是以适当成分的生料经煅烧所得以无水硫铝酸钙($4CaO \cdot 3Al_2O_3 \cdot CaSO_4$)和硅酸二钙($\beta\text{-}2CaO \cdot SiO_2$)为主要矿物成分的熟料,再加入适量的石膏和0%~10%石灰石,经磨细制成的早期强度高的水硬性胶凝材料,称为快硬硫铝酸盐水泥,代号为R-SAC。

表7.10 抗碱玻璃纤维的化学成分

玻璃纤维种类	化学成分/%								
	SiO_2	CaO	Na_2O	K_2O	ZrO_2	TiO_2	Al_2O_3	MgO	Fe_2O_3
锆钛玻璃纤维	61.0	5.0	10.4	2.6	14.5	6.0	0.3	0.25	0.2
G-20	71.0		2.49		16		1.6		
旭硝子耐碱(日本) A 型	62.5	5.7	14.2	0.3	16.8		0.3		
AS 型	56.4		15.3	0.9	16.9	(稀土类酸化物<0.5)			
中碱纤维 B17	66.8	8.5	12		(B_2O_3) 3		4.7	4.2	
无碱纤维 E	53.5	17.3	0~3			8	16.3	4.4	
有碱纤维 A	72.0	10.0	14.2			0.6	0.6	2.5	

硫铝酸盐水泥属于低碱水泥,pH 值为 9.8~10.2。由于水泥石液相碱度低,所以对玻璃纤维的腐蚀性较小。硫铝酸盐水泥的长期强度稳定性较好,且能有所增长。它能在 5 ℃ 正常硬化。由于水泥中不含 C_3A 矿物,水泥石致密性较高,故抗硫酸盐性能较好。水泥水化的产物钙矾石在 140~160 ℃ 时大量脱水分解,所以 100 ℃ 以下是稳定的。当温度达到 150 ℃ 时,强度会急剧下降。这种水泥在空气中抗收缩,抗冻性和抗渗性较好。

(3)填料。

GRC 中的填料主要是砂子,其最大直径为 $D_{max}=2$ mm,细度模数 $M_x=1.2~1.4$,含泥量不大于 0.3%。

(4)外加剂。

GRC 复合材料用的外加剂有减水剂和早强剂等。高效减水剂主要含萘磺酸盐、硫酸钠等粉状物质,如 EST 型、NSZ 型等。普通减水剂主要含木钙或糖钙、硫酸钠等粉状物质,如 NC、MS-F、MZS、JZS 等。

2. 玻璃纤维增强水泥基复合材料的配合比设计

玻璃纤维增强水泥基复合材料的配料设计和选用的成型工艺息息相关,见表 7.11。

表7.11 不同成型工艺的配料参考

成型工艺	玻璃纤维	水泥	砂子	外加剂	灰砂比	水灰比
直接喷射法	抗碱玻璃纤维无捻粗纱,短切长度 30~44 mm,体积掺率 3%~5%	快硬硫铝酸盐水泥 625#	最大直径不大于 2 mm,细度模数 1.2~1.4,含泥量不大于 0.3%	减水剂或超塑化剂掺量由试验确定	1:0.3~ 1:0.5 1:0.3~ 1:0.5	0.32~ 0.38

续表 7.11

成型工艺	玻璃纤维	水泥	砂子	外加剂	灰砂比	水灰比
喷射抽吸法	抗碱玻璃纤维无捻粗纱,短切长度 30~44 mm,体积掺率 2%~5%	快硬硫铝酸盐水泥 625#	最大粒径小于 2 mm,细度模数 1.2~1.4 含量不大于 0.3%			起始值 0.5~0.55 最终值 0.25~0.3
铺网喷浆法	抗碱玻纤网格布,厚 10 mm 板用复层网格布,体积掺率 2%~3%	快硬硫铝酸盐水泥 625#	最大砂粒径小于 2 mm,细度模数 1.2~1.4,含泥率不大于 0.3%	减水剂或超塑化剂掺量由试验确定	1:1~1:1.5	0.42~0.45
预混合法	抗碱玻璃纤维短切无捻粗纱,长度为 35~50 mm,体积掺率 3%~5%	快硬硫铝酸盐水泥 625#	最大粒径小于 2 mm,细度模数 1.2~1.4,含泥率不大于 0.3%	减水剂、超塑化剂、快硬剂由试验确定	1:1~1:1.5	0.3~0.4
缠绕成型	抗碱玻璃纤维无捻粗纱、纱团,体积掺率 30%~50%	快硬硫铝酸盐水泥 625~725#		减水剂、超塑化剂、快硬剂,由试验确定		0.35~0.5

3. 玻璃纤维增强水泥基复合材料成型工艺

玻璃纤维增强水泥基复合材料的成型方法很多,有直接喷射法、喷射-抽吸法、铺网-喷浆法、预混合成型法、连续玻璃纤维缠绕成型法等。

(1)直接喷射法。

该法是喷射成型法的一种,是利用喷射机直接喷射而成,喷射机由水泥砂浆喷射部分和玻璃纤维切割部分组成,两部分喷射束形成一个夹角称为双枪式,两部分喷射束相重合者称为单枪式,如图 7.7 所示。喷射成型原理是将玻璃纤维无捻粗纱切成一定长度,由压缩气流喷出,再与雾化的水泥砂浆在空间内混合,一同喷射到模具上,如此反复操作,直至达到设计厚度。喷射成型的共同特点是需要喷射成型机。

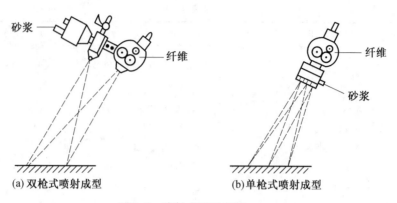

图 7.7 喷射成型示意图

①直接喷射法的工艺流程。

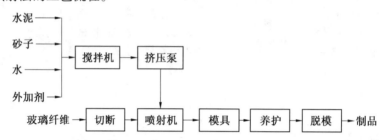

②喷射成型的主要设备见表 7.12。

表 7.12 喷射成型的主要设备

名称	作用	型式	主要技术参数
CTRC 喷射机	玻璃纤维定长切断后喷出,水泥浆雾化喷出,并使二者混合	双枪式或单枪式气动式电动式	切断长度 22~66 mm,纤维喷射量 100~1 000 g/min,水泥浆喷量 2~22 g/min
砂浆搅拌机	制备水泥砂浆或水泥净浆	强制式	容积 0.1~0.2 m³
砂浆输送泵	将制备好的砂浆输送到喷射机,可调节输送量	挤压式或螺旋式	运输能力 1~25 L/min
空气压缩机	喷射玻璃纤维及砂浆,带动切纱喷射器的气动式马达	氯动式	送气量 0.9~1.2 m³/min,送气压力 0.6~0.7 MPa

③喷射成型法的成型技术。喷射采用双枪式喷射机时,为了使玻璃纤维与水泥砂浆能够在空间混合均匀,玻璃纤维喷枪和水泥砂浆喷枪之间应保持 28°~32°夹角,玻璃纤维喷射枪和模具之间的距离应保持在 300~400 mm。当模具上喷射到要求厚度时,停止喷射,并压辊或以振动抹刀压实,排除内部气泡,初整余边,尽量减少成品切边工作量。

成型后是需要氧护的,一般以塑料薄膜覆盖表面,经 24 h 自然养护后脱模,然后在潮湿条件下继续养护 7 d,达到标号强度。也可在成型后停 2~3 h,然后在 40~50 ℃下进行蒸汽养护,经 6~8 h 后脱模,再在自然条件下养护 4 天。

喷射成型的楼房外墙装饰板如图 7.8 所示。

图 7.8　喷射成型的外墙装饰板

(2)喷射-抽吸法。

喷射-抽吸法所得制品密实,强度高,生产周期短,可模塑成一定形状,可生产多种外型制品。

①成型工艺流程。连续制造 GRC 板的工艺流程如下:

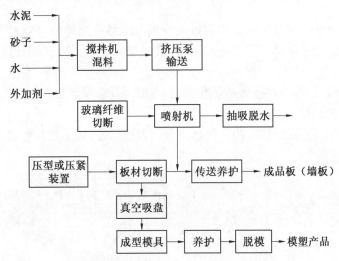

②主要设备见表 7.12。生产 GRC 板的设备如图 7.9 所示。

③主要成型工艺技术与直接喷射法相同。

④整修:完成真空抽吸后,可用边压实边抽真空法修整。

⑤模塑:用真空盘将喷射成型的湿板坯吸至另一成型模具上,然后用手工及工具模塑成型。

⑥养护同直接喷射法。

(3)铺网-喷浆法。

此法是将一定数量和一定规格的玻璃纤维网格布,按设计配置在水泥浆体中,用以制得规定厚度的 GRC 复合材料制品。

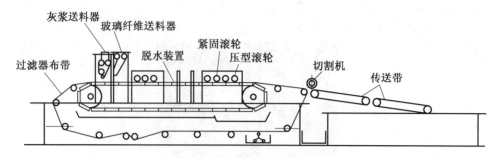

图7.9　喷射-抽吸法制造GRC板的设备

①铺网-喷浆法的成型工艺流程。

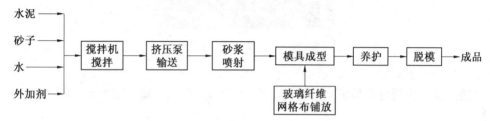

②铺网-喷浆法的主要设备。强制式砂浆搅拌机、砂浆输送泵、砂浆喷枪、空气压缩机等。

③铺网-喷浆法的成型技术。用喷枪先在模具上喷一层砂浆,然后用人工将玻璃纤维网格布铺到砂浆层上,再喷一层水泥砂浆,铺第二层网格布,如此反复进行,直至达到设计厚度。

成型后的制品需养护才能达到强度,养护方法同直接喷射法。

(4)预混合成型法。

预混合成型法分为浇筑法、冲压法和挤出成型法三种,其工艺流程如下:

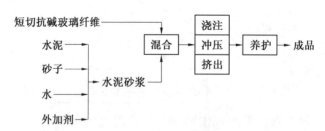

①浇筑法。此法是将水泥砂浆与定长短切的玻璃纤维用搅拌机拌和均匀,然后浇筑入模具内,待养护达到一定强度后脱模成制品,继续自然养护,达到设计强度后出厂。

②冲压成型法。将混合好的玻璃纤维水泥砂浆混合料按设计定量送入冲压模内进行冲压成型。冲压成型可以制造出有立体感的产品。

③挤出成型法。将玻璃纤维和水泥砂浆混合均匀,制成预混合料,连续不断地送入挤出机,通过挤出机端部模型基础成型。这种方法适合制造线型型材制品和空心板。

(5)连续玻璃纤维缠绕成型工艺。

此法是以连续纤维粗纱,通过水泥净浆浸渍-槽浸胶,然后缠绕到一个旋转的模型上

(图7.10)。缠绕工艺还可以与喷射工艺相结合使用,以获得需要的玻璃纤维掺量。

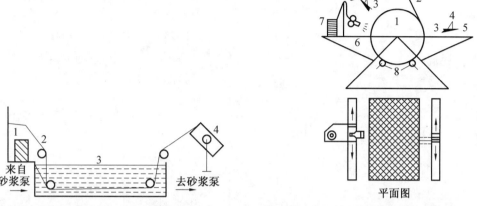

(a)在水泥浆浴器浸渍之后玻璃粗纱的缠绕
1—筒管;2—粗纱;3—水泥浆;4—缠绕系统

(b)与玻璃纤维切断和净浆喷射相结合的玻璃纤维缠绕工艺
1—缠绕圆柱体;2—玻璃纤维;3—水泥净浆喷射;
4—压缩空气;5—水泥浆;6—切割粗纱;7—粗纱;8—压辊

图7.10 缠绕成型玻璃纤维增强水泥基复合材料工艺

7.3.3 碳纤维增强水泥基复合材料

碳纤维增强水泥(CFRC)基复合材料首先是英国开始研究的,1970年英国研究成功聚丙烯腈基碳纤维增强水泥板材。此后,日本和中国台湾地区由于地震频繁,碳纤维增强水泥基复合材料在灾后重建的重点工程中得到广泛应用。

碳纤维增强水泥基复合材料具有很高的抗拉,抗弯和断裂性能,低干缩率、低热膨胀系数,较高的阻热能力和耐高温性能,耐大气老化、抗腐蚀、抗渗透,与混凝土金属的接触电触电阻低,有良好的电磁屏蔽效应,而且能减轻自重,故碳纤维增强水泥基复合材料有可能发展为智能材料。由于沥青基碳纤维的成本低,近年来发展迅速。

碳纤维增强水泥基复合材料具有优良的耐久性,并且能够限制水泥收缩和抑制水泥膨胀。

1. 碳纤维增强水泥(CFRC)基复合材料的组成原材料

(1)碳纤维。

使用的碳纤维主要为聚丙烯腈基碳纤维和沥青基碳纤维两大类,这两类纤维都可以作为水泥基复合材料的增强材料。

我国碳纤维研究开始于20世纪80年代,吉林碳素厂和上海碳素厂分别由国外引进了聚丙烯腈基碳纤维生产线,年产量在10 t以上。沥青基碳纤维生产线已在辽宁鞍山市建成。用于碳纤维增强水泥基复合材料的碳纤维性能见表7.13。

(2)水泥。

水泥是CFRC的基体材料,它应满足如下条件:有一定的细度,保证水泥颗粒能够渗透到碳纤维之间,其颗粒尺寸应小于30 μm;与碳纤维间的界面有较强的粘结力;保证碳纤维在水泥基体中均匀或有序分布。水泥细度要求见表7.14。

表 7.13 用于碳纤维增强水泥基复合材料的碳纤维性能

性能	PAN 基碳纤维		Pitch 基碳纤维
	Ⅰ 型	Ⅱ 型	
直径/μm	7.0~9.7	7.6~8.6	18
密度/(kg·m⁻³)	950	1 725	1 600
弹性模量/GPa	390	250	205~350
拉伸强度/MPa	2 200	2 700	600~800
断裂伸长率/%	0.5	1.0	2~2.4
热膨胀系数/(×10⁻¹℃)	-0.5~-1.2	-0.1~-0.5	
	(平行的)	(平行的)	
	7~12	7~12	
	(径向的)	(径向的)	

表 7.14 用于 CFRC 复合材料水泥的颗粒尺寸

水泥品种	颗粒平均尺寸/μm	比表面积/(cm²·g⁻¹)
普通波特兰水泥	16~17	3 200~3 300
高早强波特兰水泥	13~14	4 300~4 400
超高早强波特兰水泥	7~8	5 800~5 860
矾土水泥	19~21	3 800~4000

(3) 细集料及外加剂。

生产 CFRC 复合材料的细集料主要是石英砂。一般还需要加入减水剂、表面活性剂。为了使碳纤维在基体中均匀分散,还需要加入微粒矿物掺和料,如硅灰粉、超细粉煤灰和磨细矿渣,其作用主要是有效地分散碳纤维和提高碳纤维与水泥基体界面的粘结。

2. 碳纤维增强水泥(CFRC)基复合材料的成型技术

碳纤维增强水泥基复合材料制品的生产工艺可参照玻璃纤维增强水泥基复合材料的工艺进行选择。

7.4 聚合物混凝土复合材料

由于混凝土的性能特点和其他的无机材料相当,都属于脆性材料,刚性大、柔性小、抗压强度远大于拉伸强度。为了改善其缺点,使之即具有无机材料的优点,又能像有机高分子材料一样,具有良好的柔性、弹性,于是聚合物混凝土复合材料应运而生,加入的聚合物起增韧、增塑、填孔和固化作用。

7.4.1 聚合物混凝土复合材料的分类与特点

普通混凝土是以水泥为胶结材料,而聚合物混凝土是以聚合物或聚合物与水泥为胶结材料。

按混凝土中胶结料的组成不同,聚合物混凝土复合材料分为聚合物混凝土或树脂混凝土(Polymer Concrete,PC)、聚合物浸渍混凝土(Polymer Impregnated Concrete,PIC)和聚合物改性混凝土(Polymer Modified Concrete,PMC)。

聚合物混凝土主要由有机胶结料、填物、粗细骨料组成,为了改善某些性能,必要时可加入短纤维、减水剂、偶联剂、阻燃剂、防老剂等添加剂。聚合物混凝土与普通混凝土的性能比较见表7.15。

表7.15 聚合物混凝土与普通混凝土的性能比较

测试性能	普通混凝土	PIC	PC	PMC
抗压强度	1	3～5	1.5～5	1～2
抗拉强度	1	4～5	3～6	2～3
弹性模量	1	1.5～2	0.05～2	0.5～0.75
吸水率	1	0.05～0.10	0.05～0.2	—
抗冻循环次数/重量损失	700/25	2 000～4 000/0～2	1 500/0～1	—
耐酸性	1	5～10	8～10	1～6
耐磨性	1	2～5	5～10	10

聚合物浸渍混凝土是把成型的混凝土的构件通过干燥及抽真空排出混凝土结构孔隙中的水分和空气,然后把混凝土构件浸入聚合物单体溶液中,使得聚合物单体溶液进入结构空隙中,通过加热或施加射线使得单体在混凝土结构孔隙中聚合形成聚合物,这样聚合物就填充了混凝土的结构孔隙,并改善了混凝土的微观结构,从而使混凝土的使用性能得到改善。

聚合物改性混凝土是在水泥混凝土的成型过程中掺加一定量的聚合物,从而改善混凝土的性能,提高混凝土的使用品质使混凝土满足工程的需要。用于水泥混凝土改性的聚合物的形态,可以是聚合物单体、聚合物乳液及聚合物粉末,但最常使用、最方便、改性效果最好的是聚合物乳液。所使用的聚合物乳液有聚氯乙烯乳液,聚苯乙烯乳液,聚乙烯乙酸酯乳液及聚丁烯酚酯乳液等。

7.4.2 聚合物混凝土

1. 聚合物混凝土的组成

聚合物混凝土主要由有机胶结料、填料、粗细骨料组成。

常用的有机胶结材料有环氧树脂、不饱和聚酯树脂、呋喃树脂、甲基丙烯酸甲酯单体及苯乙烯单体等。如果以树脂作为胶结材料时需要选择合适的固化剂、固化促进剂。固化剂的选择及掺量要根据聚合物的品种而定,固化剂及固化促进剂的用量要依据施工现场环境温度进行适当调整,一般只能在规定的范围内变动。

掺入填料的目的是为了减少树脂的用量,降低成本,同时可提高粘结力、强度、硬度、耐磨性,增加导热系数,减少收缩率及膨胀系数。选用填料首先要解决填料和聚合物之间的黏结问题,填料和聚合物之间要有良好的黏结性。使用较多的是无机填料,如玻璃纤维、石棉纤维、玻璃微珠等。纤维填料有助于改善材料的冲击韧性,提高抗弯强度。采用小石子,沙子等可改善材料的硬度,提高抗压强度。

骨料一般选择河沙、河石和人造轻骨料等。通常要求骨料的含水率低于1%,级配良好。为了提高胶结料与骨料界面的黏结力,可选用适当的偶联剂,以提高聚合物混凝土的耐久性并提高其强度。加入减缩剂是为了降低树脂固化过程中产生的收缩,过高的收缩率容易引起混凝土内部产生收缩应力,导致收缩裂缝的产生,影响混凝土的性能。

2. 聚合物混凝土配合比

在配合比设计计算时,常将树脂和固化剂一起作为胶结料,按比例计算填充料,填料应采用最密实级配。配比中骨料的比例要尽量大,颗粒级配要适当。根据选用的树脂不同和使用目的的不同,各种聚合物混凝土和树脂砂浆的配比各不相同,通常的配合比为

胶结料:填料:粗细骨料 = 1:(0.5~1.5):(4.5~14.5)

混合砂浆的配合比为:

胶结料:填料:细骨料 = 1:(0~1.5):(3~7)

通常聚合物占总重量的9%~25%,或者树脂用量为4%~10%(用10 mm颗粒粒径的骨料)和10%~16%(1 mm粒径的粉状骨料)。几种树脂混凝土的配合比见表7.16。

表7.16 几种树脂混凝土的配合比

材料名称		聚合物混凝土的种类和配合比		
		环氧混凝土	聚酯混凝土	呋喃混凝土
胶结料	液体树脂	环氧树脂12	不饱和聚酯10	呋喃液12
	粉料	铸石粉15	铸石粉14	呋喃粉32
石英骨料粒径/mm	<1.2	18	20	12
	5~10	20	20	13
	10~20	35	38	31
其他材料		增韧剂适量	引发剂适量	—
		稀释剂适量	促进剂适量	

3. 聚合物混凝土的制备工艺

聚合物胶结混凝土的生产工艺同普通混凝土基本相同,可以采用普通混凝土的拌和设备和浇筑设备制作。由于树脂混凝土黏度大,必须采用机械搅拌,用树脂混合搅拌机将液态树脂及固化剂预先充分混合,再往搅拌机内加入骨料进行强制搅拌,由于黏度高,在搅拌中不可避免地会混入气体形成气泡,所以,有时在抽真空状态下搅拌。生产构件时有多种成型方式,例如浇铸成型、振动成型、离心成型、压缩成型、挤出成型等。

聚合物混凝土的养护方式有常温养护和加热养护。常温养护适用于大构件制品或形状复杂的制品,采用这种养护方式混凝土的硬化收缩小,生产中由于不需加热设备,节省能源,费用较低。加热养护多用于压缩成型和挤出成型的制品,这种方式不受环境温度的影响,但需要加热设备,消耗能源,因而费用增加。

7.4.3 聚合物浸渍混凝土

聚合物浸渍混凝土是一种用有机单体浸渍混凝土表层的孔隙,并经聚合处理而成一整体的有机-无机复合的新型材料。其主要特征是强度高,比普通水泥混凝土高2~4倍,混

凝土的密实度得到明显改善,几乎不吸水,因此,抗冻性及耐化学侵蚀能力提高,尤其对硫酸盐、碱和低浓度酸有较强的耐腐蚀性。

聚合物浸渍混凝土用的材料主要是普通混凝土制品和浸渍液两种。浸渍液可以由一种或几种单体加适量引发剂、添加剂组成。混凝土基材和浸渍液的成分、性质都对聚合物浸渍混凝土的性质有直接影响。用浸渍法提高混凝土强度的基本原理如图7.11所示。

图 7.11 聚合物浸渍混凝土原理

聚合物浸渍混凝土中聚合物的主要作用是黏结和填充混凝土中的孔隙和裂隙的内表面,浸渍液的主要功能是:浸渍液对裂缝的黏结作用消除了混凝土裂隙间隙的应力集中;浸渍液增加了混凝土的密实性;形成了一个连续的网状结构。由此可见,聚合物浸渍混凝土使混凝土中孔隙和裂隙被填充,使原来多孔体系变成较密实的整体,提高了强度和各项性能。由于聚合物的黏结作用使混凝土各相间的黏结力加大,所形成的混凝土-聚合物互穿网络结构,因此,改善了混凝土的力学性能并提高了耐久性,改善了抗渗、抗磨损、抗腐蚀等性能。

1. 浸渍混凝土的组成

浸渍混凝土主要由基材和浸渍液两部分组成。

①基材。主要是水泥混凝土,其中包括钢筋混凝土制品,其制作成型方法与一般混凝土预制件相同,作为浸渍混凝土的基材应该有适当的孔隙,能被浸渍液浸填;有一定的基本强度,能承受干燥、浸渍、聚合过程的作用应力,不因搬动而产生裂缝等缺陷;不含有溶解浸渍液或阻碍浸渍液聚合的成分;构件的尺寸要与浸渍、聚合的设备相适应;要充分干燥,不含水分。

②浸渍液。浸渍液的选择主要取决于 PIC 的最终用途、浸渍工艺和制作成本等。用作浸渍液的单体应满足如下要求:有适当的黏度,浸渍时容易渗入基材内部;有较高的沸点和较低的蒸汽压,以减少浸渍后和聚合过程中的损失;经加热等处理后,能在基材内部聚合并与其形成一个整体;单体形成的聚合物的玻璃化温度必须超过材料的使用温度;单体形成的聚合物应有较高的强度和较好的耐水、耐碱、耐热、耐老化等性能。

常用的单体及聚合物有苯乙烯、甲基丙烯酸甲酯、丙烯酸甲酯以及不饱和聚酯树脂和环氧树脂等。

2. 浸渍混凝土的制备工艺

聚合物浸渍混凝土无论是室内加工制品还是现场施工,其工艺过程比较复杂,而且还需要消耗较多的能量,主要步骤有干燥、抽真空、浸渍和聚合。

准备浸渍的混凝土要进行干燥处理,排除基材中的水分,以确保单体浸填量和聚合物对混凝土的黏着力,这是浸渍处理成功的关键,通常要求混凝土中的含水率不超过0.5%。干燥方式一般采用热风干燥,干燥温度和时间与制品的形状、厚度及浸渍混凝土的性质有关,干燥温度一般控制在 105～150 ℃。

抽真空的目的是将阻碍单体渗入的空气从混凝土的孔隙中排除,以加快浸渍速度和提高浸填率。浸填率是衡量浸渍程度的重要指标,以浸渍前后的质量差与浸渍前基材质量的百分比来表示。抽真空是在密闭容器中进行的,真空度以 666.1 Pa 为宜。混凝土在浸渍前是否需要真空处理,应视浸渍混凝土的用途而定。高强度混凝土需采用抽真空处理,强度要求不高时可以不采用真空处理。

浸渍可分为完全浸渍和局部浸渍两种。完全浸渍是指混凝土断面被单体完全浸透,浸填量一般在 6% 左右,浸渍方式应采用真空-常压浸渍或真空-加压浸渍,并要选用低黏度的单体。完全浸渍可全面改善混凝土的性能,大幅度提高强度。局部浸渍的深度一般在 10 mm 以下,浸填量在 2% 左右,主要目的是改善混凝土的表面性能,如耐腐蚀、耐磨、防渗等。浸渍方式采用涂刷法或浸泡法。浸泡时间根据单体种类、浸渍方法、基材状况及尺寸而定。施工现场进行浸渍处理多为局部浸渍。

渗入混凝土孔隙的单体通过一定的方式使其由液态单体转变为固态聚合物,这一过程称为聚合。聚合的方法有辐射法、加热法和化学法。辐射法不用加热引发剂,而是靠高能辐射聚合;加热法需要加入引发剂加热聚合;化学法不需要辐射和加热,只用引发剂和促进剂引起聚合。

7.4.4 聚合物改性混凝土

在水泥砂浆或水泥混凝土改性中使用最为广泛的是聚合物胶乳,或称为聚合物乳液。将聚合物乳液掺入新拌混凝土中,可使混凝土的性能得到明显的改善,这类材料称为聚合物改性混凝土。用于水泥混凝土改性的聚合物品种繁多,基本分为三种类型:聚合物乳液、水溶性聚合物和液体树脂。

常用的聚合物胶乳如图 7.12 所示。

聚合物乳液作水泥材料改性剂时,可以部分取代或全部取代拌和水。聚合物乳液具有如下几个方面的特性:作为减水塑化剂,在保持砂浆和易性良好、收缩较小的情况下,可以降低水灰比;可以提高砂浆与老混凝土的黏结能力;提高修补砂浆对水、二氧化碳和油类物质的抗渗能力,而且还能增强对一些化学物质侵蚀的抵抗能力;在一定程度上可以用作养护剂;增强砂浆的抗弯、抗拉强度。

当选择聚合物用做混凝土或砂浆的改性时,必须满足一些要求,例如:改善和易性和弹性;增加力学强度,尤其是弯曲强度、黏结强度和断裂伸长率;减少收缩;提高抗磨性能;提高耐化学介质性能,尤其是冰盐、水和油;提高耐久性。

聚合物改性砂浆的断裂韧性、变形性能都比水泥砂浆有很大提高,弹性模量也明显降低,因为在乳胶改性砂浆横断面的扫描照片中,可清楚地看到乳胶形成的纤维像桥一样横跨在微裂缝上,有效地阻止裂缝的形成和开展。

聚合物水泥砂浆中的含气量较高,可达 10%～30%,在拌制聚合物改性混凝土时,只要采用优质消泡剂,其含气量就会少很多,可降到 2% 以下,与普通混凝土基本相同。这是因为混凝土与砂浆相比,骨料颗粒粗一些,空气容易排除。

第7章 水泥基复合材料

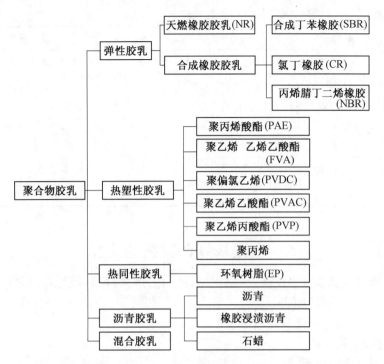

图 7.12 用于改性的聚合物胶乳

聚合物水泥混凝土的各种相对强度(即聚合物水泥混凝土与普通混凝土的强度比)及各种强度之间的关系见表 7.17。由表可知，除 PVAC 混凝土外，聚合物水泥混凝土的抗压、抗弯、抗拉及抗剪切强度均随聚灰比的增加而有所提高，尤其以抗拉强度及抗弯强度的增加更为显著。

表 7.17 聚合物改性混凝土的强度性能

混凝土种类	聚/灰/%	水/灰/%	相对强度				强度比			
			抗压 σ_c	抗弯 σ_b	抗拉 σ_t	抗剪 σ_a	抗压 σ_c	抗弯 σ_b	抗拉 σ_t	抗剪 σ_a
SBR 混凝土	5	53.3	123	118	126	131	7.13	13.84	1.94	0.185
	10	48.3	134	129	154	144	7.13	12.40	1.74	0.184
	15	44.3	150	153	212	146	6.75	10.05	1.49	0.168
	20	40.3	146	178	236	149	5.46	8.78	1.56	0.178
PAE-1 混凝土	5	43.0	159	127	150	111	8.64	15.17	1.77	0.120
	10	33.6	179	146	158	116	8.44	16.23	1.96	0.111
	15	31.3	157	143	192	126	7.58	11.65	1.55	0.139
	20	30.0	140	192	184	139	5.03	10.88	2.19	0.170
PAE-2 混凝土	5	59.0	111	106	128	103	7.23	12.92	1.81	0.161
	10	52.4	112	116	139	116	6.65	11.40	1.71	0.178
	15	43.0	137	167	219	118	5.64	9.06	1.62	0.148
	20	37.4	138	214	238	169	4.45	8.32	1.88	0.210

续表 7.17

混凝土种类	聚/灰 /%	水/灰 /%	相对强度				强度比			
			抗压 σ_c	抗弯 σ_b	抗拉 σ_t	抗剪 σ_a	抗压 σ_c	抗弯 σ_b	抗拉 σ_t	抗剪 σ_a
PVAC 混凝土	5	51.8	98	95	112	102	7.13	12.53	1.78	0.178
	10	44.9	82	105	120	106	5.37	9.76	1.81	0.221
	15	42.0	55	80	90	88	4.69	8.39	1.81	0.274
	20	36.8	37	62	91	60	4.10	5.76	1.38	0.275
普通混凝土	0	60.0	100	100	100	100	6.88	12.80	1.86	0.174

7.5 水泥基复合材料的应用

水泥基复合材料具有很多优点,价格低廉,使用当地材料即可制得,用途广泛,适应性强,并能做成几乎任何形状和表面,因此,它是一种理想的多用途的复合材料。水泥基复合材料的品种很多,主要用于建筑材料混凝土。

7.5.1 混凝土的应用

1. 轻集料混凝土的应用

用多孔轻质集料配制而成的,其表观密度不大于 1 950 kg/m³ 的混凝土,称为轻集料混凝土。不同类别的轻集料混凝土有不同的用途,现分述如下:

①保温轻集料混凝土,主要于用房屋建筑的外墙体或屋面结构。此类轻集料混凝土的表观密度为 300~800 kg/m³,强度等级为 CL0.5~CL5.0,一般用此种全轻混凝土制作非承重保温制品。

②结构保温轻集料混凝土,主要用于既承重又保温的房屋建筑外墙体及其他热工构筑物。此种混凝土的表现密度为 800~1 400 kg/m³,强度等级为 CL5.0~CL15,可用浮石、火山渣及陶粒为轻集料配制。

③结构轻集料混凝土,主要用于承重钢筋混凝土结构或构件,其表观密度为 1 400~1 950 kg/m³,强度等级为 CL15~CL50。常用的表观密度为 1 700~1 800 kg/m³,强度等级为 CL20。CL25 级以上的可用作预应力钢筋混凝土结构。在我国此类混凝土主要用于有抗震要求或建于软土地基上要求减轻结构自重的房屋建筑,用其制作梁、板、柱等承重构件或现浇结构,少量用于热工构筑物。应用时应注意如下事项:①为了改善轻集料混凝土的施工性能,一般可在施工前 0.5~1 d 对轻集料进行淋水预湿,但在气温低于 5 ℃ 时不宜进行预湿处理。②全轻混凝土及采用堆积密度小于 500 kg/m³ 轻粗集料配制的砂轻凝土只能采用强制式搅拌机搅拌,仅塑性砂轻混凝土允许用自落式搅拌机搅拌。③轻集料混凝土一般应采用机械振捣成型。为防止轻集料上浮,振动时表面宜加压,加压重量约为 0.2 N/cm²。④轻集料混凝土自然养护时,为防止表面失水,宜及时喷水,覆盖塑料薄膜或喷洒养护剂。加热养护时,静停时间应少于 1.5~2.0 h,升温速度以 15~25 ℃/h 为宜。

2. 粉煤灰混凝土的应用

掺入粉煤灰的混凝土或用粉煤灰水泥为胶结料的混凝土称为粉煤灰混凝土。

粉煤灰混凝土广泛用于工业与民用建筑工程和桥梁、道路、水工等土木工程,特别适合用于下列情况。

①节约水泥和改善混凝土拌和物和易性的现浇混凝土,特别是泵道混凝土工程;
②房屋道路地基与坝体的低水泥用量,高粉煤灰掺量的碾压混凝土(用Ⅲ级灰);
③C80级以下大流动度高强混凝土(用优质料煤灰);
④受海水等硫酸盐作用的海工,水工混凝土工程;
⑤需降低水化热的大体积混凝土工程;
⑥需抑制碱骨料反应的混凝土工程。

应注意事项:
①必须按粉煤灰品质量才而用;
②在低温条件下施工时,宜掺入对粉煤灰无害的早强剂、防冻剂;有抗冻要求的混凝土一定要掺入引气剂;对抗碳化要求较高的宜掺入减水剂;
③对混凝土强度要求较高的地面以上工程用的粉煤灰混凝土,宜采用超量取代法设计混凝土配合比;
④有抑制碱集料反应及抗硫酸盐侵蚀要求的粉煤灰必须选用优质粉煤灰,其掺量不应小于水泥用量的20%~25%。

3. 高强混凝土的应用

高强混凝土是指强度等级为C60以上的混凝土,其研究与应用是当前混凝土技术中的一个重要发展方向。

高强混凝土在土木建筑工程中应用范围比较广泛。随着我国高层,超高层建筑、大跨度桥梁、架空索道及高速公路等工程建筑项目的增多,C60级以上高强混凝土的用量也将不断增加。

高强混凝土的应用范围归纳为以下几个方面:
①预应力钢筋混凝土轨枕、管桩;
②抗爆结构的防护门;
③高层、超高层建筑的底层柱子、承重墙及剪力墙;
④高层建筑下部框架的柱子及主梁等;
⑤海上采油平台结构;
⑥大跨桥梁结构的箱形梁及桥墩等;
⑦高速公路的路面;
⑧隧道,矿井工程的衬砌、支架与护板等。

注意事项:
①严格选择水泥等原材料,并按规定进行其质量检验。减水剂和水泥品种要相适应;严禁采用有碱潜在反应的集料;
②高强混凝土的配合比必须通过试验确定;
③混凝土的搅拌时间一定不能少于60 s,外加剂的投放要有专人负责;
④混凝土用水量应根据砂石含水率变化及坍落度检验结果及时调整;
⑤混凝土拌和物输送时间不宜超过5 h,用运输车运输时,要特别注意第一次装运的混

凝土拌和物坍落度是否合乎要求；

⑥泵送高强混凝土拌和物从搅拌到入泵的时间不宜超过 90 min，夏季更应严格控制；坍落度损失太大及不符合入泵要求时，应采用补加外加剂或 2 次人工搅拌等措施，使其符合入泵要求；

⑦如在浇灌高强混凝土的同时，需要浇灌普通混凝土，并采取措施处理好相接的施工缝；

⑧要加强高强混凝土的养护，特别是夏季更应及时用塑料薄膜覆盖或喷涂养护液；

⑨加强现场施工管理，严格按有关标准及规范进行质量检验与评定。

7.5.2 纤维增强混凝土(FRC)的应用

在混凝土中掺入纤维以改善其力学性能的尝试是在 20 世纪初期，而以实用性为目的进行研究则是在 1960 年以后，S. GOLFEIN 于 1962 年发表第一份有关纤维增强混凝土研究。目前人们多以耐碱玻璃纤维砂浆、碳素纤维砂浆等为主要研究对象。经大量的实验，人们可将纤维增强混凝土的开发归纳为以下论点：

①在众多的纤维材料中被公认为有前途的增强纤维是钢纤维和玻璃纤维；

②耐碱玻璃纤维将来可能成为石棉的代用品；

③聚丙烯和尼龙等合成纤维对混凝土裂缝开展的约束能力很差，对增加抗拉强度完全无效，但这类增强混凝土的抗冲击性能十分优良；

④就抗弯强度而论，碳素纤维的增强效果介于钢纤维和耐碱玻璃纤维之间；

⑤在各种纤维材料中，钢纤维对混凝土裂缝开展的约束能力最好，它对于抗弯抗拉强度也最有效，钢纤维增强混凝土的韧性最好；

⑥在 FRC 中有关钢纤维的研究为数最多，公认合宜的数据是钢纤维直径为 0.25 ~ 0.5 mm[矩形断面(0.2 ~ 0.4) × (0.25 ~ 0.65) mm]、长 12.5 ~ 50 mm(长径比 l/d = 30 ~ 150)，商业上实用长度约 25 mm，细长比约 100，掺量约 2%(体积)；

⑦现在流行的 FRC 增强理论是"纤维间隙学说"和"复合强度学说"；

⑧FRC 制造技术尚处于初级阶段，将来应建立有关管理 FRC 质量的标准试验方法；

⑨用钢纤维增强同时用聚合物浸渍混凝土，即具备普通混凝土所没有的延伸变形随从性，又具备 FRC 所缺乏的超高强度这两种特性；

⑩扩大 FRC 实用范围是今后的重要课题。

有实用价值的 FRC 是用锆系耐碱玻璃纤维增强的 CFRC，其应用范围有：

①作内外墙体材料(隔断、挂墙板、窗台墙、夹层材料等)；

②作模板(楼板的底模、梁柱模、桥台面、各种被覆层)；

③作土木设施(挡土墙、道路和铁路的防音墙、电线杆、排气塔、通风道、管道、U 形管、净化池、贮仓等)；

④海洋方面用途(小型船舶、游艇、浮杆、甲板等)；

⑤其他用途(耐火墙、隔热墙、遮音墙、窗框、托板等)。

国内一些建筑物的窗间采用了 FRC，通常采用喷射法施工，浇筑法尚未见采用。

钢纤维增强混凝土(SFRC)在下列场合被采用：

①耐火混凝土增强层(如高达 2900F)水泥窑内衬；

②表面喷涂；

③加固补强;
④堤堰用;
⑤隧道内衬;
⑥道路及跑道面层;
⑦消波用砌体;
⑧其他。

近些年人们也采用高强、高模碳纤维增强水泥,用其增强后的水泥,其杨氏模量接近按其混合规则计算的值,断裂功提高几个数量级。同时,还可抑制水泥基体的开裂和在老化过程中的尺寸变化,并使其抗蠕变和耐疲劳性能都得到改善。

为使水泥能在细小的纤维之间均匀分散,作为基体水泥的粒度应尽可能细小。在制造增强复合材料时,用长丝缠绕、泥浆压型、手铺叠层以及喷射注型等成型工艺。

水泥中加入3%(体积)的碳纤维后,其模量可提高2倍,强度增加5倍,如果定向增强,则加入12.3%(体积)的中强碳纤维便可使水泥的强度从5×10^6 N/m² 提高到 1.85×10^8 N/m²,挠曲强度也可达到 1.3×10^8 N/m²。

碳纤维增强水泥可用来代替木材,制成住宅的屋顶、构架、梁、地板以及隔板等,也可以代替石棉制成耐压水泥管和各种容器。由于减轻了自重可降低高层结构中的建筑费用,碳纤维的成本昂贵,限制了在这方面的应用。

FRC现在还不能立即用以代替钢筋混凝土,应先用它制作形体简单的小尺寸构件,再逐渐向生产大构件过渡。

未来FRC主要受增强纤维品种、质量及其价格的支配。纤维本身强度高,同水泥有良好的粘结性,它的耐久性也不错,如果工艺过关,价格便宜,FRC推广普及并非难事。

7.5.3 聚合物改性水泥混凝土的应用

聚合物改性水泥砂浆或改性水泥混凝土已得到了较为广泛的应用,主要应用范围见表7.18。

表7.18 聚合物改性水泥砂浆的应用范围

应用	具体使用场合
铺面材料	房屋地面,仓库地面,办公室地面,厕所地面等
地面板	人行道,楼梯,化工车间,车站月台,公路中面,修理车间
耐水材料	混凝土防水层,砂浆的混凝土隔水墙,水容器,游泳池,化粪池,贮仓
粘结材料	地面板的粘结,墙面板的粘结,绝热材料的粘结等,新旧混凝土之间的粘结及新旧砂浆之间的粘结
防腐材料	污水管道,化工厂地面,耐酸管道的接头粘结,化粪池,机械车间地面,化学实验室地板,药房等
履盖层	混凝土船体的内外层,桥面履盖层,停车房地面,人行桥桥面等

1. 地面和道路工程

聚合物改性水泥混凝土由于其良好的耐磨性及耐腐蚀性,施工方法有:

①直接用聚合物浇筑地面；
②聚合物混凝土形成地面板，然后铺砌；
③在地面作一层聚合物水泥砂浆涂层。

聚合物改性水泥混凝土，由于它具有良好的防水性质，所以在桥梁、道路路面面层大量使用。由于使用聚合物改性水泥混凝土作桥面可避免常规施工过程中为粘结及防水所必需的复杂的工艺过程，因而也可用于高等级的刚性水泥混凝土路面，可降低水泥混凝土面层的厚度，减轻面层开裂，从而延长使用寿命。

2. 结构工程

前苏联契尔金斯基进行了这一方面的试验，用普通的钢筋水泥混凝土梁作对比，在试验梁的受拉区三分之一高度截面用聚醋酸乙烯改性水泥混凝土制成（聚合物乳液/水泥＝0.2～0.3），混凝土梁的尺寸为 120 cm×20 cm×20 cm。试验时，梁的支距为 110 cm，在距支座 40 cm 处施加两个集中荷载。

试验结果为，当梁的理论破坏荷载为 21 580 kN 时，普通混凝土对比梁在荷载为 1 600 kN 时破坏，而在拉伸区应用聚合物改性水泥混凝土梁，破坏荷载为 20 000 kN。上述试验证明，聚合物改性水泥混凝土梁具有较强的抗折能力及较大的抗拉伸性。

3. 轻质混凝土

为了减小构件的重量，在混凝土和砂浆中加入聚合物外加剂可达到很好的效果。在普通水泥混凝土中，加入发泡剂虽可降低构件的重量，但会使强度大幅度下降，而聚合物外加剂可在很大程度上弥补这一不足。

轻集料聚合物水泥混凝土具有密度小，强度高的特点，抗压强度通常高于无聚合物的混凝土。采用陶粒、耐火土及其混合物可制得密度为 1 600～1 800 kg/m^3，标号为 300 号的混凝土。

4. 修补工程

聚合物改性水泥砂浆及改性水泥混凝土由于良好的粘结性能被广泛用于修补工程。用普通砂浆或普通混凝土进行修补工程，由于新拌混凝土与旧混凝土之间不能很好地结合，经常发生修补的混凝土脱落，在不能起到修补的作用。原因在于旧混凝土被修补的表面存在一定数量的结构孔隙，如果在旧混凝土干燥情况下就将新拌混凝土覆盖上去，由于毛细作用，新拌混凝土中的水分将进入旧混凝土内，致使靠近旧混凝土表面的新拌混凝土浆体失去水分，不能正常水化，最终新旧混凝土之间形成一软弱夹层。如果旧混凝土是在潮湿状态下修补，即旧混凝土的孔隙已被水充满，虽然新拌水泥混凝土中水分不被旧混凝土所吸收，但被水分充满的旧混凝土孔隙中，也不会有新拌混凝土中的水泥水化产物进入，因此，两者之间并没有产生相互穿插的联结。同时，由于新拌混凝土在硬化过程中产生收缩，会使新旧混凝土界面产生剪应力，因而引起局部的破坏，从而减弱了互相间的联结强度及影响修补的效果。因此，由于混凝土本身的特性，用普通混凝土浆体进行混凝土的修补工程不能取得满意的效果。用聚合物改性水泥混凝土进行修补工程，会有良好的修补效果。

5. 其他方面的应用

聚合物改性水泥混凝土还可用作建筑装饰材料、保护材料等。

(1) 装饰材料

聚合物改性水泥混凝土作为装饰材料使用。用于混凝土结构装饰材料的配比(重量比)可为:白水泥17,耐碱颜料2~3.5。惰性填料为砂粉或水灰石粉,增强剂为石棉。聚合物外加剂为聚醋酸乙烯乳液或丁苯橡胶乳液。装饰外表面时,聚合物/水泥=0.15~0.2;装饰内表而时,聚合物/水泥=0.05~0.1。

石膏聚合物水泥浆饰料用于建筑物内、外的装饰和平整表面。配合比(重量比)为:普通硅酸盐水泥20~30,半水石膏60~70及火山灰材料10左右,这种组分与聚合物外加剂一起可制得具有多种优异性能的装饰材料。

(2) 保护涂层

聚合物水泥材料广泛应用各种容器的保护涂层。保护容器材料免受储液的侵蚀,防止容器材料对液体的不良影响,以及减少液体材料经过贮器器壁的渗失。

聚合物水泥用于墙壁楼板、深埋的底部以及用于防护地下结物,如隧道、地沟、坑道、管道等的器壁,也可用于有水压设施的底板(如储水池、沉降池等)。聚合物水泥防水层一般不和食用水直接接触,否则应采用满足卫生要求的聚合物水泥材料。

(3) 特殊用途

在气候特别严寒地区,可用聚合物制成抗冻性良好的抗冰冻聚合物水泥混凝土。

用聚合物制成的聚合物水泥混凝土铁道枕木具有特别好的耐久性。

特殊的聚合物水泥适用于保护铁丝网水泥结构中的钢丝网。用聚乙烯醇缩丁醛和普通硅酸盐水泥的混合物于静电场中敷于铜丝网上,涂层中水泥含量应为40%以上,以保证最大的密度,钢丝网表面涂层厚度为60~70 μm。裂纹张开程度达0.1 mm以上时,涂层厚度可增至100 μm。

防止水泥混凝土浆体的分层是很难克服的技术问题。通过掺加聚合物可消除混凝土的分层离析现象,保证混凝土浆体的质量。掺加的聚合物外掺剂应不影响混凝土的硬化及硬化后的各种性质。最适用的是亲水性,非离子型主要是极高分子质量(可达数百万)的聚合物,聚氧化乙烯及聚氧化丙烯、甲基及羧基纤维素、聚丙烯酰胺、聚乙烯醇即属于这类聚合物。聚氧化乙烯(分子质量为4×10^6)的塑化效应小,实际上对强度无影响。

第8章　新型复合材料

复合材料作为一种新材料,随着材料科学、技术和应用水平的不断提高,新型复合材料(如碳/碳复合材料、纳米复合材料、智能复合材料,和石墨烯复合材料等)不断出现,亦是其技术发展的一大趋势。

8.1　碳/碳复合材料

8.1.1　碳/碳复合材料概述

碳/碳复合材料,也称为碳纤维增强碳复合材料,是由碳纤维(或石墨纤维)为增强体,以碳(或石墨)为基体的复合材料,是具有特殊性能的新型工程材料。碳/碳复合材料完全由碳元素组成,能够承受极高的温度和极大的加热速率,具有高的烧蚀热和低烧蚀率,抗热冲击和在超热环境下具有高强度,被认为是超热环境中高性能的烧蚀材料。在机械加载时,碳/碳复合材料的变形与延伸都呈现出假塑性性质,最后以非脆性方式断裂。碳/碳复合材料的缺点是非轴向力学性能差,破坏应变低,空洞含量高,纤维与基体结合差,抗氧化性能差,制造加工周期长,设计方法复杂,缺乏破坏准则。

1958年,科学工作者在偶然的实验中发现了碳/碳复合材料,立刻引起了材料科学与工程研究人员的普遍重视。尽管碳/碳复合材料具有许多其他复合材料不具备的优异性能,但作为工程材料在最初的10年间的发展却比较缓慢,这主要是由于碳/碳的性能在很大程度上取决于碳纤维的性能和碳基体的致密化程度。当时,各种类型的高性能碳纤维正处于研究与开发阶段,碳/碳制备工艺也处于实验研究阶段,同时其高温氧化防护技术也未得到很好的解决。

在20世纪60年代中期到70年代末期,由于现代空间技术的发展,对空间运载火箭发动机喷管及喉衬材料的高温强度提出了更高要求,以及载人宇宙飞船开发等都对碳/碳复合材料技术的发展起到了有力的推动作用。由于20世纪70年代碳/碳复合材料研究开发工作的迅速发展,从而带动了80年代中期碳/碳复合材料在制备工艺、复合材料的结构设计,以及力学性能、热性能和抗氧化性能等方面基础理论及方法的研究,进一步促进和扩大了碳/碳复合材料在航空航天、军事以及民用领域的推广应用。尤其是预成型体的结构设计和多向编织加工技术日趋发展,复合材料的高温抗氧化性能已达1 700 ℃,复合材料的致密化工艺逐渐完善,并在快速致密化工艺方面取得了显著进展,为进一步提高复合材料的性能、降低成本和扩大应用领域奠定了基础。

目前人们正在设法更有效地利用碳和石墨的特性,因为无论在低温或很高的温度下,它们都有良好的物理和化学性能。碳/碳复合材料的发展主要是受宇航工业发展的影响,例如,碳/碳复合材料制作导弹的鼻锥时,烧蚀率低且烧蚀均匀,从而可提高导弹的突防能力和命中率。它们作为宇宙飞行器部件的结构材料和热防护材料,不仅可满足苛刻环境的要求,而且还可以大大减轻部件的重量,提高有效载荷、航程和射程。碳/碳复合材料还具有优异的耐摩擦性能和高的热导率,使其在飞机、汽车刹车片和轴承等方面得到了应用。碳与生物体之间的相容性极好,再加上碳/碳复合材料的优异力学性能,使之适宜制成生物构件插入到活的生物机体内作整形材料,例如人造骨骼,心脏瓣膜等。

随着生产技术的革新,产量进一步扩大,廉价沥青基碳纤维的开发及复合工艺的改进,使碳/碳复合材料将会有更大的发展。

8.1.2 碳/碳复合材料的制造工艺

最早的碳/碳复合材料是由碳纤维织物二向增强的,基体由碳收率高的热固性树脂(如酚醛树脂)热解获得。采用增强塑料的模压技术,将二向织物与树脂制成层压体,然后将层压体进行热处理,使树脂转变成碳或石墨。这种碳/碳复合材料在织物平面内的强度较高,在其他方向上的性能很差,但因其抗热应力性能和韧性有所改善,并且可以制造尺寸大、形状复杂的零部件,因此,仍有一定用途。

为了克服两向增强的碳/碳复合材料的缺点,研究开发了多向增强的碳/碳复合材料,这种复合材料可以根据需要进行材料设计,以满足某一方向上对性能的最终要求。控制纤维的方向、某一方向上的体积含量、纤维间距和基体密度,选择不同类型的纤维、基体和工艺参数,可以得到具有需要的力学、物理及热性能的碳/碳复合材料。

多向增强的碳/碳复合材料的制造分为两大步:首先是制备碳纤维预制件,然后将预制件与基体复合,即在预制件中渗入碳基体。

1. 预制件的制造

(1)碳纤维的选择。

碳纤维的选择是制造碳/碳复合材料的基础,可以根据材料的用途、使用的环境以及更容易得到易于渗碳的预制件来选择碳纤维。通过合理选择纤维种类和织物的编织参数(如纱束的排列取向、纱束间距、纱束体积含量等),可以改变碳/碳复合材料的力学性能和热物理性能,满足产品性能方向设计的要求,通常使用加捻、有涂层的连续碳纤维纱。在碳纤维纱上涂覆薄涂层的目的是为编织方便,改善纤维与基体的相容性。用作结构材料时,选择高强度和高模量的纤维,纤维的模量越高,复合材料的导热性越好;密度越大,膨胀系数越低;要求导热系数低时,则选择低模量的碳纤维。一束纤维中通常含有 1 000~10 000 根单丝,纱的粗细决定着基体结构的精细性。有时为了满足某种编织结构的需要,可将同类型的纱合在一起。另外,还应从价格、纺织形态、性能及制造过程中的稳定性等多方面的因素来选用碳纤维。

可供选用的碳纤维种类有粘胶基碳纤维、聚丙烯腈(PAN)基碳纤维和沥青基碳纤维。

目前,最常用的 PAN 基高强度碳纤维(如 T300)具有所需的强度、模量和适中的价格。如果要求碳/碳复合材料产品的强度与模量高及热稳定性好,则应选用高模量、高强度的碳纤维;如果要求热传导率低,则选用低模量碳纤维(如粘胶基碳纤维)。在选用高强碳纤维时,要注意碳纤维的表面活化处理和上胶问题。采用表面处理后活性过高的碳纤维,使纤维和基体的界面结合过好,反而使碳/碳呈现脆性断裂,导致强度降低。因此,要注意选择合适的上胶胶料和纤维织物的预处理制度,以保证碳纤维表面具有合适的活性。

(2)编织结构的设计。

①两向织物。常用的两向织物常常采用正交平纹碳布和 8 枚缎纹碳布。平纹结构性能再现性好,缎纹结构拉伸强度高,斜纹结构比平纹容易成型。由于双向织物生产成本较低,双向碳/碳在平行于布层的方向拉伸强度比多晶石墨高,并且提高了抗热应力性能和断裂韧性,容易制造大尺寸形状复杂的部件,使得双向碳/碳继续得到发展。双向碳/碳的主要缺点是:垂直布层方向的拉伸强度较低,层间剪切强度较低,因而易产生分层。

②三向织物。纤维按三维直角坐标轴 X、Y、Z 排列,形成直角块状预制件。纱的特性、每一点上纱的数量以及点与点的间距决定着预制件的密度、纤维的体积含量及分布。表 8.1 列出了典型的纱束间距、预制件的密度和三个方向上纤维含量的分配。在 X、Y、Z 三轴的每一点上,各有一束纱的结构的充填效率最高,可达 75%,其余 25% 为孔隙。由于纱不可能充填成理想的正方形以及纱中的纤维间有孔隙,因而实际的纤维体积含量总是低于75%。在复合材料制造过程中,多向预制件中纤维的体积含量及分布不会发生明显变化,在树脂或沥青热解过程中,纤维束和孔隙内的基体将发生收缩,不会明显改变预制件的总体尺寸。三向织物研究的重点在细编织及其工艺、各向纤维的排列对材料的影响等方面。三向织物的细编程度越高,碳/碳复合材料的性能越好,尤其是作为耐烧蚀材料更是如此。

表 8.1 三向编织结构编织物的特性

纤维类型	预制件密度 /(g·cm^{-3})	纱束数量			纱束间距/mm		纤维体积含量		
		X	Y	Z	X、Y	Z	$V_{f,X}$	$V_{f,Y}$	$V_{f,Z}$
Thornel50	0.64	1	1	1	0.56	0.58	0.14	0.14	0.13
	0.75	1	1	2	0.71	0.58	0.11	0.11	0.23
	0.68	2	2	1	1.02	0.58	0.14	0.14	0.12
	0.80	2	2	6	0.69	1.02	0.12	0.12	0.24
Thornel75	0.70	1	1	2	0.56	0.58	0.09	0.09	0.17
	0.65	2	2	1	0.84	0.58	0.12	0.12	0.09
	0.72	2	2	2	1.07	0.58	0.09	0.09	0.18

③多向编织。为了形成更高各向同性的结构,在三向纺织的基础上,已经发展了很多种多向编织,可将三向正交设计改型,编织成四、五、七和十一向增强的预制件。五向结构是在三向正交结构的基础上,在 X-Y 平面内补充两个 $45°$ 的方向。在三向正交结构中,如果按上下面的四条对角线或上下面各边中点的四条连线补充纤维纱,则得七向预制件。在这两种七向预制件中去掉三个正交方向上的纱,便得四向结构。在三向正交结构中的四条对角线上和四条中点连线上同时补充纤维纱,可得非常接近各向同性结构的十一向预制件。将纱按轴向、径向和环向排列,可得圆筒和回转体的预制件。为了保持圆筒形编织结构的均匀性,轴向纱的直径应由里向外逐步增加,或者在正规结构中增加径向纱。在编织截头圆锥形结构时,为了保持纱距不变和密度均匀,轴向纱应是锥形的。根据需要可将圆筒形和截头圆锥形结构变形,编织成带半球形帽的圆筒和尖形穹窿的预制件。

(3)多向预制件的制造。

制造多向预制件的方法有:干纱编织、织物缝制、预固化纱的编排、纤维缠绕以及上述各种方法的组合。

①干纱编织。干纱编织是制造碳/碳复合材料最常用的一种方法。按需要的间距先编织好 X 和 Y 方向的非交织直线纱,X,Y 层中相邻的纱用薄壁铜管隔开,预制件织到需要尺寸时,去掉这些管子,用垂直(Z 向)的碳纤维纱代替。预制件的尺寸决定于编织设备的大小。用圆筒形编织机能使纤维按环向、轴向、径向排列,因而能制得回转体预制件。先按设计做好孔板,再将金属杆插入孔板,编织机自动地织好环向和径向纱,最后编织机自动取出金属杆以碳纤维纱代替。

②穿刺织物结构。如果用两向织物代替三向干纱编织预制件中 X、Y 方向上的纱,就得到穿刺织物结构。具体制法是:将二向织物层按设计穿在垂直(Z 向)的金属杆上,再用未浸过或浸过树脂的碳纤维纱并经固化的碳纤维-树脂杆换下金属杆即得最终预制件。在 X、Y 方向可用不同的织物,在 Z 向也可用各种类型的纱。同种石墨纱用不同方法制得的预制件的特性差别显著,穿刺织物预制件的纤维总含量和密度都较高,有更大的通用性。表 8.2~8.5 给出了 X-Y 向的织物、Z 向的纤维形式、穿刺织物预制件的特性及三向正交干纱编织预制件的比较。

表 8.2 三种 X-Y 织物的比较

编 织		Thornel 50 缎纹	WCA 平纹	GSGC-2 平纹
纱数/(根·cm^{-1})	经	11.8	10.6	10.2
	纬	13.4	8.3	9.5
断裂强度/MPa	经	1.4	0.6	0.7
	纬	1.4	0.3	0.6
纤维的面密度/(g·m^{-2})		190	255	255
纱中纤维数		1 440	1 440	1 440
单丝直径/μm		6.6	9.1	9.4
纤维密度/(g·cm^{-3})		1.6	1.4	1.5
单丝拉伸强度/MPa		1 470	490	490
单丝模量/GPa		379	41	41

表 8.3 穿刺织物 Z 向的纤维

Z 向单元体组成	单元体中纤维的总截面积/μm^2
8 根石墨纱	0.39
10 根石墨纱	0.49
13 根石墨纱	0.63
13 根石墨纱固化棒	0.63
20 根石墨纱	0.98
1 束固化棒	0.46
2 束固化棒	0.92

表 8.4 穿刺织物预制件的特性与 X–Y 织物的关系

X–Y 织物	预制件密度 /(g·cm^{-3})	纤维体积含量/%	
		X–Y	Z
GSGC-2	0.85	47.2	9.3
Thornel 50 缎纹	0.92	50.8	8.9
WCA 旋转 45°	0.83	48.6	9.3

表 8.5 三向干纱纺织预制件与穿刺织物预制件的特性比较

预制件类型	预制件密度 /(g·cm^{-3})	纤维体积含量/%	
		X–Y	Z
穿刺织物	0.9	50	9
三向编织	0.8	32	13

③预固化纱结构。预固化纱结构与前两种结构不同,不用纺织法制造。这种结构的基本单元体是杆状预固化碳纤维纱,即单向高强碳纤维浸酚醛树脂及固化后得的杆。这种结构的比较有代表性的是四向正规四面体结构,纤维按三向正交结构中的四条对角线排列,它们之间的夹角为 70.5°。预固化杆的直径为 1～1.8 mm,为了得到最大充填密度,杆的截面呈六角形,碳纤维的最大体积含量为 75%,根据预先确定的几何图案很容易将预固化的碳纤维杆组合成四向结构。

用非纺织法也能制造多向圆筒结构。先将预先制得的石墨纱-酚醛预固化杆径向排列好,在它们的空间交替缠绕上涂树脂的环向和轴向纤维纱,缠绕结束后进行固化得到三向石墨-酚醛圆筒,再经进一步处理即成碳/碳复合材料。

2. 碳/碳的致密化工艺

碳/碳的致密化工艺过程就是基体碳形成的过程,实质是用高质量的碳填满碳纤维周围的空隙,以获得结构、性能优良的碳/碳复合材料。最常用的制备工艺有液相浸渍法和化学气相沉积法。

(1)液相浸渍法。

液相浸渍工艺是制造碳/碳的一种主要工艺。按形成基体的浸渍剂,可分为树脂浸渍、沥青浸渍及沥青树脂混浸工艺;按浸渍压力,可分为低压、中压和高压浸渍工艺。通常可用做先驱体的有热固性树脂,例如酚醛树脂和呋喃树脂以及煤焦油沥青和石油沥青。

①浸渍用基体的先驱体的选择。在选择基体的先驱体时,应考虑黏度、产碳率、焦炭的微观结构和晶体结构,这些特性都与碳/碳复合材料制造过程中的时间-温度-压力关系有关。绝大多数热固性树脂在较低温度(低于 250 ℃)下聚合成高度交联的、不熔的非晶固体。热解时形成玻璃态碳,即使在 3 000 ℃ 时也不能转变成石墨,产碳率为 50%～56%,低于煤焦油沥青。加压碳化并不使收率增加,密度也较小(小于 1.5 g/cm^3)。酚醛树脂的收缩率可达 20%,这样大的收缩率将严重影响二向增强的碳/碳复合材料的性能。收缩对多向复合材料性能的影响比二向复合材料小。预加张力和先在 400～600 ℃ 碳化,都有助于其转变成石墨结构,加速石墨化。

沥青是热塑性的,软化点约为 400 ℃,用它作为基体的先驱体可归纳成以下要点:0.1 MPa 下的碳收率约为 50%;在大于或等于 10 MPa 压力下碳化,有些沥青的碳收率可高达 90%;焦炭结构为石墨态,密度约为 2 g/cm^3,碳化时加压将影响焦炭的微观结构。

②低压过程。预制件的树脂浸渍通常将预制体置于浸渍罐中,在温度为 50 ℃ 左右的真空下进行浸渍,有时为了保证树脂渗入所有孔隙也施加一定的压力,浸渍压力逐次增加至 3~5 MPa,以保证织物孔隙被浸透。浸渍后,将样品放入固化罐中进行加压固化,以抑制树脂从织物中流出。采用酚醛树脂时固化压力为 1 MPa 左右,升温速度为 5~10 ℃/h,固化温度为 140~170 ℃,保温 2 h;然后将样品放入碳化炉中,在氮气或氩气保护下,进行碳化的温度范围为 650~1 100 ℃,升温速度控制在 10~30 ℃/h,最终碳化温度为 1 000 ℃,保温 1 h。

沥青浸渍工艺常常采用煤沥青或石油沥青作为浸渍剂,先进行真空浸渍,然后加压浸渍。将装有织物预制体的容器放入真空罐中抽真空,同时将沥青放入熔化罐中抽真空并加热到 250 ℃,使沥青融化,黏度变小;然后将熔化沥青从熔化罐中注入盛有预制体的容器中,使沥青浸没预制体,待样品容器冷却后,移入加压浸渍罐中,升温到 250 ℃ 进行加压浸渍,使沥青进一步浸入预制体的内部空隙中,随后升温至 600~700 ℃ 进行加压碳化。为了使碳/碳具有良好的微观结构和性能,在沥青碳化时要严格控制沥青中间相的生长过程,在中间相转变温度(430~460 ℃),控制中间相小球生长、合并和长大。

在碳化过程中树脂热解,形成碳残留物,发生质量损失和尺寸变化,同时在样品中留下空隙。因此,浸渍-热处理需要循环重复多次,直到得到一定密度的复合材料为止。低压过程中制得的碳/碳复合材料的密度为 1.6~1.65 g/cm^3,孔隙率为 8%~10%。

③高压过程。先用真空-压力浸渍方法对纤维预制体浸渍沥青,在常压下碳化,这时织物被浸埋在沥青碳中,加工以后取出已硬化的制品,把它放入一个薄壁不锈钢容器(称为"包套")中,周围填充好沥青,并将包套抽真空焊封起来;然后将包套放进热等静压机中慢慢加热,温度可达 650~700 ℃,同时施加 7~100 MPa 的压力。经过高压浸渍碳化之后,将包套解剖,取出制品,进行粗加工,去除表层;最后在 2 500~2 700 ℃ 的温度和氩气保护下进行石墨化处理。上述高压浸渍碳化循环需要重复进行 4~5 次,以达到 1.9~2.0 g/cm^3 的密度。高压浸渍碳化工艺形成容易石墨化的沥青碳,这类碳热处理到 2 400~2 600 ℃ 时,能形成晶体结构高度完善的石墨片层。高压碳化工艺与常压碳化工艺相比,沥青的产碳率可以从 50% 提高到 90%,高产碳率减小了工艺中制品破坏的危险,并减小了致密化循环的次数,提高了生产效率。高压浸渍碳化工艺多用于制造大尺寸的块体、平板或厚壁轴对称形状的多向碳/碳。

(2)化学气相沉积法。

将碳纤维织物预制体放入专用化学气相沉积(CVD)炉中,加热到所要求的温度,通入碳氢气体(如甲烷、丙烷、天然气等),这些气体分解并在织物的碳纤维周围和空隙中沉积碳(称为热解碳)。根据制品的厚度、所要求的致密化程度与热解碳的结构来选择化学气相沉积工艺参数,主要参数有:源气种类、流量、沉积温度、压力和时间。源气最常用的是甲烷,沉积温度通常为 800~1 500 ℃,沉积压力在几百 Pa 至 0.1 MPa 之间。预制件的性质、气源和载气、温度和压力,都对基体的性能、过程的效率及均匀性产生影响。

化学气相沉积法的主要问题是沉积碳的阻塞作用形成很多封闭的小孔隙,随后长成较大的孔隙,使碳/碳复合材料的密度较低,约为 1.5 g/cm³。将化学气相沉积法与液相浸渍法结合应用,可以基本上解决这个问题。

3. 石墨化

根据使用要求常需要对致密化的碳/碳材料进行 2 400~2 800 ℃的高温热处理,使 N、H、O、K、Na、Ca 等杂质元素逸出,碳发生晶格结构的转变,这一过程称为石墨化。经过石墨化处理,碳/碳复合材料的强度和热膨胀系数均降低,热导率、热稳定性、抗氧化性以及纯度都有所提高。石墨化程度的高低(常用晶面间距 d 002 表征)主要取决于石墨化温度。沥青碳容易石墨化,在 2 600 ℃进行热处理无定形碳的结构(d 002 为 0.344 nm)就可转化为石墨结构(理想的石墨,其 d 002 为 0.335 4 nm)。酚醛树脂碳化以后,往往形成玻璃碳,石墨化困难,要求较高的温度(2 800 ℃以上)和极慢的升温速度。沉积碳的石墨化难易程度与其沉积条件和微观结构有关,低压沉积的粗糙层状结构的沉积碳容易石墨化,而光滑层状结构不易石墨化。常用的石墨化炉有工业用电阻炉、真空碳管炉和中频炉。石墨化时,样品或埋在碳粒中与大气隔绝,或将炉内抽真空或通入氩气,以保护样品不被氧化。石墨化处理后的碳/碳制品的表观不应有氧化现象,经 X 射线无损探伤检验,内部不存在裂纹。同时,石墨化处理使碳/碳制品的许多闭气孔变成通孔,开孔孔隙率显著增加,对进一步浸渍致密化十分有利。有时在最终石墨化之后,将碳/碳制品进行再次浸渍或化学气相沉积处理,以获得更高的材料密度。对于某些制品,在某一适中的温度(如 1 500 ℃)进行处理也许是有利的,这样既能使碳/碳材料净化和改善其抗氧化性能,又不增加其杨氏模量。

8.1.3 碳/碳复合材料的机械加工和检测

可以用一般石墨材料的机械加工方法,对碳/碳制品进行加工。由于碳/碳成本昂贵和有些以沉积碳为基体碳的碳/碳质地过硬,需要采用金刚石丝锯或金刚石刀具进行下料和加工。

为了保证产品质量和降低成本,在碳/碳制造过程中,每道工序都应进行严格的工艺控制。同时,在重要的工序之间,要对织物、预制体、半成品以及成品进行无损探伤检验,检验制品中是否有断丝、纤维纱束折皱、裂纹等缺陷,一旦发现次品,就中止投入下一道工序。无损探伤检验最常用的是 X 射线无损探伤,近年来开始采用 CT(X 射线计算机层析装置)作为碳/碳火箭喷管的质量检测手段。对随炉试样和从最终产品上取样进行全面的力学及热物理性能的测试也是完全必要的。

8.1.4 碳/碳复合材料的氧化保护

碳/碳复合材料具有优异的高温性能,当工作温度超过 2 000 ℃时,仍能保持其强度,它是理想的耐高温工程结构材料,已在航空航天及军事领域得到广泛应用。但是,在有氧存在的气氛下,碳/碳复合材料在 400 ℃以上就开始氧化。碳/碳复合材料的氧化敏感性限制了它的扩大应用。解决碳/碳复合材料高温抗氧化的途径主要是,采用在碳/碳复合材料表面施加抗氧化涂层,使 C 与 O_2 隔开,保护碳/碳复合材料不被氧化;制备碳/碳复合材料时,在基体中预先包含有氧化抑制剂。

(1)抗氧化涂层法。

在碳/碳复合材料的表面进行耐高温氧化材料的涂层,阻止与碳/碳复合材料的接触,这是一种十分有效地提高复合材料抗氧化能力的方法。一般而言,只有熔点高、耐氧化的陶瓷材料才能作为碳/碳复合材料的防氧化涂层材料。通常,在碳/碳复合材料表面形成涂层的方法有化学气相沉积法和固态扩散渗透法。防氧化涂层必须具有以下特性:与碳/碳复合材料有适当的粘附性,既不脱粘,又不会过分渗透到复合材料的表面;与碳/碳复合材料有适当的热膨胀匹配,以避免涂覆和使用时因热循环造成的热应力引起涂层的剥落;低的氧扩散渗透率,即具有较高的阻氧能力,在高温氧化环境中氧延缓通过涂层与碳/碳复合材料接触;与碳/碳复合材料的相容稳定性,既可防止涂层被碳还原而退化,又可防止碳通过涂层向外扩散氧化;具有低的挥发性,避免高温下自行退化和防止在高速气流中很快被侵蚀。

硅基陶瓷具有最佳的热膨胀相容性,在高温时具有最低的氧化速率,比较硬且耐烧蚀。SiC 具有以上优点并且原料易得,当 O_2 分压较高时,其氧化产物固态 SiO_2 在 1 650 ℃ 以下是稳定的,形成的玻璃态 SiO_2 薄膜能防止 O_2 进一步向内层扩散。因此,在碳/碳表面渗上一层 SiC 涂层,能有效地防止碳/碳在高温使用时的氧化。在碳/碳表面形成 SiC 涂层的方法有两种,一是采用固体扩散渗 SiC 工艺;二是近年来采用的化学气相沉积法。此外,利用硅基陶瓷涂层(SiC、Si_3N_4)对碳/碳进行氧化防护,其使用温度为 1 700 ~ 1 800 ℃,高于 1 800 ℃ 使用的碳/碳复合材料的氧化防护问题还有待研究解决。

(2)抑制剂法。

从碳/碳复合材料内部抗氧化措施原理来说,可以采取两种办法,即内部涂层和添加抑制剂。内部涂层是指在碳纤维上或在基体的孔隙内涂覆可起到阻挡氧扩散的阻挡层。但由于单根碳纤维很细(直径约 7 μm),要预先进行涂层很困难,而给碳/碳复合材料基体孔隙内涂层,在工艺上也是相当困难的。而在碳/碳复合材料内部添加抑制剂,在工艺上相对容易得多,而且抑制剂可以在碳氧化时抑制氧化反应,或可先与氧反应形成氧化物,起到吸氧剂作用。

在碳、石墨以及碳/碳复合材料中,采用抑制剂主要是在较低温度范围内降低碳的氧化。抑制剂是在碳/碳复合材料的碳或石墨基体中,添加容易通过氧化而形成玻璃态的物质。研究表明,比较经济而且有效的抑制剂主要有 B_2O_3、B_4C 和 ZrB_2 等硼及硼化物。硼氧化后形成 B_2O_3,B_2O_3 具有较低的熔点和黏度,因而在碳和石墨氧化的温度下,可以在多孔体系的碳/碳复合材料中很容易流动,并填充到复合材料内连的孔隙中去,起到内部涂层作用,既可阻断氧继续侵入的通道,又可减少容易发生氧化反应的敏感部位的表面积。同样,B_4C、ZrB_2 等也可在碳氧化时生成一部分 CO 后,形成 B_2O_3,例如 B_4C 生成 B_2O_3 的反应式为

$$B_4C + 6CO \longrightarrow 2B_2O_3 + 7C$$

而 ZrB_2 在 500 ℃ 时开始氧化,到 1 000 ℃ 时也可形成 ZrO_2-B_2O_3 玻璃,其黏度约为 103 Pa·s。这种黏度的硼酸盐类玻璃足以填充复合材料的孔隙,从而隔开碳与氧的接触和防止氧扩散。

研究表明,抑制剂在起到抗氧化保护时,碳/碳复合材料有一部分已经被氧化。硼酸盐类玻璃形成后,具有较高的蒸气压以及较高的氧的扩散渗透率。因此,一般碳/碳复合材料采用内含抑制剂的方法,大都应用在 600 ℃ 以下的防氧化。

8.1.5 碳/碳复合材料的性能

碳/碳复合材料的性能与纤维的类型、增强方向、制造条件以及基体碳的微观结构等因素密切有关,但其性能可在很宽的范围内变化。

1. 碳/碳复合材料的化学和物理性能

碳/碳复合材料的体积密度和气孔率随制造工艺的不同而变化,密度最高可达 $2.0 \ \text{g/cm}^3$,开口气孔率为 2%~3%。树脂碳用作基体的碳/碳复合材料,体积密度约为 $1.5 \ \text{g/cm}^3$。

碳/碳复合材料除含有少量的氢、氮和微量的金属元素外,99%以上都是由元素碳组成。因此,碳/碳复合材料与石墨一样具有化学稳定性,它与一般的酸、碱、盐溶液不起反应,不溶于有机溶剂,只与浓氧化性酸溶液起反应。碳在石墨态下,只有加热到 4 000 ℃,才会熔化(在压力超过 12 GPa 条件下);只有加热到 2 500 ℃ 以上,才能测出其塑性变形;在常压下加热到 3 000 ℃,碳才开始升华。碳/碳复合材料具有碳的优良性能,包括耐高温、抗腐蚀、较低的热膨胀系数和较好的抗热冲击性能。

碳/碳复合材料在常温下不与氧作用,开始氧化的温度为 400 ℃(特别是当微量 K、Na、Ca 等金属杂质存在时),温度高于 600 ℃ 将会发生严重氧化。碳/碳复合材料的最大缺点是耐氧化性能差。

2. 碳/碳复合材料的力学性能

碳/碳复合材料的力学性能主要取决于碳纤维的种类、取向、含量和制备工艺等。研究表明,碳/碳复合材料的高强度、高模量特性主要是来自碳纤维,碳纤维强度的利用率一般可达 25%~50%。碳/碳复合材料在温度高达 1 627 ℃ 时,仍能保持其室温时的强度,甚至还有所提高,这是目前工程材料中唯一能保持这一特性的材料。碳纤维在碳/碳复合材料中的取向明显影响材料的强度,一般情况下,单向增强复合材料强度在沿纤维方向拉伸时的强度最高,但横向性能较差,正交增强可以减少纵、横向强度的差异。一般来说,碳/碳复合材料的弯曲强度为 150~1 400 MPa,而弹性模量为 50~200 GPa。密度低的碳纤维和碳基体组成的碳/碳复合材料与金属基、陶瓷基复合材料相比,其比强度在 1 000 ℃ 以上高温时优于其他材料。除高温纵向拉伸强度外,碳/碳复合材料的剪切强度与横向拉伸强度也随温度的升高而提高,这是由于高温下碳/碳复合材料因基体碳与碳纤维之间失配而形成的裂纹可以闭合。

3. 碳/碳复合材料的特殊性能

(1)抗热震性能。

碳纤维的增强作用以及材料结构中的空隙网络,使得碳/碳复合材料对于热应力并不敏感,不会像陶瓷材料和一般石墨那样产生突然的灾难性损毁。衡量陶瓷材料抗热震性好坏的参数是抗热应力系数,即

$$R = K \cdot \sigma / (a \cdot E)$$

式中 K——热导率;

σ——抗拉强度;

a——热膨胀系数;

E——弹性模量。

该式可作为碳/碳复合材料衡量抗热震性能的参考,例如 AJT 石墨的 R 为 270,而三维碳/碳复合材料的 R 可达 500~800。

(2) 抗烧蚀性能。

这里"烧蚀"是指导弹和飞行器再入大气层在热流作用下,由热化学和机械过程引起的固体表面的质量迁移(材料消耗)现象。碳/碳复合材料暴露于高温和快速加热的环境中,由于蒸发、升华和可能的热化学氧化,其部分表面可被烧蚀。但是,它的表面的凹陷浅,良好地保留其外形,烧蚀均匀而对称,这是它被广泛用做防热材料的原因之一。由于碳的升华温度高达 3 000 ℃ 以上,因此碳/碳复合材料的表面烧蚀温度高。在现有的材料中,碳/碳复合材料是最好的抗烧蚀材料,具有较高的烧蚀热和较大的辐射系数与较高的表面温度,在材料质量消耗时,吸收的热量大,向周围辐射的热流也大,具有很好的抗烧蚀性能。

研究表明,碳/碳复合材料的有效烧蚀热比高硅氧/酚醛高 1~2 倍,比耐纶/酚醛高 2~3 倍。多向碳/碳复合材料是最好的候选材料。当碳/碳复合材料的密度大于 1.95 g/cm³ 而开口气孔率小于 5% 时,其抗烧蚀-侵蚀性能接近热解石墨。经高温石墨化后,碳/碳复合材料的烧蚀性能更加优异。烧蚀试验还表明,材料几乎是热化学烧蚀,但在过渡层附近,80% 左右的材料是机械削蚀而损耗,材料表面越粗糙,机械削蚀越严重。

(3) 摩擦磨损性能

碳/碳复合材料具有优异的摩擦磨损性能。碳/碳复合材料中碳纤维的微观组织为乱层石墨结构,摩擦系数比石墨高,因此碳纤维除起增强碳基体作用外,也提高了复合材料的摩擦系数。众所周知,石墨因其层状结构而具有固体润滑能力,可以降低摩擦副的摩擦系数。通过改变基体碳的石墨化程度,就可以获得摩擦系数适中而又有足够强度和刚度的碳/碳复合材料。碳/碳复合材料摩擦制动时吸收的能量大,摩擦副的磨损率仅为金属陶瓷/钢摩擦副的 1/4~1/10。特别是碳/碳复合材料的高温性能特点,可以在高速、高能量条件下的摩擦升温高达 1 000 ℃ 以上时,其摩擦性能仍然保持平稳,这是其他摩擦材料所不具有的。因此,碳/碳复合材料作为军用和民用飞机的刹车盘材料已得到越来越广泛的应用。

8.1.6 碳/碳复合材料的应用

碳/碳复合材料的发展与航空航天技术以及军事技术发展所提出的要求密切相关。碳/碳复合材料具有高比强度、高比模量、耐烧蚀、高热导率、低热膨胀以及对热冲击不敏感等性能,很快就在航空航天和军事领域得到应用。随着碳/碳复合材料制备技术的进步和成本的降低,逐渐在许多民用工业领域也得到应用。

1. 在军事、航空航天工业方面的应用

碳/碳复合材料在宇航方面主要用作烧蚀材料和热结构材料,其中最重要的用途是用做洲际导弹弹头的端头帽(鼻锥)、固体火箭喷管、航天飞机的鼻锥帽和机翼前缘。

碳/碳复合材料在军事领域的另一重要应用是作固体火箭发动机喷管材料。喷管是固体火箭发动机的能量转换器,由喷管喷出数千摄氏度的高温高压气体,将推进剂燃烧产生的热能转换为推进动能。喷管通常由收敛段、喉衬、扩散段及外壳体等几部分组成。固体发动机的喷管是非冷却式的,工作环境极其恶劣;喷管喉部是烧蚀最严重的部位,要求要承受高温、高压和高速二向流燃气的机械冲刷、化学侵蚀和热冲击(热震),因此,喷管材料是固体推进技术的重大关键。喉衬采用多维碳/碳复合材料制造,已广泛应用于固体火箭发动机。

固体火箭发动机的喷口采用的是高密度碳/碳复合材料,为了提高抗氧化和抗磨损能力,往往要用陶瓷(如 SiC)涂覆。因为喷口的气流温度可达 2 000 ℃ 以上,流速达几倍音速,气流中还常含有未燃烧完的燃料以及水,这对未涂层的碳/碳复合材料会造成极大破坏,影响喷口的尺寸稳定性,造成火箭的失控。

碳/碳复合材料的质量轻、耐高温、摩擦磨损性能优异以及制动吸收能量大等特点,表明其是一种理想的摩擦材料,已用于军用和民用飞机的刹车盘。飞机使用碳/碳复合材料刹车片后,其刹车系统比常规钢刹车装置减轻质量 680 kg。碳/碳复合材料刹车片不仅轻,而且特别耐磨,操作平稳,当起飞遇到紧急情况需要及时刹车时,碳/碳复合材料刹车片能够经受住摩擦产生的高温,而到 600 ℃ 钢刹车片制动效果就急剧下降。碳/碳复合材料刹车片还用于一级方程式赛车和摩托车的刹车系统。

碳/碳复合材料的高温性能及低密度等特性,有可能成为工作温度达 1 500 ~ 1 700 ℃ 的航空发动机理想轻质材料。在航空发动机上,已经采用碳/碳复合材料制作航空发动机燃烧室、导向器、内锥体、尾喷鱼鳞片和密封片及声挡板等。

2. 在民用工业上的应用

随着碳/碳复合材料的工艺革新、产量的扩大和成本降低,它将在汽车工业中大量使用。用碳/碳复合材料可制成以下汽车零部件,如发动机系统中的推杆、连杆、摇杆、油盘和水泵叶轮等;传动系统的传动轴、万能箍、变速器、加速装置等;底盘系统的底盘和悬置件、弹簧片、框架、横梁和散热器等;车体的车顶内外衬、地板和侧门等。

在化学工业中,碳/碳复合材料主要用于耐腐蚀化工管道和容器衬里、高温密封件和轴承等。

碳/碳复合材料是优良的导电材料,可用它制成电吸尘装置的电极板、电池的电极、电子管的栅极等。例如,在制造碳电极时,加入少量碳纤维,可使其力学性能和电性能都得到提高。用碳纤维增强酚醛树脂的成型物在 1 100 ℃ 氮气中碳化 2 h 后,可得到碳/碳复合材料。用它做通话器的固定电极时,其敏感度特性比碳块制品要好得多,与镀金电极的特性接近。

许多在氧化气氛下工作的 1 000 ~ 3 000 ℃ 的高温炉装配有石墨发热体,它的强度较低、性脆,加工、运输困难。碳/碳复合材料的机械强度高,不易破损,电阻大,能提供更高的功率,用碳/碳复合材料制成大型薄壁发热元件,可以更有效地利用炉膛的容积。例如,高温热等静压机中采用的长 2 m 的碳/碳复合材料发热元件,其壁厚只有几毫米,这种发热体可工作到 2 500 ℃ 的高温。在 700 ℃ 以上,金属紧固件强度很低,而用碳/碳复合材料制成的螺钉、螺母、螺栓和垫片,在高温下呈现优异承载能力。

碳/碳复合材料新开发的一个应用领域是代替钢和石墨来制造热压模具和超塑性加工模具。在陶瓷和粉末冶金生产中,采用碳/碳复合材料制作热压模具,可减小模具厚度,缩短加热周期,节约能源和提高产量。用碳/碳复合材料制造复杂形状的钛合金超塑性成型空气进气道模具,具有质量轻,成型周期短,减少成型时钛合金的折叠缺陷,以及产品质量好等优点。碳/碳复合材料热压模具已被试验用于钴基粉末冶金中,比石墨模具使用次数多且寿命长。

3. 在生物医学方面的应用

碳与人体骨骼、血液和软组织的生物相容性是已知材料中最佳的材料。例如,采用各向同性热解碳制成的人造心脏瓣膜已广泛应用于心脏外科手术,拯救了许多心脏病患者的生命。碳/碳复合材料因为是由碳组成的材料,继承了碳的这种生物相容性,可以作为人体骨骼的替代材料,例如,作为人工髋关节和膝关节植入人体,还可以作为牙根植入体。人在行走时,作用在大腿骨上的最大压缩应力或拉伸应力为 48~55 MPa,髋关节每年大约超过 10^6 循环。关节在行走时受力试验表明,应力是不同方向的,且取决于走步的形态。因此,碳/碳复合材料人造髋关节应根据其受力特征进行设计。例如,靠近髋关节骨颈、骨杆处需要采用承受最大弯曲应力的单向增强碳/碳复合材料,而受层间剪切力的固位螺旋采用三维碳/碳复合材料,而与骨颈、骨杆连接的骨柄处承受横向和纵向应力,采用二维碳/碳复合材料。

不锈钢或钛合金人工关节的使用寿命一般为 7~10 年,失效后则需要进行第二次手术更换,这既给患者带来痛苦,也花费很大。碳/碳复合材料疲劳寿命长,可以提供各方向上所需的强度和刚度,更为主要的是具有比不锈钢和钛合金假肢更好地与骨骼的适应性,采用硅化碳/碳复合材料人工关节球与臼窝的磨损更小,延长人工关节的寿命。

8.2 纳米复合材料

8.2.1 概述

纳米材料是指尺度为 1~100 nm 的超微粒经压制、烧结或溅射而成的凝聚态固体,具有断裂强度高、韧性好、耐高温等特性。纳米复合材料是指分散相尺度至少有一维小于 100 nm 的复合材料。分散相为无机化合物和有机化合物。无机化合物通常是指陶瓷、金属等;有机化合物通常是指聚合物。当纳米材料为分散相、有机聚合物为连续相时,就是聚合物基纳米复合材料。根据 Hall-Petch 方程,材料的屈服强度与晶粒尺寸平方根成反比,即随晶粒的细化,材料强度将显著增加。此外,大体积的界面区将提供足够的晶界滑移机会,导致形变增加。纳米晶陶瓷因巨大的表面能,可大幅降低烧结温度。例如,用纳米 ZrO_2 细粉制备陶瓷比用常规微米级粉制备时烧结温度降低 400 ℃左右,即从 1 600 ℃降低至 1 200 ℃左右就可烧结致密化。由于纳米分散相有大的表面积和强的界面相互作用,纳米复合材料表现出不同于一般宏观复合材料的力学、热学、电学、磁学和光学性能,还可能具有原组分不具备的特殊性能和功能,为设计制备高性能、多功能新材料提供了新的机遇。

高科技在 21 世纪飞速发展,对高性能材料的要求越来越迫切,纳米尺寸合成为发展高性能新材料和改善现有材料的性能提供了一个新途径。为了加快纳米材料转化为高技术企业的进程,缩短基础研究、应用研究和开发研究的周期,材料科学工作者提出了"纳米材料工程"的新概念,这是当今材料研究的重要特点,纳米材料(包括纳米复合材料)已成为当前材料科学和凝聚态物理领域中的研究热点,被视为"21 世纪最有前途的材料"。

8.2.2 纳米复合材料的分类

纳米复合材料涉及的范围广泛,按照基体的特性和成分,分为四大类:聚合物基纳米复合材料(聚合物/玻璃、聚合物/陶瓷、聚合物/非氧化物及聚合物/金属),陶瓷基纳米复合材料(氧化物/氧化物、氧化物/非氧化物、非氧化物/非氧化物、陶瓷/金属),金属基纳米复合材料(金属/金属、金属/陶瓷、金属/金属间化合物及金属/玻璃),半导体纳米复合材料等。

8.2.3 聚合物基纳米复合材料及其制备

1. 聚合物基纳米复合材料

至少有一维尺寸为纳米级的微粒子分散于聚合物基体中,构成聚合物基纳米复合材料,构成的要素为聚合物和分散相,不同的化学组成形成多种多样的纳米复合材料。纳米复合结构的形成影响聚合物结晶状态的变化,并进一步影响材料的性能。纳米复合材料的形成,使聚合物的结晶变小,增加了结晶度和结晶速度。

对于聚合物基纳米复合材料,除了基本性能有明显改善外,还发现了一些特殊的性能。有机-无机纳米复合材料,同时具有有机与无机的优异性能,在聚合物材料中脱颖而出。一个标准的聚合物/无机填充纳米复合材料,是商业上使用的含有二氧化硅填充的橡胶或其他聚合物。在这种材料中,一维尺寸是纳米级的无机层状物的充填,这些层状物包括粘土矿、碱硅酸盐及结晶硅酸盐。基于纳米颗粒的分散,这些纳米复合材料表现了优异的特性:有效地增强而不损失延性、冲击韧性、热稳定性、燃烧阻力、阻气性、抗磨性,以及收缩和残余应力的减小、电气及光学性能的改善等。

聚合物基纳米复合材料具备纳米材料和聚合物材料两者的优势,它是新材料设计的首选对象。在设计聚合物基纳米材料时,主要考虑功能设计、合成设计和稳定性设计,力求解决复合材料组分的选择、复合时的混合与分散、复合工艺、复合材料的界面作用及复合材料物理稳定性等问题,最终获得高性能、多功能的聚合物基纳米复合材料。

功能设计就是赋予聚合物基纳米复合材料以一定功能特性的科学方法。一是纳米材料的选择设计,依据设计意图,选用合适的纳米材料,如赋予复合材料超顺磁性,可以选择铁或铁系氧化物等单一或复合型纳米材料;赋予复合材料发光特性,可以选择含稀有金属铕的钛系氧化物等纳米材料。二是基体聚合物材料的选择设计,依据纳米复合材料的适用环境,选择合适的有机聚合物基体,如高温环境,必须选择聚酰亚胺等耐高温有机聚合物。

聚合物基纳米复合材料的合成设计就是以最简单、最捷径的手段获得纳米级均匀分散的复合材料的科学方法。在功能设计完成后,合成设计中主要关注的就是纳米材料的粒度与分散程度,以目前纳米复合材料的合成发展状况看,主要有4种方法,即溶胶-凝胶法、插层法、共混法和填充法。溶胶-凝胶法具有纳米微粒较小的粒度和较均匀的分散程度,但合成步骤复杂,纳米材料与有机聚合物材料的选择空间不大。插层法能够获得单一分散的纳米片层的复合材料,容易工业化生产,但是,可供选择的纳米材料不多,目前主要限于粘土中的蒙脱土。共混法是纳米粉体和聚合物粉体混合的最简单、方便的操作方法,但难以保证纳米材料能够得到纳米级的分散粒度和分散程度,如果利用诸如蒙脱土插层聚合物改性的纳米复合母料,然后利用共混法是比较好的,既经济又能得到纳米级分散的效果。填充法目前仍处于发展初期,它的优点是纳米材料和基体聚合物材料的选择空间很大,纳米材料可以任意组合,可任意分散或是聚合物的粉体、液态、熔融态,或是聚合物的前驱体小分子溶液,成型的方法也比较多,也能够达到纳米材料纳米级分散的效果。

为了获得稳定性能良好的复合材料,必须使纳米粒子牢牢地固定在聚合物基材中,防止纳米粒子集聚而产生相分离,为保障纳米粒子能够均匀地分布在聚合物基体中,可以利用聚合物的长链阻隔作用,或利用聚合物链上的特有基团与纳米粒子产生的化学作用。因此,在纳米复合材料的稳定化设计中,要特别注意聚合物的化学结构,以带有极性并可与纳米粒子形成共价键、离子键或配位键结合的基团为优选结构。

(1)形成共价键。

链上的官能团与纳米粒子的极性基团产生化学反应,形成共价键。例如,聚合物链上的羧基、卤素、磺酸基等与纳米粒子上的羟基等,在一定条件下能够形成稳定结合的共价键。也可通过含有双键的硅氧烷参与聚合物前驱体的聚合,形成硅氧烷为支链的聚合物,硅氧烷的部分水解或与正硅酸的共水解形成与聚合物主链存在共价键结合的 SiO_2 纳米粒子,无机纳米相与聚合物基体之间存在共价键而提高复合材料的稳定性。

(2)形成离子键。

离子键是通过正负电荷的静电引力作用而形成的化学键。如果在聚合物链中和纳米离子上彼此带有异性电荷,就可以通过形成离子键而稳定的复合材料体系。例如,在酸性条件下,苯胺更容易插层到钠基蒙脱土中,经苯胺聚合形成 PAn/MMT 复合材料,其中的聚苯胺以某种盐的形式与蒙脱土的硅酸盐片层上的反粒子以离子键的方式存在于片层间。聚苯胺受到层间的空间约束,一般以伸展的单分子链形式存在。

(3)形成配位键。

有机基体与纳米粒子以电子对和空电子轨道相互配位的形式产生化学作用,构成纳米复合材料。例如,以溶液法和熔融法制备的聚氧化乙烯(PEO)/蒙脱土纳米复合材料,嵌入的 PEO 分子同蒙脱土晶层中的 Na^+ 以配位键的形式生成 PEO^-Na^+,使 PEO 分子以单层螺旋构象排列于蒙脱土的晶层中。

(4)纳米作用能的亲和作用。

在大多数的情况下,纳米复合材料中并不具有明显的化学作用力,分子间相互作用力则是普遍的,利用聚合物结构中特别的基团与纳米粒子的作用,可产生稳定的分子间作用力。纳米粒子因其特殊的表面结构具有很强的亲和力,这种力称为"纳米作用能",借助纳米粒子的强劲的纳米作用能,与很多聚合物材料产生很强的相互作用,形成稳定的复合体系。以纳米作用能复合的关键,就是保证纳米粒子能够以纳米尺寸的粒度分散在聚合物基体中。

2. 聚合物基纳米复合材料的制备

制备聚合物基纳米复合材料方法主要有溶胶-凝胶法、插层法、共混法和填充法。

溶胶-凝胶法以金属有机化合物(主要是金属醇盐)和部分无机盐为先驱体,首先将先驱体溶于溶剂(水或有机溶剂)形成均匀的溶液,接着溶质在溶液中发生水解(或醇解),水解产物缩合聚集成粒径为 1 nm 左右的溶胶粒子,溶胶粒子进一步聚集生长形成凝胶。溶胶-凝胶的工艺过程是,先驱体经水解、缩合生成溶胶,溶胶转化成凝胶,凝胶经陈化、干燥、热处理(烧结)等不同工艺处理,就得到不同形式的材料。

制备聚合物/层状硅酸盐纳米复合材料的插层法可以细分为以下几种。

(1) 渗入-吸收法。

使用能溶解聚合物的溶剂,使层状硅酸盐剥离成单层。由于堆垛层的弱作用力,这种层状硅酸盐很容易在适当的溶剂中分散。聚合物被吸附到分离层片上,当溶剂被挥发或混合物析出时,这些层片重新组合到一起,将聚合物夹在中间,形成一个有序的多层结构。

(2) 原位夹层聚合法。

在这个技术里,层状硅酸盐在液态单聚合物或单聚合物溶液中膨胀,使得多聚合物能在层片间形成。聚合能够通过加热或辐射或由适当的引发剂的扩散而引起,也可通过有机引发剂或在膨胀之前层片内通过正离子交换固定的触媒来引起。

(3) 层间插入法。

将层状硅酸盐与高聚合物或单聚合物基体混合,如果层片表面与所选择的高聚合物或单聚合物充分相容,高聚合物或单聚合物能慢慢进入层片之间,形成插入型或剥离型纳米复合材料。这种技术不需要溶剂,也是最常用的。层间插入法可分为单聚合物插入聚合法和高聚合物插入法。单聚合物插入聚合法首先将单聚合物插入层间并使其聚合,使高聚合物的形成和多层构造的单层剥离同时发生。高聚合物插入法是将高聚合物与粘土的混合物用溶剂分散或融溶混炼,使高聚合物直接插入层间,而导致多层构造不断形成单层剥离。使用单聚合物插入聚合法,单聚合物自身有时可以作为有机化剂,扩散速度快,比较容易插入层间而较容易形成剥离型纳米复合材料。缺点是需要聚合设备,还需要去除残余的单聚合物和进一步精制的工序。使用高聚合物插入法,特别是融溶混炼法,可利用强力二轴挤出机比较容易地形成纳米复合材料。

(4) 模板合成法。

利用这个技术在包含高聚合物凝胶和硅酸盐预制件的含水溶液中,由水热结晶原位形成层状粘土,高分子起形成层状物的模板作用。它特别适合于水溶性高分子,被广泛用来合成双层氢氧化物纳米复合材料。基于自结合力,高聚合物有助于无机晶体的生长并封闭在层间。

8.2.4 陶瓷基纳米复合材料及其制备

1. 陶瓷基纳米复合材料

陶瓷材料可分为功能陶瓷材料和结构陶瓷材料。功能陶瓷材料的开发由电子陶瓷开始,包括 PTC 热变电阻、压电滤波器、层状电容器等使用的铁氧体,以及 $BaTiO_3$、PZT 等性能优异的材料。结构陶瓷材料已开发出氮化硅、氧化铝及氧化锆等高强度、高韧性、高硬度的材料,并在工业界得到广泛应用。这些材料的新发展需要有新的材料设计概念。纳米复合材料的出现,使陶瓷材料由以往的单一机能型向多机能型转化,得到高度机能调和型材料。

(1) 增韧纳米复相陶瓷。

粒径小于 20 nm 的 SiC 粉体作为基体材料,再混入 10% 或 20% 的粒径为 10 μm 的 α-SiC 粗粉,充分混合后在低于 1 700 ℃、350 MPa 的热等静压下成功地合成了纳米结构的 SiC 块体材料,在强度等综合力学性能没有降低的情况下,这种纳米材料的断裂韧性为 5 ~ 6 $MPa \cdot m^{1/2}$,比没有加粗粉的纳米 SiC 块体材料的断裂韧性提高了 10% ~ 25%。用多相溶胶-凝胶方法制备堇青石($2MgO \cdot 2Al_2O_3 \cdot 5SiO_2$)与 ZrO_2 复合材料,具体方法是将勃母石与 SiO_2 的溶胶混合后加入 SiO_2 溶胶,充分搅拌后再加入 $Mg(NO_3)_2$ 溶液形成湿凝胶,经

100 ℃干燥和700 ℃焙烧6 h后再经球磨干燥制成粉体,经200 MPa的冷等静压和1 320 ℃烧结2 h获得了高致密的堇青石/ZrO_2纳米复合材料,断裂韧性为4.3 MPa·$m^{1/2}$,它比堇青石的断裂韧性提高了近1倍。

(2)超塑性纳米复合材料。

材料科学工作者在加Y_2O_3稳定化剂的四方二氧化锆中(粒径小于300 nm)观察到了超塑性,在此材料基础上又加入了20% Al_2O_3,制成的陶瓷材料平均粒径约为500 nm,超塑性达200%~500%。值得一提的是,在四方二氧化锆加Y_2O_3的陶瓷材料中,观察到超塑性竟达到800%。1 600 ℃下的Si_3N_4+20% SiC细晶粒复合陶瓷,延伸率达150%。

①Al_2O_3/SiC、MgO/SiC纳米复合材料。Al_2O_3和MgO陶瓷具有高硬度、高耐磨及化学稳定性,是最广泛应用的陶瓷材料。它们的强度低、断裂韧性及抗热震性和高温蠕变性差,应用受到了很大限制。将纳米SiC颗粒加入其中,大幅度改善了力学性能和高温性能,扩大了实际应用。

②Si_3N_4/SiC纳米复合材料。Si_3N_4陶瓷材料具有优良的韧性及高温性能,是非常有前途的一种材料。SiC纳米颗粒的介入,使得材料在低温及高温下都具有高硬度、高强度和韧性,还可以赋予这种材料光学机能。Si_3N_4和SiC的纳米/纳米复合,成功地实现了在低应力下的超塑性变形机能。这种材料已成功实现无压烧结,在超精密特殊材料中具有广泛的用途。

③Si_3N_4/TiN纳米复合材料。该体系可以用高能球磨法制备复合纳米粉体。原料粉末为高纯Si_3N_4粉、Y_2O_3粉、Al_2O_3粉和Ti粉,按所设计的组成进行配比;再用高能行星式球磨机球磨比为20∶17在室温下球磨,得到复合粉体(在石墨模中用SPS系统进行烧结)。烧结条件是1 300~1 600 ℃氮气氛下以30 MPa压力保持1~5 min。为了在1 450 ℃以下得到完全致密的烧结体,用含33%(质量)的Ti粉在1 400 ℃下进行烧结,Si_3N_4的晶粒尺寸是20~30 nm,而弥散粒子TiN为50~100 nm,得到纳米复合材料。TiN作用机制还不十分清楚,可能是起钉扎作用,阻止了Si_3N_4晶粒的生长。对此,复合材料可采用压缩负荷方法来观察其超塑性变形,并用晶粒尺寸为1 μm的常规Si_3N_4材料做比较(实验是在1 300 ℃、1.01 kPa气氛下进行)。研究表明,纳米晶复合材料的标称应变(相对值)达到0.4,而常规方法得到的Si_3N_4几乎未发现任何标称应变(相对值)。

④Al_2O_3/ZrO_2纳米复合材料。采用自动引燃技术合成Al_2O_3/ZrO_2纳米复合材料,又称为燃烧合成法。由于氧化剂和燃料分解产物之间发生反应放热而产生高温,特别适合于氧化物生产。燃烧合成法的特点是:在反应过程中产生大量气体,体系快速冷却导致晶体成核,但无晶粒生长,得到的产物是非常细的粒子及易粉碎的团聚体。该法不仅可以生产单相固溶体复合材料,还用于制备均匀复杂的氧化物复合材料,特别是能制备纳米/纳米复合材料。具体过程举例如下:采用硝酸铝和硝酸锆作为氧化剂,尿素作为燃料,按Al_2O_3-10% ZrO_2配料,用水将它们混合成浆料,置于450~600 ℃的炉中,浆料熔化后点燃,在数分钟内完成整个燃烧过程,将所得到的泡沫状物质粉碎为粉末,再经1 200 ℃、1 300 ℃、1 500 ℃保温2 h的热处理粉体。在热处理时,要经常观察晶粒生长的情况并加以控制。复合材料的成型是先将粉体用200 MPa干压,再经495 MPa冷等静压,制成素坯,1 200 ℃预烧结,保温2 h,然后喷涂BN再用Pyre。玻璃包封,进行热等静压,1 200 ℃烧结,保温

1 h,压力为 247 MPa 的氩气压。材料经 XRD 分析证实,主要是 α-Al_2O_3 和 t-ZrO_2 相共存;TEM 观察到 ZrO_2 粒子均匀分布于 Al_2O_3 基体中,Al_2O_3 的晶粒平均尺寸为 35 nm,ZrO_2 为 30 nm。力学性能测定表明,纳米/纳米复合材料的平均硬度为 4.45 MPa,约为普通工艺得到的纳米材料的 1/4。这种相对低的硬度表明,在压痕测试负荷下,细晶粒可能发生晶界滑移。这种低硬度可以使材料的韧性增加,其平均断裂韧性为 8.38 MPa·$m^{1/2}$(压痕法测定的负荷为 20 kg),表明了该材料抵抗断裂的能力。用常规工艺制备同样组分的材料,断裂韧性值为 6.73 MPa·$m^{1/2}$。

⑤长纤维强化 SiAlON/SiC 纳米复合材料。将 SiAlON/SiC 纳米复合材料进一步用微米纤维进行强化,通过微米/纳米的复合强化,开发出了能与超硬材料匹敌的超韧性、1 GPa 以上的超强度及优良的高温性能的调和材料。用这种材料制作的高效汽轮机部件可用到 1 500 ℃ 的高温,具有良好高温强度和优良的耐熔融金属的腐蚀性。

2. 陶瓷基纳米复合材料的制备

(1)等离子相合成。

该合成需要等离子或气体等离子化(物质的第四态)的存在。离子化的气体有助于电导,从而增强反应动力。用于热等离子的反应器包括直流、交流或高频反应器,这些反应器都可以高效地进行粉末合成。冷等离子反应器结合了高频或微波反应器。因为粉末出产率低,它们更适合于用做烧结目的或制作表面薄膜,优点是污染少,可以控制工艺参数。在纳米复合材料领域,用微波冷等离子反应器合成了 La-CeO_{2-x}/Cu-CeO_{2-x} 复合材料。用冷等离子反应器制备了 Al_2O_3 覆盖的 ZrO_2 颗粒及 Al_2O_3/ZrO_2 纳米复合材料。

(2)化学气相沉积。

采用这个方法在大气压和 1 223 K 的温度下,用 $TiCl_{14}$-SiH_2C_{12}-C_4H_{10}-H_2 气体系统,在碳素材料上沉积出了 SiC/TiC/C、SiC/TiC 和 SiC/$TiSi_2$ 纳米复合材料。最大优点是容易控制沉积材料的成分和组织,缺点是过程慢及原材料贵,存在碳氢物的污染。

(3)离子溅射。

离子溅射是将纯金属、合金及化合物用冷蒸发技术一层或几层地沉积到合适的物质上。反应溅射可以产生原位反应的离子溅射。例如,氧气、氮气及惰性气体的导入,可产生氧化物或氮化物的薄膜。这些薄膜有时是一些陶瓷或金属的纳米复合材料,具有一些不寻常的光学、电学及磁学特性。由镍铝化物在氮气等离子体中的反应溅射,制作出 Ni_3N 及 AlN 纳米复合材料薄膜。

(4)溶胶-凝胶法。

溶胶-凝胶法用于聚合物基纳米复合材料,也用于陶瓷基纳米复合材料。均匀溶液通过控制干燥而转变成一个分子结构不可逆的相。凝胶是一种弹性固体充填,与溶液体积相同。在进一步干燥时,凝胶收缩并已转变成期望的相。通过控制凝胶体的参数和其后的热处理,能够控制组织形成。利用此工艺,用不同的烃氧化物合成出了 TiO_2/Al_2O_3 纳米复合材料。用溶胶-凝胶工艺也合成出了莫来石/ZrO_2、莫来石/TiO_2 及 ZrO_2/Al_2O_3。非氧化物基纳米复合材料也可以用溶胶-凝胶工艺来合成,比如在氮气或氨气中合成了 AlN/BN 复合材料。溶胶-凝胶工艺的最大优点是,在低温就可将高熔点材料加入到非结晶的干凝胶体中;其缺点是原材料特别是有机金属比较贵。

(5) 有机金属热分解。

这项技术是将有机金属前驱体热分解来得到陶瓷材料,适合于制作陶瓷纤维、涂层或反应性无定形粉末。通过这种方法合成的纳米复合材料有 TiC/Al_2O_3、TiN/Al_2O_3 和 AlN/TiN。反应物为丁氧醇钛、糠醛树脂和丁氧醇铝。

(6) 燃烧合成。

燃烧合成是用前驱体来合成纳米晶体陶瓷的方法。期望的晶体相由离子的重排列而直接从非晶态固体中形成。这个方法适应于各种纳米级单相、多相及复合材料的合成,产物纯度高并含有松散的团聚。

(7) 固态方法。

机械合金化是一种在高能量球磨中使元素或合金粉末不断反复结合、断裂、再结合的固态合金化方法。这种方法大部分使用振动球磨,其主要问题是污染。污染主要来源于容器、球或空气,并导致产品力学性能的降低。例如,用铁和氧化铝粉或氧化铁和铝的混合物球磨,可制备 $Fe-\alpha-Al_2O_3$ 纳米复合材料。

由于纳米相的阻碍作用,纳米复合材料有时难于烧结。通常的陶瓷材料烧结方法,都可以用于制备陶瓷基纳米复合材料,致密化手段有以下几种:

① 无压烧结。无压烧结不受模具的限制,装炉量大,产量高,很适合工业化生产。一个典型实例是氧化物/非氧化物系统的 Al_2O_3/SiC。SiC 颗粒强烈阻碍 Al_2O_3 的晶粒生长,但阻止其致密化。通过调节添加剂的加入及无压烧结工艺,制备 Si_3N_4/SiC 纳米复合材料。

② 反应烧结。用反应烧结制备 Si_3N_4-莫来石-Al_2O_3 纳米复合材料的过程是:在 Si_3N_4 表面先进行部分氧化来产生 SiO_2,最后表面氧化物与 Al_2O_3 反应产生莫来石。反应烧结的优点是:可以减少杂质相,反应烧结时的体积增加而使收缩变小,在低温下进行致密化。

③ 热压烧结。在烧结中使用压力,可以阻止纳米陶瓷在致密化之前发生的晶粒生长。施加的压力增强了致密化过程的动力和活力。通过热压烧结已制备了致密的 Si_3N_4/SiC 纳米复合材料。用高纯度的 Si_3N_4 和 SiC 粉末,在不同温度及时间下热等静压,制备了 Si_3N_4-25%(体积)SiC 纳米复合材料。无压烧结和热等静压的组合使用可结合两者的优点,使材料可以完全致密化,可以省去使用玻璃包套来提高生产效率。这种方法要求在无压烧结时使气孔都变为闭气孔,这些闭气孔在热等静压时可被完全挤出。

④ 等离子放电烧结。这种方法是利用加直流脉冲电流时的放电和自发热作用,在低温及短时间内完成烧结。与热压烧结及热等静压烧结相比,不但装置简单,设备费用低,而且能制备用别的方法不可能制作的材料,是能用于很多方面的独特技术。

8.2.5 金属基纳米复合材料及其制备

1. 金属基纳米复合材料

随着原位反应、机械合金化、喷射沉积等制备技术的发展,使铁基、镍基、高温合金和金属间化合物基复合材料,以及功能复合材料、纳米复合材料、仿生复合材料的研究开发得到相应发展。金属基纳米复合材料的种类见表 8.6。金属材料的构成相有结晶相、准结晶相及非晶相,金属基纳米复合材料由这些相的混相构成。与一般的材料比较,金属基纳米复合材料具有高强度、高韧性、高比强度、高比刚度、耐高温、高耐磨及高的热稳定性,在功能方面具有高比电阻、高透磁率及高磁性阻力。金属基纳米复合材料的实例是高强度合金:

用非晶晶化法制备高强、高延展性的纳米复合合金材料,其中包括纳米铝-过渡族金属-镧化物合金,纳米 Al-Ce-过渡族金属合金复合材料,这类合金具有比常规同类材料好得多的延展性和高的强度(1 340~560 MPa)。在结构上的特点是,在非晶基体上分布纳米粒子,例如 Al-过渡族金属-金属镧化物合金中在非晶基体上弥散分布着 3~10 nm 铝粒子,而对于 Al-Mn-金属镧化物和 Al-Ce-过渡族金属合金中是在非晶基体中分布着 30~50 nm 粒径的 20 面体粒子,粒子外部包有 10 nm 厚的晶态铝。这种复杂的纳米结构合金是导致高强、高延展性的主要原因。有的高能球磨方法得到的 Cu-纳米 MgO 或 Cu-纳米 CaO 复合材料,这些氧化物纳米微粒均匀分散在铜基体中。这种新型复合材料电导率与 Cu 相同,强度却大大提高。

表 8.6 金属基纳米复合材料的种类

金属基纳米复合材料种类	实例	性能特点
金属/金属间化合物	$Al+Al_3Ni+Al_{11}Ce_2$ $Al+AlZr_3+Al_3Ni$	高强度、高耐热强度、高韧性、高耐磨、硬磁性
金属/陶瓷	$Al+Nd_2Fe_{14}B$、$Nd_2Fe_{14}+Fe_3B$、$\alpha-Fe+HfO$、$Co+Al_2O_3$	高比电阻、高周波透磁率、大磁性阻抗
金属/金属	$\alpha-Fe+Ag$、$Co+Cu$、$Co+Ag$、$\alpha-Ti+\beta-Ti$	大磁性阻抗、高密度磁记录性、高强度、高延性
结晶/准结晶	$Al-Mn-Ce-Co$、$Al-Cr-Fe-Ti$、$Al-V-Fe$、$Al-Mn-Cu-Co$	高强度、高延性、高耐热强度、高耐磨
结晶/非晶态	$Al-Ni-Co-Ce$、$Al-Ni-Fe-Ce$、$Fe-Si-B-Nb-Cu$、$Fe-Zr-Nb-B$	高强度、软磁性、硬质磁性
准结晶/非晶态	$Zr-Nb-Ni-Cu-M$ (M = Ag、Pd、Au、Pt、Ti、Nb、Ta)	高强度、高延性
非晶态	$Zr-Al-Ni-Cu+ZrC$	高强度、高延性、高刚性

2. 金属基纳米复合材料的制备

金属基复合材料具有良好的塑性、延展性和多种相变特性,利用这些特性可以制备出各式各样的金属基纳米复合材料,主要制备技术如下。

(1)挤出法。

高强度铝合金可用挤出法来制作。以 Al-Ni-Mn 合金为代表,其代表组成为 $Al_{88}Ni_8Mn_3Zr_1$。利用氩气喷雾法可以制作粒径 72 μm 以下的球状粉末,将这些粉末填入管中,真空脱气后封管,在 400 ℃左右的温度下挤出(挤出比为 10),制成直径为 10~100 nm 的材料。挤出材的组织为 30~50 nm 的 Al_3Ni 及直径 10 nm 的 $Al_{11}Mn_2$ 均匀分散于 Al 的母相中的纳米复合相,这些化合物的体积分数为 30%~40%。

(2)非晶态合金纳米结晶化法。

该法分为三类,①对能够得到非晶态相的合金组成的液相,控制急冷时的冷却速度;②调整合金的成分,使 C 曲线左移,以降低非晶态相的形成能力的成分控制法;③将冷却得到的含有非晶态相的合金再进行热处理的热处理控制法,该法是比较常用的方法,先将合金各组分混合熔融,由单辊法等超急冷法得到非晶态的金属薄带,在结晶温度以上进行热处理。上述方法可以组合使用,由非晶态合金的结晶化处理得到晶体-非晶态纳米组织。用非晶态合金纳米结晶化法,可以制备用其他方法不能实现的高强度材料。

(3)机械合金化研磨结合加压成块法。

使用高能量的机械研磨机(比如振动球磨机),通过钢球或陶瓷球之间的相对碰撞,将组成颗粒不断反复地冷焊和断裂,使颗粒不断细化而达到目的。有时在保护气氛下进行上述球磨工艺。使用这种方法可以制备高度亚稳定的材料,比如非晶态合金及纳米结构材料,除了研磨和团聚外,高能球磨还能导致化学反应,这些化学反应可以影响到球磨过程及产品的质量。利用这个现象,通过机械诱发金属氧化物与一个更活泼金属之间的置换反应,可以制备磁性氧化物/金属纳米复合材料。这种方法的优点是工艺简单,成本低,但粉料易被污染。陶瓷基纳米复合材料的制备中也使用这种方法。

(4)循环塑性变形细化晶粒法。

变形-再结晶是金属成型的常用方法。由于大量晶界及亚晶界的产生,为再结晶提供了大量形核位置,使得成核数量增多,晶粒细小。可以想象,如此循环多次的塑性变形,可以得到纳米级的组织。

(5)烧结法。

对于陶瓷颗粒分散的金属基纳米复合材料,少量的无机颗粒可大幅度降低材料的塑性,适合用烧结法制备。先将金属与陶瓷的混合粉末在低温下球磨细化,研究表明,利用低温球磨(液氮温度)可使铝和氧化铝的颗粒尺寸降低至 30~40 nm。将制备好的混合粉末在较大的压力下进行热压烧结,可制备出高密度的纳米复合材料。烧结温度应尽可能低,以避免晶粒过分生长。

8.2.6 纳米复合材料的应用前景

纳米复合材料是在复合材料的特征上叠加了纳米材料的优点,使材料的可变结构参数及复合效应得到最充分的发挥,产生出最佳的宏观性能。纳米复合材料的发展已经成为纳米材料工程的重要组成部分。

1. 纳米复合涂层材料

纳米涂层材料具有高强、高韧、高硬度等特性,在材料表面防护和改性上有着广阔的应用前景。近年来纳米涂层材料发展的趋势已经由单一的纳米涂层材料向纳米复合涂层材料发展。用真空等离子喷涂制备的 WC-Co 纳米涂层,在其涂层的组织中,可以观察到纳米颗粒散布于非晶态富 Co 中,结合良好,涂层显微硬度明显增大。美国纳米材料公司用等离子喷涂的方法获得耐磨结构的 Al_2O_3/TiO_2 涂层,其致密度达 95%~98%,结合强度比商用粉磨涂层提高 2~3 倍,抗磨粒磨损能力提高 2 倍,抗弯模量提高 2~3 倍,表明纳米复合材料涂层具有良好的性能。

2. 高韧性、高强度的纳米复合陶瓷材料

采用纳米尺度的碳化物、氧化物、氮化物等弥散到陶瓷基体中可以大幅度改善陶瓷材料的韧性和强度。德国斯图加特金属研究所成功地制备了 Si_3N_4/SiC 纳米复合材料,这种材料具有高强、高韧和优良的热稳定性及化学稳定性。Niihara 将纳米 SiC 弥散到莫来石基体中,大大提高了力学性能。这些高性能的纳米陶瓷复合材料将在结构材料领域得到广泛应用,应用其较高的力学性能可将其制作陶瓷刀具。

3. 纳米隐身材料

纳米复合材料是新一代吸波材料,它具有频带宽、兼容性好、质量小及厚度薄的优点。美国最近开发出含有一种称为"超黑粉"的纳米复合材料,它的雷达波吸收率高达 99%。

4. 光学材料

纳米材料的发光为设计新的发光体系、发展新型发光材料提出了一个新的思路,纳米复合为开拓新型发光材料提供了一个途径。Colvin 等利用纳米 CdSe 聚亚苯基乙烯(PPV)制得一种发光装置,随着纳米颗粒大小的改变,此装置发光的颜色可以在红色和黄色之间变化。

5. 用于化妆品工业的纳米复合材料

采用纳米粒子复合技术,将滑石、云母、高岭土等包覆于化妆品基体上,不仅降低了化妆品的生产成本,而且使得化妆品具有良好的润湿性、延展性、吸汗油性及抗紫外线辐射等性能。

6. 用于医药工业的纳米复合材料

利用纳米粒子复合技术可开发出新型的药物缓冲剂,例如对母粒子实行表面包覆,母粒子可减少到 0.5 μm,缓释效果大大提高。

8.3 石墨烯复合材料

8.3.1 概 述

早在 20 世纪 40 年代,人们就开展了石墨烯的理论研究工作。1947 年,P. R. Walllace 首次提出石墨烯的概念,理论计算了石墨烯的电子结构,探讨分析了其线性频散关系。1956 年,J. W. Mcclure 推导出石墨烯激发态的波函数方程。1984 年,G. W. Semenoff, D. P. Divincenzo 和 E. JMele 等人分别讨论了上述方程与狄拉克(Dirac)方程的相似性。1962 年,德国科学家 Hanns Peter Boehm 等人通过 TEM 手段观察到原子厚度的石墨碎片,证明了数层甚至单层石墨(氧化物)的存在。1975 年,A. J. Bommel 等人报道了少层石墨片的外延生长法。

1994 年,Boehm 等人在国际理论和应用化学联合会(IUPAC)的报告中正式提出了石墨烯的定义。石墨烯是指一个原子层多环芳香类烃(苯环结构)经过紧密堆积形成的二维碳材料。后来又增补了单原子层石墨烯、低于 5 层的石墨材料、石墨烯前驱体和相关修饰材料。1999 年以后,Rod Ruoff 等人报道了透明胶带从块体石墨剥离薄层石墨片的尝试性工作。Philip Kim 课题组曾发表了石墨烯的量子霍尔效应和 Berry 相的观测结果。Walt de Heer 等人在碳化硅单晶上实现了石墨烯的外延生长。2004 年,英国曼彻斯特大学物理学家 Andre Geim 和 Konstantin Novoselov 利用"微机械剥离法"成功制备以 sp^2 杂化连接的碳原子层构成的新型二维晶体——石墨烯,得到的石墨烯片层最大宽度为 10 μm,发表了少层乃至单层石墨片的独特电学性质。该发现受到了科学界的广泛关注,引起了石墨烯的研究热潮。Geim 和 Novoselov 也因此获得了 2010 年度的诺贝尔物理学奖。

石墨烯是目前已知的世界上最薄的材料,厚度仅有 0.335 nm,约为头发的二十万分之一。完美的石墨烯是二维周期蜂窝状点阵结构,只包括六角元胞,是目前最理想的二维纳米材料,如图 8.1 所示。

图 8.1 完美的石墨烯结构示意图

石墨烯是由单层碳原子构成的二维蜂窝状结构,是构成其他维数形式碳材料的基本单元。石墨烯可以卷曲成零维的富勒烯、一维的碳纳米管或者堆垛成三维的石墨,如图 8.2 所示。目前,二维晶体石墨烯分为三种类型,分别为单层、双层、少层(3~10),当层数大于 10 层时,统称为石墨薄膜范畴。

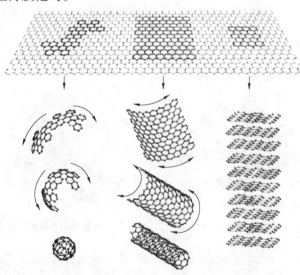

图 8.2 石墨烯演变成富勒烯、碳纳米管和石墨的示意图

石墨烯表现出良好的机械、光学、热学和电学性能,具有重要的应用前景。例如,石墨烯中的载流子具有相对论粒子特性,其载流子迁移速率可以达到 2×10^5 cm²/(V·s);石墨烯的断裂强度达到 12.5 GPa,杨氏模量达 1.0 TPa,是最强韧的材料,断裂强度比最好的钢材还要高 200 倍;石墨烯的比表面积很大,化学稳定性也很高。表 8.7 为石墨烯与其他碳的同素异形体的性能比较。

表 8.7 石墨烯与其他碳的同素异形体的性能比较

碳的同素异形体	富勒烯	碳纳米管	石墨烯	石墨	钻石
杂化形式	主要是 sp^2	主要是 sp^2	sp^2	sp^2	sp^2
晶系	四角形	二十面体	六边形	六边形	八面体
维度	0	1	2	3	3
实验比表面积/($m^2 \cdot g^{-1}$)	80~90	约 1 300	约 1 500	10~20	20~160
密度/($g \cdot cm^{-3}$)	1.72	>1	>1	309~2.23	3.5~3.53
光学性质	非线性光学响应	结构依赖性	97.7%的光学透过率	同轴的	各向同性的
热导率/($W \cdot m^{-1} \cdot K^{-1}$)	0.4	3 500	4 840~5 300	1 500~2 000	900~2 320
硬度	高	高	最高(单层)	高	超高
电子性质	绝缘体	金属型和半导体	半金属和零带隙的半导体	导电体	绝缘体和半导体
导电率/($S \cdot cm^{-1}$)	10^{-10}	结构依赖性	2000	$(2~3) \times 10^4$	

石墨烯具有优异的导电、导热和力学性能,可作为制备复合材料的理想纳米填料,同时分散在溶液中的石墨烯也可与聚合物单体相混合,进而经聚合形成复合材料体系。石墨烯的加入可赋予复合材料不同的功能性,为复合材料提供了更广阔的应用空间。石墨烯氧化物是实现石墨烯功能化最有效的途径之一。氧化石墨烯表面含有大量的含氧官能团,如羟基、羧基、环氧等,有利于结构改性与修饰。石墨烯复合材料的研究主要集中在石墨烯/聚合物复合材料、石墨烯基无机纳米复合材料以及石墨烯增强金属基复合材料等。

石墨烯复合材料的结构有如图 8.3 所示。

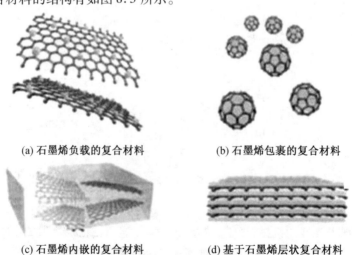

(a) 石墨烯负载的复合材料 (b) 石墨烯包裹的复合材料

(c) 石墨烯内嵌的复合材料 (d) 基于石墨烯层状复合材料

图 8.3 石墨烯基复合材料的结构示意图

石墨烯优异的性质使其在复合材料、超级电容器、储能器件、电化学传感器、催化、电极材料等领域都有良好的应用前景。近年来,石墨烯和氧化石墨烯的改性以及各种石墨烯/

聚合物复合材料的制备成为当前研究的热点之一,基于石墨烯的复合材料是其应用领域中的重要研究方向。石墨烯的加入可赋予复合材料不同的功能性,表现出优异的力学和电学性能及优良的加工性能,为复合材料提供了更广阔的应用空间。

8.3.2 石墨烯的制备方法

石墨烯的制备从最早的"微机械力剥离法"(microfolitation)开始逐渐发展出化学气相沉积法、氧化石墨还原法、晶体外延生长法、溶剂剥离法、有机合成法、电弧法以及静电沉积法等制备方法。制备思路可以归为两类:一是以石墨为原料,通过消弱乃至破坏石墨层间的范德华力来剥离制备石墨烯;二是利用碳原子的定向组装使碳原子沿平面方向生长。

1. 微机械分离法

微机械分离法是利用机械力将石墨烯片从高度定向热解石墨(HOPG)剥离开来的制备方法,是制备石墨烯最为直接的方法,可以制备出高质量石墨烯。这种方法制备出的单层石墨烯可以在外界环境下稳定存在;但是,该方法存在产率低和成本高的不足,不满足工业化和规模化生产要求,目前仅适用于实验室内小规模制备。

2. 化学气相沉积法(CVD)

化学气相沉积法是以高温提供能量,裂解气体碳源(如,CH_4、C_2H_2、C_2H_4等),使得碳原子沉积在固态基底表面,生长石墨烯的工艺技术。Kim等人以甲烷为碳源,镍为基体,1 000 ℃制备得到石墨烯。Li等人在金属铜基体上,采用CVD法制备了石墨烯,单层石墨烯的比例极高,达到95%。化学气相沉积法是一种制备大尺寸石墨烯的常用方法,可获得高质量、层数可控的石墨烯,单层石墨烯比例大,保证石墨烯样品的完整度。缺点是工艺过程复杂,需要高温和高真空度,条件较为苛刻,生产成本高,限制了其应用。等离子体增强化学气相沉积法(PECVD)可在更低的沉积温度(约650 ℃)和更短的反应时间内制备石墨烯。

3. 晶体外延生长法

晶体外延生长法发展于20世纪50年代末60年代初,一般采用SiC基体,可以制备出高质量的石墨烯。在单晶衬底(基片)上生长一层有一定要求的、与衬底晶向相同的单晶层,犹如原来的晶体向外延伸了一段,故称外延生长。在真空中高温(约1 200 ℃)加热SiC晶体,Si原子的升华速率高于C原子,Si原子被蒸发出来,剩下的C原子留在表面,形成石墨烯。

4. 氧化石墨还原法

氧化石墨还原法是以石墨为原料,是目前最常用的石墨烯制备方法之一。石墨首先与强氧化剂反应,使其边缘拥有大量的亲水性的羟基、羧基、环氧等含氧官能团,使石墨层间距离增大。利用超声波等外来能量使片层间距进一步增大,将片层剥离开来,得到氧化石墨烯(GO)分散液,再经还原得到石墨烯(RGO)。制备过程如图8.4所示。

制备GO办法一般有3种:Standenmaier法、Brodie法、Hummers法。1958年,Hummers以天然石墨、高锰酸钾和浓硫酸为原料,通过氧化插层成功合成了氧化石墨,成为制备氧化石墨的经典方法。氧化石墨烯是石墨烯重要的衍生物,其结构与石墨烯相似,表面接上各种含氧基团如羟基(-OH)、羧基(-COOH)和环氧基团(-COC-)等。图8.5为氧化石墨烯片层结构示意图。

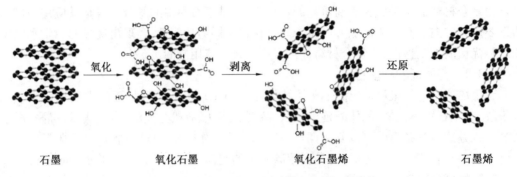

图 8.4 氧化石墨还原法制备石墨烯示意图

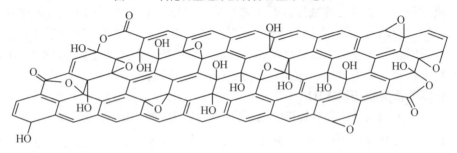

图 8.5 氧化石墨烯片层结构

还原氧化石墨烯的方法有很多,例如:化学液相还原、水热/溶剂热还原、高温热处理还原、光照还原、微波还原、电化学还原等。常用的还原剂有水合肼、二甲肼、对苯二酚、强碱、乙二胺、金属氢化物、醇类、$NaBH_4$、含硫化合物等。其中,还原性较高的水合肼用的最多,可获得稳定的石墨烯分散液。

氧化还原法制石墨烯的化学过程较为简单,生产效率高,易于推广,易于实现公斤至吨级粉体的量化制备。氧化还原法所制石墨烯表面和边缘通常含有大量的结构缺陷,如官能团和晶格缺陷等,在电化学储能领域可发挥独特的作用。氧化还原法的缺点是废液污染和所制备的石墨烯存在一定缺陷,例如五元环、七元环等拓扑缺陷或存在-OH 基团的结构缺陷,使石墨烯的应用受到限制。

5. 溶剂剥离法

溶剂剥离法是将少量的石墨分散于相应溶剂中,形成低浓度的分散液,再利用超声波等破坏石墨各层之间的范德华力,使溶剂可以插入石墨层间隙,导致层层剥离,制备石墨烯。液相剥离的过程没有在石墨烯的表面引入任何缺陷,获得的石墨烯质量较高,在微电子学、功能复合材料等领域具有广阔的应用前景。在氮甲基吡咯烷酮中石墨烯的产率约为 8%,电导率为 6 500 S/m。研究发现高定向热裂解石墨、热膨胀石墨和微晶人造石墨较适合采用溶剂剥离法制备石墨烯。

6. 原位自生模板法

原位自生模板法是以含有 Fe、Co、Ni 元素的聚合物为原料。因为 Fe、Co、Ni 元素对碳的晶化有促进作用,所以可以在较低的温度下获得石墨化纳米碳材料。离子交换树脂的孔道内具有大量极性基团。通过基团与金属离子相互作用,将金属催化剂前驱体引入树脂骨架中。调节树脂和金属催化剂前驱体类型,可以制备石墨化碳纳米胶囊、纳米带以及纳米片层。进一步加大催化剂的引入量，利用密堆积 Fe 粒子的限域作用和 Fe_3C 的生成-分解过程，得到大量的石墨烯片。

此外，在高温高压封闭体系下采用溶剂热法能够制备较高质量的石墨烯；有机合成法也越来越受研究人员的关注，可以制备缺陷少，且具有确定结构的石墨烯纳米带。有研究表明，利用微波法制备的石墨烯电导率是氧化石墨烯的 10^4 倍。利用电弧法制备出了具有开放介孔结构的石墨烯，其比表面积为 77.8 m^2/g，可作为电极材料。

8.3.3 石墨烯/聚合物复合材料

石墨烯作为一种可替代碳纳米管的新型填料，其力学性能优异，导电导热性能佳，比表面积大，能够显著改善聚合物的性能。与纯的聚合物相比，石墨烯聚合物复合材料的力学、热学、电学和阻燃等性能显著提高，扩大聚合物应用范围。石墨烯的分散性及其与基体的相互作用情况对复合材料性能有明显影响。石墨烯的分散性越好，复合材料的性能越优异。聚合物与石墨烯之间的相互作用取决于聚合物、石墨烯和溶剂的极性、分子质量、疏水性和反应基团等。

石墨烯填充聚合物制备复合材料成为材料领域中的热点课题之一。常用的聚合物基体有聚苯乙烯（PS）、聚苯胺（PANI）、聚对苯二甲酸丁二醇酯（PBT）、聚丙烯酰胺（PMA）、聚乙烯醇（PVA）、丁腈橡胶等。复合材料制备方法主要有溶液共混法、熔融共混法和原位聚合插层法等。石墨烯本身的 sp^2 杂化的平面片层结构使其表现出聚集特性，不易分散。石墨烯-聚合物复合材料常常采用氧化石墨烯作为前驱体，经过共混或改性后再还原的方法制备。

1. 溶液共混法

溶液共混法是利用溶剂的作用将聚合物分子插入具有片层结构的石墨烯中。溶液共混法的步骤为：首先，将氧化石墨烯或改性后的氧化石墨烯分散在溶剂中，制成低浓度分散液；其次，将聚合物分散在同种或互溶溶剂中，与分散液共混或直接将聚合物加入分散液中，聚合物会吸附在剥离的石墨烯片层上；最后，将溶剂去除，石墨烯片层重新堆叠而将聚合物夹在层间，形成复合材料。聚合物插层到石墨烯片层间的驱动力来源于溶剂分子解吸附时产生的熵增加，补偿了插层过程中聚合物链的构象熵的减少。

溶液共混法常用的溶剂有水、丙酮、氯仿、四氢呋喃（FHF）、聚氧化乙烯（PEO）、二甲基甲酰胺（DMF）或甲苯等。Hirata 等人用聚醋酸乙烯酯（PVAc）的甲醇溶液与氧化石墨烯制备了氧化石墨烯/聚醋酸乙烯酯复合材料。Kim 和 Liang 等人分别在 DMF 溶液中制备了氧化石墨烯/聚氨酯（PU）复合材料和石墨烯/聚氨酯复合材料。Das 等人分别在水和甲苯溶液中制备了石墨烯/聚氯乙烯（PVC）复合材料和石墨烯/聚甲基丙烯酸甲酯（PMMA）复合材料。溶液共混的方法操作简单，适用性广泛，可以制备基于低极性或非极性的纳米填料/聚合物复合材料。但是，溶液共混方法需要大量的溶剂，共混后需要除去溶剂，增加了实验步骤和能源消耗等，不利于大规模生产。

2. 熔融共混法

熔融共混法是将石墨烯或功能化石墨烯混入熔融状态的聚合物基体中，再利用挤出机或哈克密炼机等机械，通过挤压和注塑成型来制得复合材料。熔融共混法是工业上常用的一种制备方法。对于石墨烯填充的复合材料，熔融共混往往不需要对复合材料进行后处理,更适合大规模的生产。但是,熔融共混的方法与溶液共混相比,石墨烯在聚合物基体中易发生团聚现象,分散性通常较差,不利于聚合物材料性能的提高。

近年来,为提高石墨烯在聚合物基体中的分散性,在进行熔融共混前,对石墨烯进行表面改性处理,这种方法有效地改善了石墨烯在基体中分散性。张浩斌等人用熔融共混法将石墨烯与聚甲基丙烯酸甲酯(PMMA)复合,然后用二氧化碳(CO_2)作发泡剂,制备了石墨烯/PMMA泡沫。胡源课题组通过原位乳液聚合制备的表面修饰后的石墨烯(FGN),与聚甲基丙烯酸甲酯熔融共混,制备了 FGN/PMMA 复合材料,石墨烯在 PMMA 中具有良好的分散性,复合材料的力学性能明显提高。Ruoff 教授提出了一种微波辅助剥离石墨烯的方法,并通过熔融共混制备了石墨烯/聚碳酸酯(PC)复合材料。

3. 原位聚合法

原位聚合法是在反应性单体(或其可溶性预聚体)填充到石墨烯或氧化石墨烯片层中间,让其在层间发生聚合反应。原位聚合法适用于多种聚合物,石墨烯与聚合物单体或低聚物以共价键或非共价键的方式链接,与聚合物形成三维网络结构,作用力更强,有利于提高复合材料的力学、电学等性能。同时,与溶液共混和熔融共混两种方法相比,石墨烯在聚合物中的分散性更好。但是,原位聚合复合材料的黏度往往会增加,这会影响聚合物的后处理和加工。

原位聚合法已用于多种聚合物复合材料的制备。Hu 等人通过原位热聚合制备了石墨烯/环氧树脂(EP)复合材料。Wu 等人通过酸催化制备了石墨烯/聚苯胺(PANI)复合材料。Lee 等人通过开环聚合制备了石墨烯/聚乳酸(PLLA)复合材料。乳液聚合也是一种重要的聚合方式,即在水溶液中生成自由基进入胶束或乳胶粒中发生聚合反应的过程,而氧化石墨烯是一种很好的水溶性物质。因此,乳液聚合也可用来制备石墨烯/聚合物复合材料。Fang 等人采用乳液聚合的方法制备了氧化石墨烯/聚苯乙烯复合材料。氧化石墨烯片层包裹在苯乙烯小球外层,较小的聚合物小球吸附在氧化石墨烯片层的表面。

8.3.4 石墨烯/无机物复合材料

石墨烯及其衍生物是优异的纳米粒子载体材料,将金属、氧化物、硫化物、氢氧化物等纳米材料分散在石墨烯表面,石墨烯与纳米粒子相结合,可形成石墨烯/无机物复合材料。目前,文献报道的纳米无机物包括金属单质颗粒(如 Au、Ag、Pd、Pt、Ni、Cu、Ru、Rh 等)、氧化物纳米粒子(TiO_2、ZnO、SnO_2、MnO_2、Co_3O_4、Fe_3O_4、NiO、RuO_2、SiO_2 等)、硫化物纳米粒子(如 CdS、CdSe 等)。石墨烯/无机物复合材料的制备方法通常分为原位生长与自组装两大类。

1. 原位生长法

原位生长法是将前驱体金属盐类与石墨烯(或氧化石墨烯)共同混合,在石墨烯片层的表面成核生长功能纳米材料,形成石墨烯/无机物复合材料,包括溶液沉积法、电化学沉积法、水热/溶剂热法、溶胶凝胶法、气液界面法、CVD 法、模板法等。原位生长法能制备得到无机颗粒均匀覆盖的复合材料,是制备石墨烯/无机物纳米复合材料最常见的方法,优点是制备过程简单,容易操作。本节对溶液沉积法、电化学沉积法、水热/溶剂热法,以及溶胶凝胶法加以简要介绍。

(1)溶液沉积法。

在氧化石墨烯或者 RGO 分散液中加入某些金属化合物前驱体,通过直接化学还原制备石墨烯/纳米金属粒子复合材料。溶液沉积法同样适用于石墨烯负载的金属氧化物、硫化物以及氧化物纳米复合材料的制备。利用溶液沉积法可以制各石墨烯负载的各向异性的金属纳米结构,例如纳米棒、纳米花、纳米线等。一些贵金属的前驱体如 $HAuCl_4$、$AgNO_3$、K_2PtCl_4 和 H_2PdCl_6 可被抗坏血酸、$NaBH_4$ 等还原剂在石墨烯表面还原。Xu 等人利用氨水还原 $AgNO_3$ 和 GO 的混合液制备了具有很好的反射率和延展性的 Ag 纳米粒子石墨烯薄膜复合材料。徐超等人利用醋酸铜和氧化石墨烯作为前驱体制备了 Cu_2O/石墨烯复合材料。中国科学院长春应用化学研究所的 Li 等人利用尿素和盐酸一步法还原了 GO 和 $SnCl_2$ 的混合液制备出了石墨烯/SnO_2 纳米复合材料。江苏大学的 Ji 等人利用水合肼还原了 GO 氧化镍的混合液制备了石墨烯/NiO 纳米复合材料。

微波辐射与常规加热相比升温速率快,受热更均匀。利用微波辅助-多元醇还原法可以制备 RGO/贵余属纳米复合材料。El-Shall 等人在微波辐射下,利用水合肼将 GO 与金属盐类共同还原,合成出系列 RGO/金属(Au、Ag、Cu、Pd、CuPd)纳米复合材料。超声波、辅以光照等途径也可以运用到石墨烯纳米复合材料的制备过程。Huang 等人利用光照还原 $HAuCl_4$,在硫醇修饰的 RGO 表面生长出直径小于 2 nm 的 Au 纳米棒。

(2)电化学沉积法。

电化学沉积法是指在电场作用下,在一定的电解质溶液中由阴极和阳极构成回路,通过氧化还原反应,使溶液中离子沉积到相应的电极表面。一般首先将石墨烯片组装于电极表面,然后将电极浸没于含有金属前驱体的电解质溶液中,在外加电压或电流作用下直接在石墨烯衬底上沉积无机纳米颗粒。Hu 等人将纳米金颗粒电化学沉积到石墨烯表面制备出了催化活度极高的复合材料。通过控制沉积时间和前驱体 $HAuCl_4$ 的含量调整纳米金颗粒的形状和大小。Yu 等人将 Pt 电化学沉积到石墨烯修饰的玻璃碳电极表面。随着氧化石墨烯直接电化学沉积制备石墨烯工艺的出现,GO 和金属离子能够共沉积制备出复合材料。电化学沉积法的局限性在于其无法控制沉积过程中石墨烯的厚度。

(3)水热/溶剂热法。

水热/溶剂热法是指在一定温度(100~1 000 ℃)和压强(1~100 MPa)条件下,利用溶液中物质反应所进行合成过程,研究体系一般处于非理想非平衡状态。这种方法一般使用高温反应釜在较高温度和压力条件下,经反应后会生成具有相应晶型的纳米粒子和 RGO 复合材料。水热/溶剂热法能够得到晶型良好、颗粒分布均匀的无机纳米颗粒,GO 也被同时还原。

Wang 等人利用水热法制备了 Bi_2O_3/石墨烯纳米复合材料。Marlinda 等人利用水热法制备出可应用在气体传感器领域的 ZnO 纳米棒/石墨烯复合材料。Zou 等人采用溶剂热法制备一系列 RGO 负载的金属氧化物(TiO_2、ZnO、MnO_2、CuO 与 ZrO_2 等)纳米棒,表现出增强的光催化活性。Kim 等人首先将乙酸锌的乙醇溶液旋涂于 RGO 基底表面,然后经水热处理,在 RGO 表而生长出 ZnO 纳米线。研究表明,通过溶剂热法也制备出 RGO 负载的 NiO 纳米片、VO_2 纳米管、MoO_3 纳米带、Mn_3O_4 纳米粒子等复合材料。石墨烯/金属硫化物纳米复合材料也可以通过水热/溶剂热法合成出来。Cao 等人以二甲亚砜作为溶剂与硫源,180 ℃溶剂热制备在光电领域具有潜在的应用价值的 RGO 负载的 CdS 复合材料。Dai 等人采用两步法在 RGO 表面生长出具有特定形貌的金属氧化物与氢氧化物纳米材料。

(4)溶胶-凝胶法(Sol-Gel,简称 SG 法)。

溶胶-凝胶法是以金属醇盐或金属氧化物作为前驱体,在液相中将原料混合均匀,并进行一系列的水解和缩合反应,在液相中形成具有一定稳定性的溶胶体系,经陈化及胶粒间缓慢聚合,形成具有三维网格结构的凝胶。溶胶-凝胶法是一种操作条件温和的制备方法。

由于 OG 本身含有大量羟基、羧基等带负电的官能团,使金属纳米粒子具有更多的吸附位置,吸附分散度更均匀。经水解、陈化、热处理等一系列过程后,所获复合材料的分散度比一般化学还原法制备的复合材料更好。溶胶-凝胶方法主要用来制备石墨烯/金属氧化物纳米粒子复合材料(TiO_2、Fe_3O_4、SiO_2、SnO_2 等),是一种非常有效的制备方法。Li 等人使用溶胶-凝胶法制备了分散度十分均匀的 RGO/ TiO_2NPs 复合材料,并运用于锂离子电池领域,其电容量是传统机械混合制备的复合材料的两倍以上。该方法的主要缺点是:反应时间过长,通常整个过程所需的陈化时间需要几天甚至几周;其次,该方法得到的凝胶会产生大量微孔在后续的干燥过程中会逸出一定量的气体物质使凝胶材料收缩。

2. 自组装法

自组装法是指复合材料的基本结构单元(分子、纳米材料、微米或更大尺寸的物质)基于非共价键(氢键、π-π 相互作用、毛细现象、静电相互作用、范德华力等)的相互作用下自发组装或聚集形成性质稳定,并且具有一定规则几何外观结构的一种技术。将预先制备或商业可用的功能纳米材料直接与石墨烯(或氧化石墨烯)混合,纳米颗粒表面的基团与石墨烯表面产生相互作用,通过共价键或非共价键(静电相互作用力、范德华力、氢键等)吸附到石墨烯表面,从而制备石墨烯无机物纳米复合材料。石墨烯或功能纳米材料组装前往往需要修饰,增强彼此之间的作用力。与原位生长法相比,自组装法可以获得高度均匀分布、粒径与负载量简单可控的石墨烯纳米复合材料。

Lee 等研究者将 3-氨丙基三甲基氧基硅烷修饰的带正电荷的 TiO_2 纳米粒子与 GO 混合,在静电相互作用下,GO 片包覆于 TiO_2 纳米粒子表面,经还原可制备 RGO 包裹的 TiO_2 复合材料。自组装法制备 MoO_2 石墨烯多级纳米结构和 GeO_2 石墨烯复合材料均有报道。Drazl 等人采用了毛细法在有机溶剂中将石墨烯剥离,并将单层石墨烯进行自组装,制备高度有序、尺寸可调的多层结构。制备过程中不加入粘结剂,直接在不锈钢板上沉积石墨烯,得到超级电容器电极。戴黎明等人利用静电自组装的方法制备出碳纳米管/石墨烯复合膜。Gong 等人通过静电逐层自组装法制备了基于单层石墨烯/Pt 对电极。

自组装技术无须特殊装置,通常以水为溶剂,简便易行。自组装技术具有沉积过程和膜结构分子级控制的优点,并且能够利用连续沉积不同组分,制备膜层间的二维(甚至三维)比较有序结构,实现光、电、磁等功能,受到人们的广泛重视。但是,自组装过程不可避免会使用一些有机溶剂和表面活性剂,许多溶剂会给环境带来一定程度的污染。

参考文献

[1] 周祖福.复合材料学[M].武汉:武汉理工大学出版社,2004.
[2] 冯小明,张崇才.复合材料[M].重庆:重庆大学出版社,2007.
[3] 王荣国,武万莉,谷万里.复合材料[M].哈尔滨:哈尔滨工业大学出版社,2001.
[4] 周曦亚.复合材料[M].北京:化学工业出版社,2005.
[5] 赵玉庭,姚希增.复合材料基体与界面[M].上海:华东化工学院出版社,1991.
[6] 刘雄亚,晏石林.复合材料制品设计及应用[M].北京:化学工业出版社,2007.
[7] 肖长发.纤维复合材料——纤维、基体、力学性能[M].北京:中国石化出版社,1995.
[8] 王培铭.无机非金属材料学[M].上海:同济大学出版社,1991.
[9] 吴人洁.复合材料[M].天津:天津大学出版社,2000.
[10] 陈祥宝.树脂基复合材料的制造技术[M].北京:化学工业出版社,2000.
[11] 李荣久.陶瓷-金属复合材料[M].北京:冶金工业出版社,2004.
[12] 樊玮,张超,刘天西.石墨烯-聚合物复合材料的研究进展[J].复合材料学报,2003,30(1):15-20.
[13] 匡达,胡文彬.石墨烯复合材料的研究进展[J].无机材料学报,2003,28(3):233-246.
[14] 匡达,胡文彬.石墨烯基无机纳米复合材料[J].化学进展,2010,22(11):2016-2117.
[15] 柏嵩,沈小平.石墨烯基无机纳米复合材料[J].化学进展,2010,22(11):2016-2117.
[16] 邢妍.石墨烯/聚合物复合材料的制备、结构与性能的研究[D].上海:上海交通大学,2010.
[17] 关庆猛.石墨烯基无机纳米复合材料的制备及其电化学发光和催化应用研究[D].镇江:江苏大学,2012.
[18] 施闽.石墨烯/无机纳米颗粒复合材料的制备及性能研究[D].上海:复旦大学,2012.
[19] 季振源.石墨烯基无机纳米复合材料的可控合成及性能研究[D].镇江:江苏大学,2014.